도서출판 대장간은
쇠를 달구어 연장을 만들듯이
생각을 다듬어 기독교 가치관을
바르게 세우는 곳입니다.

대장간이란 이름에는
사라져가는 복음의 능력을 되살리고,
낡은 것을 새롭게 풀무질하며, 잘못된 것을
바로 세우겠다는 의지가 담겨져 있습니다.

www.daejanggan.org

기독교 신학의 숲

느헤미야 기독교 입문 시리즈 ⑤
기독교 신학의 숲 I

지은이 김형원
초판발행 2014년 5월 26일
초판2쇄 2020년 4월 17일

펴낸이 배용하
책임편집 윤순하
등록 제364-2008-000013호
펴낸곳 도서출판 대장간
www.daejanggan.org

등록한곳 충남 논산시 매죽헌로1176번길 8-54
편집부 전화 041-742-1424 전송 0303-0959-1424
분류 기독교 | 조직신학 | 신학

ISBN 978-89-7071-327-4
978-89-7071-322-9 04230(세트)

이 책은 저작권법에 의해 보호를 받는 출판물입니다.
기록된 형태의 허락 없이는 무단 전재와 복제를 금합니다.

 값 13,000원

느헤미야 기독교 입문 시리즈 ⑤
기독교 신학의 숲 I

김 형 원

차례

서문 / 8

1장 · 믿음이란 무엇인가? ·· 11

2장 · 믿음의 내용 ·· 23

3장 · 신학의 필요성 ··· 36

4장 · 하나님의 계시 ··· 47

5장 · 성경의 권위 ··· 61

6장 · 필요하고 충분한 말씀 ··· 77

7장 · 하나님은 존재하는가? ·· 89

8장 · 하나님을 아는 지식 ··· 106

9장 · 하나님의 존재의 본질 ··· 121

10장 · 하나님의 성품 ·· 138

11장 · 초월성과 내재성 ·· 154

기독교 신학의 숲 II
하나님과 그의 세상

12장 · 삼위일체 …………………………………… 169

13장 · 창조 ………………………………………… 186

14장 · 천사와 사탄 ………………………………… 198

15장 · 하나님의 섭리 ……………………………… 213

16장 · 왜 세상에 악이 존재하는가? …………… 225

17장 · 인간이란 무엇인가? ……………………… 242

18장 · 온전한 인간 ………………………………… 258

19장 · 하나님의 형상 ……………………………… 270

20장 · 타락 ………………………………………… 282

21장 · 우리의 죄 …………………………………… 294

22장 · 사회적 죄 …………………………………… 305

서문

성경은 이중적 성격을 띤다. 한 편으로는 누구나 성경에 담겨 있는 구원의 진리를 이해할 수 있을 만큼 평이하지만, 또 다른 편으로는 누구도 완벽하게 이해하기 어려울 만큼 그 깊이가 무한하다. 이러한 이중적 성격은 성경에 대한 우리의 태도에도 이중성을 요구한다. 한편으로는 하나님 앞에서 겸손하고 단순한 믿음이 필요하다. 성경의 모든 것을 이해한 후에 믿을 수는 없기 때문이다. 이해가 믿음에 선행하지 않는다. 그러나 또 다른 편으로, 우리는 믿음의 걸음을 내디딘 이후에 제자리에 머물러서는 안 된다. 하나님 말씀의 풍부한 광맥을 계속 파나가야 한다.

히브리서에는 이런 기록이 있다. "멜기세덱에 관하여는 할 말이 많이 있지만, 여러분의 귀가 둔해진 까닭에 설명하기 어렵습니다. 시간으로 보면, 여러분은 이미 교사가 되었어야 할 터인데, 다시금 하나님의 말씀의 초보적 원리를 남들에게서 배워야 할 처지에 놓여 있습니다. 여러분은 단단한 음식물이 아니라, 젖을 필요로 하는 사람이 되었습니다."히 5:11-12 히브리서 저자는 예수 그리스도의 대제사장직에 대해서 멜기세덱을 끌어다가 깊이 있게 설명하려다 보니 불현듯 독자들이 이 내용을 이해할 수 있을까 하는 의문이 들어서 이렇게 한탄하면서 책망하고 있는 것이다. 그는 목사가 아니라 모든 성도에게 말하고 있다. 모두가 단단한 음식을 먹는 수준까지 성장해야 한다고 말하는 것이다. 이 한탄을 듣고 한국 교회와 성도들은 떳떳할 수 있을까? 성경과 신학에 대한 우리의 이해 수준이 젖을 먹는 단계를 넘어섰다고 말할 수 있을까?

교회의 역사를 보면 교회가 하나님 앞에서 올바로 서 있는지 여부는 성도들의 성경과 신학의 이해 수준과 밀접한 관련이 있다는 것을 잘 알 수 있다. 초대 교회의 생동력 있는 모습은 성령의 충만한 체험뿐만 아니라 회심한 성도들이 사도들에게 열심히 배운 것과 무관하지 않다. ^{행2:42} 중세 교회의 암울한 모습은 성도들의 삶에서 성경이 박탈되어 오직 사제들만의 소유물로 전락한 것과 깊이 연관된다. 종교개혁이 탄력을 받은 것은 성경이 번역되어 성도들 손에 들려졌고 종교개혁자들이 열심히 성경과 신학을 가르쳤기 때문이다. 교회의 부흥은 하나님 말씀의 부흥과 함께 한다.

하나님의 말씀을 바르게 이해하고, 그 깊이를 헤아리려는 신학 작업이 점차 성도들의 삶에서 멀어지고 있다. 그 결과 성도들은 계속해서 젖 먹는 어린아이 상태에 머물면서 세상의 유혹과 도전을 하나님의 말씀으로 판단하고 분별하는 능력, 그리고 세상에 대항하여 담대하게 맞서는 힘을 상실했다. 지성적 노력을 기울이지 않는 그리스도인들은 판단 능력이 약해져서 세상이 이끄는 대로 끌려 다닐 수밖에 없다. 그러므로 신학은 목사를 만들기 위한 특수 학문이 아니라 모든 성도가 습득하여 세상에서 활용해야 하는 필수적 훈련의 하나로 다시금 자리매김 해야 한다. 그것이 교회를 굳건하게 하고, 성도들을 거룩하고 강한 믿음의 용사로 세우는 길이기 때문이다.

하나님의 온 백성이 하나님의 말씀을 이해하고 자신의 것으로 만들어 세상 속에서 담대한 믿음의 용사로 서기를 바라는 마음을 담아 이 책을 쓴다. 비록 작고 부족한 시도이지만, 이 작은 소망이 성도들의 삶 속에서 아름다운 열매로 나타나기를 기대한다.

1장 · 믿음이란 무엇인가?

"나의 형제자매 여러분, 누가 믿음이 있다고 말하면서도 행함이 없으면, 무슨 소용이 있겠습니까? 그런 믿음이 그를 구원할 수 있겠습니까?…영혼이 없는 몸이 죽은 것과 같이, 행함이 없는 믿음은 죽은 것입니다." 약2:14, 26

Ⅰ. 인간의 종교성

1. 종교의 기원

프랑스 쇼베 동굴 벽화는 알타미라 동굴벽화나 라스코 동굴 벽화보다 훨씬 더 오래된 것으로, 기원전 약 3만 전 선사시대의 것으로 추정된다. 이 동굴에는 300여 점의 벽화가 그려져 있는데, 대부분 동물들들소, 산양, 사슴, 코뿔소, 매머드, 사자, 곰, 하이에나, 표범, 올빼미을 그린 것들이다. 그 가운데는 동굴 벽의 굴곡을 살려 동물의 움직임에 3차원적 효과를 낸 것도 있고, 그림의 높이가 4미터에 이르는 것도 있다. 선사시대 사람들은 왜 이런 그림들을 그렸던 것일까? 고고학자와 인류학자들은 원시인들이 사냥을 떠나기 전 이 벽화 주변에서 종교의식을 벌였을 것으로 추정한다. 선사시대 연구가인 장 끌로드에 따르면, 벽화제작자는 샤먼들이었으며 그들은 동굴 깊숙이 들어와 약물에 의한 환각 상태에서 '초자연적인 세계'를 그렸을 것이라고 한다.

지구에 인류가 존재한 이후로 거의 모든 시대와 민족은 종교를 가지고 있었다. 선사시대로부터 사람들이 종교를 찾았던 까닭은, 시대를 막론하고 사람들은 인간의 한계를 인식하였고 그 한계를 넘어서는 신적 존재를 생각하지 않을 수 없었기 때문이다. 원시시대에는 생존 자체가 매우 힘겨운 투쟁이어서 인간의 한계를 생생하고 절실하게 느끼지 않을 수 없었고, 과학이 발전한 현대에도 인간은 나이 들고, 늙고, 병들고, 결국 죽음에 이르러야 한다는 사실 앞에서 겸손해질 수밖에 없었다. 이런 한계 앞에서 인간은 이 한계를 뛰어넘는 세계를 기대하게 되고, 죽음 너머에 존재하는 어떤 초월적 존재를 찾게 되는 것이다. 고대나 현대나 **모든 인간의 심성 속에는 종교성이 있다.** 즉 인간은 '종교적 동물'인 것이다. 어거스틴은 바로 이 사실을 간파하고, "우리 안에는 오직 하나님신만이 채울 수 있는 어떤 공간이 있다"라고 말했던 것이다.

이처럼 원시시대로부터 종교는 인간의 연약함을 보충하고 죽음에 대한 공포를 극복하고자 하는 단순한 형태로 존재해왔으며, 세월이 흐르면서 여러 행위와 의식을 좀 더 정교하게 체계화시켰고, 또한 삶의 모든 측면을 아우르는 포괄적인 것으로 발전하여왔다. 이것이 오늘날 우리가 보게 되는 세계적 종교, 또는 고등종교의 출현이다.

2. 원시종교 vs. 고등종교

1) 원시종교의 특징

원시종교의 특징은 무엇인가? 무속 종교를 생각해보면 쉽게 알 수 있다. 사람들은 임신을 위해서, 자식을 좋은 대학에 보내고자, 또는 가정의 경제적 상황을 개선하려고 무당을 찾는다. 무속신앙이 바라는 것은 **문제 해결**이 전부다. 문제가 해결되면 다시는 무당을 찾지 않는다. 무당이 삶의 다른 영역에 관여하지도 않는다. 인생을 이렇게 저렇게 살라고 지시하지도 않는다. 올바른 삶이 무엇인지 가르쳐주지도 않는다. 그저 문제만 해결하면 된다. 이것이 원시종교의 특징이다. 단지 인생에서 마주치는 힘들거나 고통스러운 문제를 해결하기 위해, 원하는 바를 얻으려고 초월적인 존재에게 의존하는 것뿐이다. 그 존재를 통해 문제가 해결되면 그뿐, 삶의 다른 부분까지 연관시킬 필요가 없다.

2) 고등종교의 특징

반면에 고등종교는 **총체적**이다. 삶의 모든 영역에 관여한다. 당면한 문제 해결만을 목표로 하지 않는다. 삶의 모든 것을 초월적 존재와의 관계 속으로 가져간다. 원시종교에서는 삶 일부분에만 관련되었던 것이 인생의 모든 면을 주관하는 것으로 변한 것이다.

기독교나 이슬람 교인들이 신앙을 위해 기꺼이 죽음을 선택하는 것을 생각해보라. 이것은 무속종교에서는 있을 수 없는 일이다. 무속종교는 이 땅에서 잘 먹고 잘 사는 데에만 관심이 있기 때문이다. 그러나 고등 종교를 믿는 사람들은 현세 너머에 있는 세상에 대한 신념이 있고, 그런 믿음이 현세의 삶에도 영향을 주어야 한다고 생각한다.

3. 종교의 본질은 믿음

1) 종교인의 믿음

고등종교의 관점에서 종교를 갖는다는 것, 혹은 종교인이 된다는 것은 무엇을 의미할까? 위에서 설명한 원시종교와의 차이점을 고려하면서 정리해보면 이렇게 말할 수 있을 것이다. "자연적인 삶 너머에 있는 초월적 존재를 인정하고, 그 인식에 근거해서 세계관과 인생관을 정립하고, 그 관점에 따라 삶을 영위하는 것."

종교를 가진 사람을 종교인이라고 한다. 또는 신앙인, 믿음을 가진 사람이라고 지칭하기도 한다. 종교를 받아들이는 것과 믿음을 갖는 것은 같은 일이다. 각 종교가 제시하는 초월적 존재, 그 존재의 특성에 기초한 세계관, 삶에 관한 모든 견해를 믿고 받아들이는 것이다. 종교의 본질은 믿음이다.

이러한 정의는 기독교에도 그대로 적용된다. 기독교인이 된다는 것은 신앙, 즉 믿음을 갖는 것이며, 믿음의 사람이 되는 것이다. 그렇다, 종교로서 기독교를 받아들이는 사람은 **기독교가 제시하는 것을 믿는 사람이 되는 것이다**. 종교인의 핵심이 믿음인 것처럼, 기독교인이 되는 것의 핵심도 역시 '믿음'이다.

2) 믿음의 내용

그러면 믿음의 내용은 무엇인가? 믿음이 종교의 본질이라면 종교에 대한 정의가 그대로 믿음에 대한 정의가 된다. "자연적인 삶 너머에 있는 초월적인 존재를 인정하고, 그 인식에 근거해서 세계관과 인생관을 정립하고, 그 관점에 따라 삶을 영위하는 것."

이 정의에는 세 가지 요소가 담겨 있다.

첫째, 자연계 너머에 있는 초월적인 존재에 대한 인식지식

둘째, 그 존재와 관련해서 우주와 역사와 삶에 대한 관점을 세우는 것
세계관 정립

셋째, 그런 관점에 기초해서 삶을 영위하는 것실천

이것을 기독교에 적용하여 기독교적 용어로 풀어본다면,

첫째, 기독교인은 자연계를 초월하고 총괄하시는 하나님이라는 신의 존재를 믿는 사람들이다.

둘째, 기독교인은 세상에 대한 하나님의 설명을 받아들이고, 또한 하나님의 뜻을 따라 자신의 세계관, 역사관, 인생관을 세우는 사람들이다.

셋째, 기독교인은 그런 세계관, 역사관, 인생관에 맞는 삶을 살아가려는 사람들이다.

이제 이 세 가지 요소를 하나씩 살펴보도록 하자.

II. 믿음의 세 요소

1. 초월자 하나님의 존재에 대한 인식

1) 믿음의 시작은 하나님 존재에 대한 인정

세상의 많은 종교인이 인간 이성과 자연계 너머에 존재하는 초월적 존재를 인정하고 믿는 것과 마찬가지로 기독교인이 된다는 것도 우주의 창조자요 섭리자인 하나님이 존재하신다는 것을 믿는 것으로부터 시작한다. 그래서 히브리서는 신앙인의 가장 핵심적인 태도를 이렇게 표현하고 있다.

"믿음이 없이는 하나님을 기쁘게 해 드릴 수 없습니다. 하나님께 나아가는 사람은, 하나님이 계시다는 것과, 하나님은 자기를 찾는 사람들에게 상을 주시는 분이시라는 것을 믿어야 합니다." 히11:6

그러나 고대로부터 현대에 이르기까지 수많은 사람이 신이 존재한다고 믿는 것은 아무런 과학적 근거가 없는 허무맹랑한 맹신에 불과하다고 주장해왔다. 정말로 그런가? 하나님의 존재를 믿는 것은 맹목적인 느낌이나 아무런 근거 없는 자기 확신에 지나지 않는 것인가? 하나님의 존재 여부에 대해서는 나중에 좀 더 자세하게 논의할 것이지만, 여기서 분명히 밝혀야 할 것은, 우리가 하나님이 존재한다고 믿는 것은 무신론자들이 주장하는 것처럼 그냥 느낌으로, 맹목적으로, 아무런 근거 없이 믿는 것이 아니라는 사실이다. 이 믿음은 하나님이 존재하지 않는다고 믿는 것 이상으로 상당한 근거를 가진 것이다.

2) 믿음의 근거

사람들이 어떤 것을 믿는다고 하는 경우를 생각해보자. 어떤 일이 사실이라는 것을 무엇을 근거로 믿게 될까? 사람이 무엇을 믿는다고 할 때 그 믿음의 근거는 다양하지만, 몇 가지로 정리해 볼 수 있다.

첫째, 직접적 확인을 통한 믿음이다. 나의 감각으로 확인했기 때문에 믿는 것이다. 30미터도 넘는 산 위에서 굴러 떨어졌는데 아무런 상처도 나지 않았다. 이야기를 들은 그 누구도 그 사실을 믿으려 하지 않는다. 그러나 나는 확신한다. 왜? 증명할 수는 없지만 내가 직접 경험했기 때문이다. 어떤 사람이 자신의 두 눈으로 외계인을 똑똑히 봤다면 다른 사람들이 아무리 미쳤다고 조롱을 한다 해도 그 사람은 외계인이 존재한다고 확신하게 될 것이다. 하나님과의 인격적인 만남도 이와 비슷하다. 성령의 체험이나 하나님을 만나는 신비하고 주관적인 체험과 같은 것은 설명하고 증명하기가 거의 불가능하지만 적어도 내게는 하나님의 존재를 확신하게 해주는 근거들임이 분명하다.

둘째, 간접적 확인을 통한 믿음도 있다. 이것은 신뢰할 만한 사람들의 연구와 지식에 의존해서 어떤 것을 사실이라고 믿는 것이다. 대개 역사적 사실의 경우가 이에 해당한다. 수백 년 전에 일어난 일을 내가 직접 검증하는 것은 불가능하다. 그러나 믿을 만한 사람들의 기록과 증언을 통해 그것이 사실이라고 믿는 것이다. 세종대왕이 실제 존재했던 인물이라고 어떻게 확신하는가? 동시대에 살았던 사람들이 남긴 문서가 있기 때문이고, 그때 이후로 사람들 사이에 전해져 내려오는 이야기들이 있기 때문이다. 이런 이야기들이 상당히 신빙성이 있다고 판단하기 때문에 세종대왕의 존재를 사실로 믿는 것이다. 성경의 기록을 신뢰하는 것도 마찬가지다. 예수의 죽음과 부활을 우리가 직접 확인하는 것은 불가능하다. 그러나 부활하신 주님을 500명이 넘는 사람들이 다양한 장소에서 여러 번에 걸쳐 목격했고, 이후 그들이 살아간 삶을 미루어 볼 때 그들이 상당히 신뢰할 만한 사람들이라는 것을 확신할 수 있다면, 그들의 증언을 받아들이는 것은 상당히 합리적인 일이다. 그렇다면, 그리스도를 다시 살리신 하나님이 참된 신이라는 것을 믿을 이유도 충분하다고 말할 수 있다.

셋째, 반증에 의한 확인도 있다. 이것은 어떤 지식이 거짓이라는 주장을 받아들이기가 더 어려워서 그 지식이 사실이라고 믿는 것이다.

페루 나즈카 평원에는 엄청난 크기의 기하학적 그림과 문양이 그려져 있다. 벌새, 고래, 원숭이, 거미, 개, 나무, 우주인, 펠리컨 등의 그림이 30개 이상, 그리고 소용돌이, 직선, 삼각형, 사다리꼴과 같은 수많은 기묘한 곡선이나 기하학 무늬들이 200개 이상 그려져 있다. 그림 한 개의 크기가 100미터에서 300미터에 달하는 거대한 것들이다. 어떤 것은 8킬로미터의 직선이 마치 긴 활주로처럼 뻗어 있는 것도 있다. 그림들이 그려진 면적을 모두 합하면 거의 1,300제곱킬로미터에 달한다. 서울 면적보다 더 크다.

이것들이 풍화와 침식 작용에 의해 우연히 만들어졌을까? 이것을 의도적으로 그린 존재를 모른다고 해서 그것이 우연히 만들어졌다고 주장하는 것이 합리적일까? 비록 누구인지는 모르지만 어떤 인격적 존재가 만들었다고 믿는 것이 더 합리적이지 않을까? 이렇게 정교한 우주가 우연히 만들어졌다는 주장은 바닷가 백사장에서 바늘 하나를 찾는 것만큼의 확률에 불과하다. 그것은 확률상 거의 제로라고 보는 것이 옳다. 그렇다면, 그런 주장을 받아들이기가 더 어렵지 않겠는가? 그래서 세상을 만든 어떤 창조자가 있다고 믿는 것이 더 합리적이라고 생각하는 것이다. 이것이 반증에 의한 믿음이다.

다른 어떤 일을 믿을 때 그 근거가 되는 것과 마찬가지로, 우리는 체험을 통한 직접적 확인, 믿음의 증인들을 통한 간접적 확신, 그리고 반증을 통한 확신을 통해서 하나님이 존재한다는 믿음을 갖게 된다. 이 믿음은 결코 허무맹랑하고 맹목적인 것이 아니다. 비록 세상과 인생의 모든 미스터리에 대해서 완벽한 이해를 얻게 된 것은 아니지만, 우리는 상당한 근거에 의해서 하나님의 존재를 믿고, 그가 세상의 창조자, 구원자, 심판자라는 것을 믿는다. 이것이 믿음의 첫 번째 요소이다.

2. 세계관 구축

참된 믿음의 두 번째 요소는 창조자요 참된 신이신 하나님의 생각을 나의 것으로 받아들이는 것이다.

기독교인이 된다는 것, 혹은 믿음의 사람이 된다는 것은 세상에 대한 하나님의 설명을 받아들이고, 또한 세상이 어떠해야 한다는 하나님의 뜻을 따라 자신의 세계관, 역사관, 인생관을 세운다는 것을 의미한다. 바울은 로마서 12장 2절에서 이를 정확하게 표현했다, "여러분은 이 시대의 풍조를 본받지 말고, 마음을 새롭게 함으로 변화를 받아서." 여기서 '마음'은 어떤 감정을 말하는 것이 아니라 mind, 즉 '생각, 가치관, 세계관, 인생관'과 같은 것을 의미한다. 그것이 변화되는 것이 믿음의 사람이 된다는 의미라는 말이다.

힌두교는 인간은 해탈을 이루기 전까지 끊임없이 환생한다고 믿는다. 다른 사람으로 환생하기도 하지만, 때로는 동물이나 식물로 환생하기도 한다고 믿는다. 그런 믿음 때문에 동물들을 함부로 대하지 않는다. 소나 개가 조상이 환생한 것일지도 모르기 때문이다. 지금 생을 결정하는 것은 전생에 어떤 삶을 살았느냐 하는 데 달렸고, 비천한 신분으로 태어난 것은 전생의 죄 때문이므로 누구를 탓해서는 안 된다고 생각한다. 여자로 태어나는 것도 전생의 죄 탓인 것으로 여긴다. 카스트 제도가 그렇게 오랫동안 평온하게 유지되어 올 수 있었던 이유가 바로 이런 믿음에 있다. 힌두들은 전생보다 더 나은 삶을 사는 것, 그리고 다시 태어날 때는 지금보다 나은 신분으로 태어나는 것을 목표로 한다. 궁극적인 목표는 윤회의 굴레를 벗어나 완전히 자유롭게 되는 것이다. 다시 살지 않으려고 삶을 사는 것이다.

그러나 성경은 역사가 돌고 도는 것이 아니라 한 방향으로 나아간다고 말한다. 환생이라는 것은 없으며 각자의 삶은 고유하게 주어진 것이고 한 번 살면 그 후에는 심판이 있다고 말한다. 그래서 기독교인은 이생이 지나면 심판이 있고 새 하늘과 새 땅에서 새로운 삶을 살게 될 것이라고 믿는다. 이런 믿음을 가진 사람은 자신의 인생을 바라보는 관점이 다를 것이다. 동물이나 여자를 대하는 태도도 힌두교도와는 다를 것이다. 카스트 제도를 대하는 태도 역시 다를 수밖에 없다.

이처럼 **참된 믿음은 믿음을 가진 사람의 인식을 변화시킨다.** 우리는 하나님이 우주의 창조자요, 섭리자요, 심판자라는 것을 믿고, 그래서 내 삶의 의미를 부여하는 분도 하나님이며, 내 삶을 궁극적으로 평가할 분도 하나님이라고 믿는다. 그리고 하나님은 세상을 어떤 자세로 어떤 목표로 살아야 할지도 가르쳐주셨다고 믿는다.

믿음의 사람은 하나님의 가치관과 세계관을 자신의 것으로 받아들인 사람이다. 그래서 모든 인간은 하나님의 형상으로 창조되었기에 똑같이 존엄하며, 다른 사람 위에 군림하여 권세를 부리는 자가 큰 자가 아니라 다른 사람을 섬기는 자가 가장 큰 자이며, 이 땅에서 잘 먹고 잘 사는 사람이 복을 받은 것이 아니라 의를 위하여 받는 핍박까지도 감수하는 사람이 진정으로 복 있는 사람이며, 돈을 섬기는 것은 우상숭배와 같은 것이며, 이웃을 사랑하는 것이 눈에 보이는 하나님을 사랑하는 것의 실증적 표현이라는 것을 내면으로 받아들이고 자신의 가치관으로 삼는 사람이 바로 믿음의 사람이다. 이렇게 생각이 변화되는 것, 그것이 믿음의 두 번째 요소이다.

3. 실천

믿음은 생각을 변화시키는 것에만 그치지 않는다. 그것은 한 단계 더 나아가서 실천으로 이어진다. 야고보는 이렇게 말한다, "그대는 하나님께서 한 분이심을 믿고 있습니다. 잘하는 일입니다. 그런데 귀신들도 그렇게 믿고 떱니다. 아, 어리석은 사람이여, 그대는 행함이 없는 믿음은 쓸모가 없다는 것을 알고 싶습니까?"약2:19-20 어떤 것을 믿는다고 하면서 그 믿음대로 행동하지 않으면 그 믿음은 가짜라는 것이다.

성경에서 말하는 믿음faith이라는 단어는 "**순종하다, 따르다**"라는 의미를 내포하고 있다. 세련된 디자인의 최신식 자동차가 잘 달릴 뿐만 아니라 브레이크를 밟으면 정지도 잘한다는 것을 자동차 회사의 설명을 통해서 알게 되었다. 자동차 개발에 참여한 사람이나 안전성을 실험한 사람들을 통해서 그 사실을 재차 확인하기도 하였다. 그래서 이 자동차는 디자인뿐 아니라 기능도 좋고 안전하다는 것을 믿게 되었다. 그러나 이것이 믿음의 전부가 아니다. 진정한 믿음이라면 실제로 그 자동차를 탈 수 있어야 한다. 안전하다는 것을 확신하면서 차에 올라타고 운전해 갈 때, 그 차에 대한 믿음을 증명하는 것이다.

죽음이 인생의 끝이 아니라 죽음 너머에 또 다른 생이 있으며, 그 생은 현세에서 그리스도를 믿고 그를 따르는 삶을 살았는가를 기준으로 한 하나님의 심판에 좌우된다는 것을 성경을 통해 배웠고 그것을 받아들이게 되었다. 그러나 그러한 인정은 아직 참된 믿음이 아니다. 진정한 믿음은 그러한 사실에 근거해서 지금 그리스도를 나의 구원자이며 주님으로 인정하는 삶을 사는 것이다. 그것은 삶의 모든 영역에 구체적인 영향을 미친다. 믿음은 그 진리에 내 삶을 맡기는 것이다.

그러므로 어떤 사람이 진정으로 믿음이 있는 사람인지 판단할 방법은, 그 사람이 **자신이 믿는 대로 실제로 행동하고 있는가**를 확인하는 것이다. 믿음은 행동으로 증명되는 것이기 때문이다.

III. 참된 믿음의 사람

바울의 삶은 참된 믿음이 어떤 것인지를 보여주는 좋은 예가 된다. 그는 예수 믿는 자를 잡아 죽이려고 다메섹으로 가던 길에서 살아계신 주님을 만났다. 그리고 그가 참된 신이라는 것을 알게 되었다. 하나님의 존재에 대한 인식 그 후에 그는 이전에 추구하던 가치관과 삶의 목표가 잘못되었다는 것을 알고 그것을 버리고 하나님으로부터 주어진 새로운 지식을 자신의 것으로 삼았다. "나는 내게 이로웠던 것은 무엇이든지 그리스도 때문에 해로운 것으로 여기게 되었습니다. 그뿐만 아니라, 내 주 예수 그리스도를 아는 지식이 가장 고귀하므로, 나는 그 밖의 모든 것을 해로 여깁니다. 나는 그리스도 때문에 모든 것을 잃었고, 그 모든 것을 오물로 여깁니다."빌3:7-8. 세계관의 변화 그는 바뀐 가치관에 따라 삶의 방향을 수정했다. 그래서 그는 세상의 명성을 추구하기보다 하나님께 인정받는 자가 되고자 하였고, 그리하여 고난을 무릅쓰고 복음을 전파하는 일에 매진하였으며, 자신의 세력을 구축하기보다 한 알의 밀알이 되어 교회의 기초를 세

우는 일에만 심혈을 기울였다.^실천

참된 믿음은 이런 것이다. 하나님의 존재에 대한 인식, 하나님의 생각을 나의 것으로 받아들이는 것, 그리고 그 생각에 기초해서 삶을 살아가는 것.

이 글을 읽는 독자들은 대부분 믿음의 첫 번째 단계를 통과한 사람들이며^하나님의 존재에 대한 인식, 하나님의 생각이 무엇인지 알려고 이 책을 펼쳤을 것이다.^세계관의 변화 이 책의 목적은 주로 믿음의 두 번째 단계가 무엇인지 설명하려는 것이다. 그러나 거기서만 멈춘다면 믿음의 여정은 불완전한 것에 그치고 말 것이다. 믿음은 새롭게 배운 하나님나라의 가치관에 맞추어 내 삶을 바꾸는 데까지 나아가라고 요구하기 때문이다.^실천

우리는 헬라 철학의 영향으로 믿음을 주로 인지적 동의로만 배웠다. 머리로 인정하고 입술로 시인하면 된다고 착각한 것이다. 그래서 그것을 구체적인 삶으로 구현하고자 노력하지 않고, 실천으로까지 나아가지 못한다. 그러나 이미 2천 년 전에 이런 문제를 인식했던 야고보의 가르침은 분명하다, "영혼이 없는 몸이 죽은 것과 같이, 행함이 없는 믿음은 죽은 것입니다"^약2:26 '죽었다'는 것은 가짜라는 것이다. 진짜 믿음이 아니라는 말이다.

참된 믿음은 하나님의 존재에 대한 인식, 세계관의 변화, 그리고 삶의 변화라는 세 가지 요소가 결합하여 형성된다. 그중 어느 하나만 모자라도 참된 믿음이라고 할 수 없다. 우리는 참된 믿음을 가진 사람들인가?

2장 · 믿음의 내용

"여러분은 그분 안에 뿌리를 박고, 세우심을 입어서, 가르침을 받은 대로 믿음을 굳게 하여 감사의 마음이 넘치게 하십시오." 골2:7

I. 믿음에 대한 잘못된 생각

1. 믿음은 행동일 뿐이라는 주장

1) 또 다른 극단

앞 장에서 우리는 믿음의 세 가지 요소에 대해 살펴보았다. 특별히 믿음은 인지적 요소뿐만 아니라 실천적 요소가 필수적이라는 점을 강조했다. 그런데 이런 강조가 지나치면 또 다른 극단으로 나아갈 위험이 생긴다. 즉 믿음의 핵심은 실천이기 때문에 지식은 별로 중요하지 않다고 주장하는 것이다.

학생 시절 모 선교단체에서 훈련을 받은 적이 있었는데, 신학 책은 절대로 읽지 말라는 금지사항이 있었다. 주로 성경만 읽되, 책은 그 단체에서 출간된 경건 서적 정도만 읽으라는 것이었다. 믿음의 핵심은 아는 것을 행하는 것이며, 그 선교단체가 정리해 놓은 믿음의 기본을 실천하는 것만도 어려운 일이라는 주장이었다. 믿음의 핵심이 행함이고 실천이 빠진 믿음이 거짓인 것은 분명하다. 그러나 여기서 나아가, 믿음의 내용에 대한 지성적 탐구가 오히려 믿음을 훼손시킨다고 주장하는 것은 지나친 것이다. 그들은 믿음과 지성, 실천과 이해를 완전히 대립하는 것으로 생각하는 것 같다. 그래서 그들은 묻거나 따지는 것을 좋아하지 않는다. 묻지도 말고 따지지도 말고 그냥 믿으라고 한다. 성경에 관해서 질문을 던지거나 신학을 공부하는 것을 좋아하지 않는다. 오히려 그런 사람은 믿음이 부족한 것이며, 쓸데없는 일에 에너지를 허비하는 것이라고 비판한다.

정말 그럴까? 지성적으로 공부하고 머리를 쓰는 것은 우리의 믿음신앙을 훼손하는 것일까?

2) 믿음에 대한 오해

이런 생각은 믿음이 무엇인가에 대한 오해에서 비롯된 것이다. 앞에서 우리는 참된 믿음이란 하나님의 존재에 대한 인정과 하나님의 생각을 내 것으로 만드는 작업세계관의 변화을 거쳐서 신뢰의 행동으로 연결되는 것이라는 점을 확인했다. 이 세 가지 요소를 다시 살펴보면, **처음 두 가지는 어떤 사실에 대한 지식에 관한 것이고,** 하나님이 존재한다는 사실과 하나님의 생각이 무엇인지 알아서 내 생각으로 받아들이는 것 **세 번째 요소는 그러한 지식에 근거한 행동**이라는 점을 알 수 있다. 여기서 확인할 수 있는 것처럼 참된 믿음은 행동만 있는 것이 아니다. 믿음은 어떤 사실에 대한 지식으로부터 출발하며, 실천을 위한 행동의 방향을 아는 것을 필요로 한다.

예를 들어 보자. 우리는 모두 하나님을 믿는다고 고백한다. 하지만, 우리 각자가 믿는 하나님의 모습이 모두 같은 것인가? 우리는 하나님이 어떤 분이라고 믿고 있는가? 혹시 하나님은 모든 사람 속에 내재하는 어떤 '기'와 같은 것이라고 생각한 것은 아닌가? 아니면 혹시 천둥과 번개의 신은 아닌가? 누이와 결혼했을 뿐만 아니라 다른 여신이나 인간 여자들과 결혼해서 수많은 자식을 세상에 보내는 신그리스 신화에 나오는 제우스은 아닌가? 하나님은 세상과 전혀 관계를 맺지 않고 우주 저편에서 고독하게 계시는 분이라고 생각하는 것은 아닌가?^{이신론의 하나님 개념} 우리는 혹시 하나님이 어떤 분인지 잘 모르는 채로 "믿습니다"를 좀 더 강하게 외치면 믿음이 좋은 사람이 된다고 생각하고 있는 것은 아닌가?

우리는 하나님이 어떤 분이라는 것을 성경을 통해 배워서 안다. 즉 지성적인 배움을 통해서 우리가 믿는 대상을 알게 되는 것이다. 우리는 하나님이 유일무이한 신이며 세상의 창조자라는 사실을 믿는다. 또한, 그가 우리를 구원할 자라는 것을 믿는다. 그는 자신의 계획을 성취하기 위해 인간 역사에 개입하는 분이라고 믿는다. 이처럼 믿는다는 것은 '무엇'을 믿느냐 하는, 즉 '내용'을 전제로 한다.

3) 지식이 필요하다

믿음에는 행동도 중요하지만, 행동하려면 '어떤' 행동을 해야 할 것인지를 아는 지식이 필요하다. 믿음의 세 요소 가운데 앞의 두 가지 지식이 없는 믿음은 믿음이 아니다. 그것은 맹목적인 신념^{맹신}에 지나지 않는다. '무엇'을 믿는지도 모르는 채 무작정 믿는다고만 하는 것은 바른 믿음이 아니라 자기 확신, 자기 최면에 불과하다. 믿음은 단순한 느낌이나 자기 확신이 아니라 바른 지식에 기반을 둔 실천적 행위이다.

믿음은 대상이 있어야 하고, 내용이 있어야 한다. 믿음의 대상이 되는 어떤 내용에 대한 인식, 즉 지적 활동이 반드시 전제되어야 한다. 참된 믿음은 반드시 지식에서부터 출발해야 하고, 지식에 근거해야 한다.

2. 바른 지식의 중요성

1) 바른 지식에 근거한 바른 믿음

그렇다면, 아무 지식이나 믿음의 근거가 될 수 있는가? 그렇지 않다.

바른 지식에 근거한 믿음이어야 바른 믿음이 된다. 이것은 매우 중요한 문제다. 왜냐하면, 어떤 사실을 믿느냐에 따라 우리 삶의 모습이 달라지기 때문이다. 믿음의 최종 단계인 신뢰와 실천은 나의 삶을 던지는 것이기 때문에 믿음의 내용에 따라 삶의 모양이 근본적으로 달라지는 것은 당연한 일이다.

콜럼버스의 예를 생각해보자. 그 당시 모든 사람들은 지구가 평평하다고 믿었다. 그래서 대서양 너머로 가면 지구에서 떨어져 파멸에 이른다고 생각했다. 따라서 그들은 그 너머로 나가려는 엄두를 내지 못했고 오직 유럽이라는 세계 속에 갇혀서 지낼 수밖에 없었다. 반면에 콜럼버스는 지구가 둥글다고 믿었다. 그랬기 때문에 그는 과감하게 항해를 강행할 수 있었고, 그 결과 새로운 대륙에 닿을 수 있었던 것이다. 두 부류의 사람들이 살아간 삶의 모습은 그들이 믿는 '사실'의 차이만큼이나 다른 것이다. 이와 마찬가지로 인생이 죽음으로 끝난다고 믿는 사람과 죽음 이후에 또 다른 삶이 있다고 믿는 사람의 삶의 모습도 다를 수밖에 없다.

이것은 기독교인들에게도 매우 중요한 문제다. 기독교인이라고 주장한다고 해서 다 똑같은 신념을 지니고 똑같은 삶을 살아가는 것은 아니다. 어떤 내용을 믿는 기독교인인가에 따라 삶의 모습이 완전히 다르게 나타난다.

똑같이 하나님을 믿는다고 말하는 사람들 사이에서도, 그 하나님을 어떻게 생각하느냐에 따라 삶의 행태가 완전히 달라질 수 있다. "나는 하나님이 우주의 기운이라는 것을 믿으며, 그 기운이 내게도 있기 때문에 나도 하나님이라는 것을 믿어. 중요한 것은 내가 그것을 깨닫고 내 속에서 신적 속성을 끄집어내는 일이야." 이런 사람은 스스로 도를 닦는 데 집중할 것이며 그것을 영성이라고 포장할 것이다.

"나는 하나님은 내가 원하는 것을 다 해주는 분이라고 믿어. 하나님은 사랑이시니까 내가 원하는 것이라면 무엇이든 해주실 거야." "하나님을 믿으면 반드시 잘살게 돼 있어. 미국을 봐. 대형교회에서 간증하는 성공하는 사람들을 봐. 하나님은 자신을 믿는 자들에게 부와 건강을 주시는 분이라니까." 이렇게 믿는 사람들은 하나님은 나의 현재 문제를 해결해주기 때문에 의미 있는 존재라고 생각한다. 가난한 사람이나 암에 걸린 사람들은 다 믿음에 문제가 있는 사람이라고 생각한다. 믿음이 좋다면 그렇게 될 리가 없다고 생각하기 때문이다.

"하나님은 사랑의 하나님이기 때문에 우리가 잘못을 범했다고 해서 질책하거나 심판할 분이 아니야. 그는 사람이 무엇을 하든 다 사랑으로 용납하는 분이지." 이런 믿음을 가진 사람은 자신의 욕망에 충실하게 살아가는 것이 전혀 잘못되었다고 생각하지 않는다.

이처럼 하나님이 어떤 분이라고 믿음의 내용 생각하느냐에 따라 삶의 모습이 달라진다. 믿음의 내용이 이렇게 중요함에도 불구하고 많은 그리스도인이 그것에 대해 별로 심각하게 생각하지 않는 것은 참으로 심각한 일이다. 그들은 기독교가 말하는 하나님이 어떤 분인지, 그분이 계획하고 원하는 세상이 어떤 것인지, 그리스도인에게 기대되는 삶의 방향은 무엇인지에 대해 고민하거나 공부하지 않는다. 결국, 자신이 믿고 싶은 것, 세상에서 살면서 자연스럽게 형성된 '믿음'을 그대로 기독교 신앙에 투영해 버리고, 그렇게 살아간다. 하지만, 그것은 가짜 믿음이다.

2) 믿음의 내용을 모르는 기독교인들

뜻밖에 많은 기독교인이 자신이 무엇을 믿고 있는지, 무엇을 믿어야 하는지 잘 모르는 채로 자신을 기독교인이라고 말하고 있다. 어느 미국 신문의 온라인 조사 결과 매주 예배에 참석하는 그리스도인 중 18퍼센트가 환생을 믿는다고 답했다. 또한, 예수가 언젠가 이 땅에 되돌아올 것이라고 믿는 이들은 52퍼센트에 불과했고, 재림을 믿지 않는다고 답한 사람도 21퍼센트에 달했다.

우리는 어떤가? 하나님에 대해서, 구원에 대해서, 그리고 신자의 삶에 대해서 바른 지식을 가지고 있는가? 어떻게 살든 상관없이 입으로만 예수를 구세주로 시인하면 구원받는다고 믿는 사람과 참된 믿음은 반드시 행위가 뒤따라야 한다고 믿는 사람의 삶이 같을 수는 없다. 종말이 되면 어차피 이 세상은 다 소멸하여 아무것도 남지 않을 것이라고 믿는 사람과 새 하늘과 새 땅은 현세의 세상과 상당한 연속성을 지닌다고 믿는 사람이 세상을 대하는 태도는 다를 수밖에 없다. 천국에는 오직 정확하게 14만 4천 명만 들어간다고 생각하는 사람과 숫자와는 상관없이 하나님을 진정으로 믿는 모든 이들이 들어갈 수 있다고 믿는 사람의 삶이 같을 수는 없을 것이다.

이처럼 믿음의 '내용'은 매우 중요하다. 무엇을 믿느냐에 따라 삶을 어떻게 살아갈지 그 방향이 결정되기 때문이다.

II. 믿음의 내용은 어디서 얻는가?

하나님은 그것을 성경을 통해 우리에게 알려주셨다. 성경은 하나님이 자신이 어떤 존재인지, 자신의 생각이 무엇인지를 알려주는 도구다. 우리는 성경을 통해 하나님이 어떤 분인지 알게 되고, 하나님이 무엇을 원하는지 알게 된다. 그래서 기독교는 성경의 종교이며, 기독교인은 성경의 사람들이다.

1. 성경은 해석을 해야 한다

성경은 분량도 상당할 뿐만 아니라 다양한 장르역사, 서신, 시, 예언, 묵시문학 등로 구성된 매우 복잡한 책이다. 성경을 몇 번 읽는다고 해서 그 내용과 의미를 다 파악하기란 쉬운 일이 아니다. 이야기 자체는 이해할 수 있더라도, 그것이 우리의 신앙과 삶에 무엇을 의미하는지, 도대체 우리와 무슨 상관이 있는지 파악하기가 쉽지 않은 부분도 많다.

예를 들어, 하나님은 이스라엘 백성에게 성막 건축에 대해 꽤 자세한 지침을 주셨고, 이스라엘 백성이 드려야 할 제사에 대해서도 세세한 규정을 주셨다. 그러나 우리는 그런 규정들이 어떤 의미를 가졌는지를 쉽게 알 수 없다. 룻기에는 아름다운 사랑 이야기가 담겨 있다. 그러나 룻기가 과연 한 남자와 여자의 사랑 이야기를 하기 위해 기록된 책일까? 그렇지 않을 것이다. 그렇다면, 그 짧은 한 가족의 이야기는 무엇을 말하려는 것인가? 그 속에는 어떤 진리가 담겨 있는가?

때때로 성경 안에는 상반되는 내용이 동시에 담겨 있는 것 같아 혼란과 당혹감을 일으키기도 한다. 오직 믿음으로 구원을 얻는다는 바울의 주장과 행위가 없는 믿음은 죽은 것이라는 야고보의 주장은 오랫동안 양립시키기 어려운 것으로 생각되어왔다. 모순처럼 들리기 때문이다. 다른 예로, 예수께서는 원수를 사랑하고 용서하라고 말씀하셨는데, 어째서 시편에서는 원수들에게 복수해 달라고 기도하고 있을까? 이렇게 상반되는 내용들을 어떻게 조화시키면서 이해할 수 있는가?

또한, 구체적인 삶의 의문을 해결하기 위해 성경을 살펴보지만 쉽게 답을 찾을 수 없는 경우도 많다. 여호와의 증인들은 "칼을 든 자는 칼로 망한다"라는 예수의 말씀을 지키려고, 총을 들고 사격훈련을 받아야 하는 군 복무를 거부해야 한다고 주장한다. 그러나 주 후 2천 년 동안 수많은 기독교인이 어떤 전쟁에 참여하는 것은 정당한 일이라고 믿었고 실제로도 전쟁을 수행해왔다. 누가 옳은 것인가?

이런 의문들은 우리에게 성경을 피상적으로 읽는 데서 한 걸음 더 나아가 좀 더 세심하게 성경을 읽고, 비교, 분석, 종합하는 작업이 필요하다는 것을 깨닫게 한다. 즉 우리가 무엇을 믿을지, 하나님의 뜻이 무엇인지, 실제 삶에서 실천해야 할 하나님의 명령이 무엇인지 이해하려면 좀 더 깊이 있고 정교한 성경읽기가 필요하다는 것이다. 단순하게 말해서 이러한 작업을 신학 작업이라고 하며, 이런 작업을 통해서 얻어진 결과를 정리한 것을 기독교 신학, 또는 기독교 교리라고 부른다. 이런 작업을 전문적으로 하는 사람들이 신학자이며 목사들이다.

2. 모든 믿음의 사람들은 신학자다

1) 신앙인은 신학 작업을 하고 있다

하지만, 성경에 충실한 믿음의 사람들은 예외 없이 모두 신학 작업을 하고 있다고 보는 것이 옳다. 실제로 우리가 성경을 읽거나 QT를 할 때에도 그것은 신학 작업을 포함하고 있다.

예를 들어, 예수님과 제자들의 마지막 만찬을 기록한 성경 본문을 가지고 QT를 한다고 생각해보자. 제자들과 마지막 만찬을 드시던 예수께서 제자들에게 빵과 포도주를 나눠주시면서 이것이 '내 몸'이요 '내 피'라고 말씀하셨다. 그러면서 "이것을 행하여 나를 기억하여라"라고 부탁하신다.^{눅22:19-20} 이것을 읽는 사람들은 자연스럽게 몇 가지 의문이 생기게 된다. "어떻게 빵이 예수님의 몸이 되고, 포도주가 예수님의 피가 될까?" "이 의식의 의미는 무엇일까?" "왜 예수님은 이 의식을 계속 행하라고 말씀하셨을까?" "그러면 우리는 얼마나 자주 이 의식을 행해야 할까?" 이런 질문에 대한 대답은 본문 구절에서 직접적으로 언급되지 않는다. 좀 더 많은 성경 구절을 살펴보고 관련 구절들을 연결하고 유추하면서 생각해봐야 결론을 내릴 수 있다. 완벽한 결론을 얻지는 못한다고 해도 이런 질문들을 던지고 잠시라도 생각해보는 것, 그것이 바로 신학 작업이다. 그러므로 신학 작업은 신학자들만의 전유물이 아니라 성경을 읽고 그 의미를 이해하려는 모든 그리스도인이 다 하는 것이며, 또한 모두 해야 하는 작업이기도 하다.

2) 성경의 예

실제로 성경을 읽다 보면 그 속에서도 이미 신학 작업을 하는 사람들의 모습이 나타난다. 예수께서 십자가에 달려 돌아가신 후에 낙심하여 엠마오로 가는 제자들은 예루살렘에서 일어난 일을 알고 있었지만, 그 '의미'를 이해하지 못했다. 그들은 고민하고 토론하였고, 예수께서 나타나서 그 모든 일을 해석해 준 후에 마음이 뜨거워지면서 비로소 그 사건의 의미를 이해할 수 있었다. 그들은 예수님에게서 신학 수업을 받은 것이다.

예수께서는 이 땅에 사시는 동안 계속해서 하나님나라의 복음을 가르치셨고, 그것은 마태복음 13장을 비롯한 복음서 전반에 기록되어 있다. 그럼에도 불구하고 심지어 제자들조차 그 의미를 잘 이해할 수 없었다. 그랬기 때문에 그들은 여전히 예수께서 이 땅에 이스라엘 백성을 중심으로 다윗 왕국을 재건하는 것이 바로 하나님나라라고 생각하면서 그 나라에서 한 자리를 차지하려고 다퉜던 것이다. 예수님은 천국 복음의 의미를 따로 설명해 주셔야 했다. 오순절 성령이 충만하게 임하신 후에야 비로소 제자들은 예수께서 가르치셨던 천국복음의 의미를 이해하게 되었고, 이 복음을 들고 세상으로 나갈 수 있었던 것이다. 바른 지식이 바른 실천으로 이어졌던 것이다.

브리스길라와 아굴라 부부가 아볼로를 가르쳤던 것도 신학 공부를 시켜준 것과 같다. 아볼로는 성경에 능통한 사람이었고 예수님에 대해서도 잘 알고 있었다. 그러나 하나님나라 복음의 핵심에 대해서는 아직 이해하지 못하고 있었다. 그래서 브리스길라와 아굴라 부부는 그를 데려다가 '하나님의 도'를 자세하게 설명해 주었다. 그 후에야 비로소 아볼로는 예수가 그리스도이심을 증명하면서 많은 사람에게 큰 도움을 줄 수 있게 된 것이다. 행18:24-28

바울은 로마에 있는 성도들에게 편지를 보내면서 11장까지 하나님의 구원 계획, 구원의 방법, 하나님의 은혜, 죄의 역사, 믿음, 하나님의 견인 등에 관한 신학적 설명을 풀어놓는다. 이 부분을 읽어본 사람이라면 잘 알겠지만, 바울의 설명은 매우 이론적이고, 사변적이고, 논리적이다. 정신을 집중하지 않으면 논점을 놓쳐버리기가 십상이다. 또한, 구약과 복음서에 대한 충분한 사전 지식이 없으면 바울의 의도를 제대로 이해할 수 없다. 그러나 후대의 대다수 기독교인들이 동의하는 대로, 로마서는 기독교 신앙의 핵심을 이룬다. 이렇게 매우 이론적이고 신학적인 이야기를 풀어놓은 이후에야 바울은 12장부터 마지막까지 그 신학에 기초를 둔 우리의 삶에 대해 다룬다. 로마서 12장 1절의 '그러므로'라는 접속사가 이 두 부분의 관계를 잘 보여준다. "이 하나님의 놀라운 구원에 대해 잘 이해했다면, 자 이제 이렇게 살아야 합니다"라는 뜻이다. 이처럼 그리스도인의 삶은 신학에 기초를 두고 있다. 하나님의 은혜가 어떠한지 깨닫고 나를 향한 하나님의 구원 계획을 이해할 때 비로소 우리 "몸을 하나님께서 기뻐하실 거룩한 산 제물"로 드리는 삶을 살 동기와 동력을 얻게 된다.

다시 말하지만, 성경 안에 이미 신학이 존재하고 있으며, 다양한 사람들이 신학 작업을 하는 모습을 발견할 수 있다. 또한, 바른 행동은 바른 생각신학이 전제되어야 한다는 것도 확인할 수 있다. 그러므로 참된 믿음을 갖기 원하는 사람들, 믿음의 실천을 하면서 살기 원하는 사람들은 예수님과 제자들, 그리고 믿음의 선조들의 모범을 따라서 성경을 깊이 있게 읽고 이해하려는 신학 작업을 소홀히 하지 말아야 한다.

지금까지 설명한 것을 정리해 보자. 기독교인은 믿는 사람들이다. 무엇을 믿는 사람들인가? 하나님의 존재하심과 그의 뜻이 우리 삶의 방향과 모습을 결정해야 한다고 믿는 사람들이다. 그러면 하나님의 뜻은 어떻게 알 수 있는가? 하나님께서 우리에게 주신 성경을 통해서 알 수 있다. 그런데 성경은 지성적인 노력을 통한 해석을 요구한다. 이렇게 하는 것을 신학 작업이라고 한다. 그러므로 우리가 하나님의 뜻을 실천하면서 살려면 먼저 알아야 한다. 바른 지식이 바른 실천을 가져오기 때문이다.

III. 지식은 중요하다

1. 지식을 무시하는 경향

이처럼 성경에 대한 바른 지식이 중요함에도 불구하고, 많은 신자가 신앙에 있어서 지적인 추구를 비실제적이고, 사변적이고, 쓸모없는 노력으로 간주해왔다. 그러나 성경에 대한 지적인 탐구는 믿음의 내용을 알려 주고, 확신의 근거를 제공해 주며, 삶의 방향을 설정해 주고, 우리의 행동에 동력을 제공해 준다. 믿음에서 지식이라는 요소를 경시하게 되면, 조금 알더라도 아는 만큼은 실천하는 결과를 가져오는 것이 아니라, 잘못 알고 잘못 실천하거나 실천의 동력을 잘못된 것에서 얻게 되거나, 혹은 아예 믿음의 삶을 살고자 하는 동력을 상실해 버리는 결과를 가져온다.

그러므로 이렇게 중요한 부분을 등한시하는 것은 매우 어리석은 일이다. 우리는 지성을 동원해서 하나님의 뜻을 알려고 노력해야 하며, 그런 시도를 통해서 정리된 신학적 결과들을 배우려고 노력해야 한다.

2. 지성적 노력의 중요성

지성적인 노력은 결코 실천행동과 배치되는 것이 아니다. 오히려 실천에 강력한 동력을 제공해 준다. 싱클레어 퍼거슨은 이렇게 말한다. "성경과 교회사를 통해 알 수 있는 사실은 대개 '생각하는 사람'이 '가장 탁월한 실천가'가 된다는 것입니다." "위대한 신학자와 순교자와 탁월한 설교자에서부터, 평범하지만 영적인 능력을 가진 평신도에 이르기까지 그들은 거의 한결같이 성경의 교리를 연구하고 배우는 사람들이었습니다." "분명한 영적 실체 가운데 하나는 그리스도인의 실제적인 삶은 깨달음과 지식에 기반을 두고 있다는 사실입니다."퍼거슨(Sinclair Ferguson), 『성도의 삶』, 장호준 역, 복있는 사람, 16 이런 통찰은 잠언 23장 7절에 근거를 둔 것이다, "무릇 그 마음의 생각이 어떠하면 그의 사람됨도 그러하니." 그러므로 "삶을 영위하는 방식을 결정하는 중요한 요소는 무슨 생각을 어떻게 하느냐 하는 것이다"라는 퍼거슨의 말은 참으로 옳다.퍼거슨, 위의 책, 17

우리의 믿음은 바른 것인가? 혹시 내용이 비어 있는 수수깡 같은 믿음은 아닌가? 내가 믿고 싶은 것을 믿는 맹목적인 믿음은 아닌가? 참된 믿음은 지성적인 노력을 통해 내용이 단단하게 채워진 것이다. 그것이 하나님을 기쁘시게 하는 믿음이다. 그리고 거기서부터 확신 있는 행동과 실천이 나온다. 우리는 바울의 권면을 내 것으로 받아들여야 한다, "여러분은 그분 안에 뿌리를 박고, 세우심을 입어서, 가르침을 받은 대로 믿음을 굳게 하여 감사의 마음이 넘치게 하십시오."골2:7

이 시대 기독교인들은 어째서 이렇게 나약한가? 이 세대의 흐름에 대해 왜 아무런 저항도 하지 못한 채 쉽사리 휩쓸려 가는가? 어째서 세상과 다른 모습을 전혀 보여주지 못하고, 세상의 어둠을 밝히는 빛을 발하지도 못하는가? 믿음의 내용이 없는 허황한 껍데기 믿음을 가지고 있기 때문이다. 자신이 무엇을 믿는지도 모르는 채 스스로 믿음이 좋다고 착각하고 있기 때문이다. "마음^{생각}을 새롭게 함으로 변화되지" 않았기 때문이다. 우리는 하나님의 생각으로 나를 채워야 한다. 거기서부터 세상의 온갖 도전에도 굴하지 않는 강력한 믿음의 실천이 생겨나기 때문이다.

3장 · 신학의 필요성

"시간으로 보면, 여러분은 이미 교사가 되었어야 할 터인데, 다시금 하나님의 말씀의 초보적 원리를 남들에게서 배워야할 처지에 놓여 있습니다. 여러분은 단단한 음식물이 아니라, 젖을 필요로 하는 사람이 되었습니다. 젖을 먹고서 사는 이는 아직 어린아이이므로, 올바른 가르침에 익숙하지 못합니다. 그러나 단단한 음식물은 장성한 사람들의 것입니다. 그들은 경험으로 선과 악을 분별하는 세련된 지각을 가지고 있는 사람들입니다." 히5:12-14

I. 그리스도인에게 신학은 왜 필요한가?

(주: 이 장은 데이비드 웰스(David Wells)의 『신학 실종』(김재영 역, 부흥과 개혁사, 2006), 3장을 기초로 확장 보완했음을 밝힌다.)

이 책은 단순히 성경의 내용을 설명하는 것이 아니라 성경의 중요한 개념들을 재구성한 신학과 교리에 대한 것이다. 신학이라고 하면 사람들은 일단 따분하고 어려울 뿐만 아니라 사변적이고 비실제적이라고 생각한다. 성경은 중요하게 생각하여 성경을 읽거나 성경을 책별로 공부하는 것에는 열심을 내는 사람조차도 신학 공부를 하자고 하면 일단 머리를 흔드는 경우가 많다. 재미도 없거니와 신학은 전문 사역자에게나 필요한 것이고 자신과는 아무 상관이 없다는 인식이 강한 탓도 있다. 그 결과 한국 교회에서 신학이나 교리는 점점 그 자리를 잃고 말았다. 그러나 이것은 그리 바람직한 경향이 아니다. 성경은 물론이고 지난 2천 년 동안 기독교 역사에서 신학이 이렇게까지 괄시를 받은 적이 없거니와 그렇게 할 때 나타날 문제가 너무 심각하기 때문이다. 신학은 단순히 흥미나 실용성으로 재단하여 치워버릴 수 있는 것이 아니다. 그리스도인들에게 신학은 생명과도 같은 것이다. 그 이유를 몇 가지로 생각해보자.

1. 신학은 기독교와 신앙의 핵심이다

신약성경의 저자들은 바른 신학과 교리가 매우 중요하다고 주장하였다. 사도 요한의 말을 들어보자. "여러분은 하나님의 영을 이것으로 알 수 있습니다. 곧 예수 그리스도께서 육신을 입고 오셨음을 시인하는 영은 다 하나님에게서 난 영입니다. 그러나 예수를 시인하지 않는 영은 다 하나님에게서 나지 않은 영입니다. 그것은 그리스도의 적대자의 영입니다. 여러분은 그 영이 올 것이라는 말을 들었습니다. 그런데 그 영이 세상에 벌써 와 있습니다."요일4:2-3

예수님은 신성과 인성을 모두 가진 분이다. 그런데 종종 사람들은 그 중 하나를 부인한다. 이해가 되지 않는다는 이유 때문이다. 그것은 성경과 그에 기초한 신학을 무시하고 자기 멋대로 생각하는 것이다. 사도 요한은 이런 잘못에 대해 단호한 태도를 보인다. 그는 그리스도의 인성을 부인하는 것은 하나님을 부정하는 것과 같다고 말한다.

이처럼 신약 시대에도 잘못된 가르침과 신학이 있었다. 그리고 그것에 의해 미혹되고, 신앙에서 벗어난 사람들도 있었다. 그래서 바울은 그런 잘못에 빠지지 않으려면 이 신앙을 '지키고', 딤후1:13-14, 4:3, 갈1:9 '변호하고', 유3 이 신앙 안에서 '견고하게' 설 것을 권면한 것이다. 진정한 믿음을 위해서는 '건전한 교리' 딤전1:10, 딛1:9와 '건전한 가르침' 딤전6:3이 필요하다는 것이다. 바른 가르침과 신학을 배워야 한다는 말이다. 그래야 잘못된 길로 빠지지 않는 것이다. 이것은 오늘날 사람들이 여호와의 증인이나 신천지의 유혹에 빠지는 이유와 똑같다. '건전한 신학'에 굳건히 서 있지 않으면 언제든지 이단의 잘못된 가르침에 빠져들 수 있다.

바른 신학의 중요성을 강조하면서 사도 요한은 바른 영성과 신앙의 순수성을 분별할 수 있는 세 가지 테스트가 있다고 주장한다. 첫째, 올바른 교리를 믿는 것요일2:18-27 "여러분은 그 가르침대로 언제나 그리스도 안에 머물러 있으십시오"(27절), 4:1-6, 13-21 둘째, 올바른 교리에 순종하는 것요일2:3-6, 2:28-3:10 셋째, 사랑의 삶을 통해 올바른 교리를 표현하는 것. 요일2:7-11, 3:11-18, 4:7-12

이처럼 성경에서도 신학과 교리를 강조하고 있다면, 아무리 우리 시대가 신학을 경시하는 흐름에 있다고 하더라도 우리는 그런 시대 조류에 휘말리지 말고 마음을 다잡고 다시 책상머리에 앉아야 한다.

2. 바른 지식은 하나님을 기쁘게 하고 바른 행동으로 이끌어준다

예수님에 대한 소문이 사람들 사이에 퍼져 나갔다. 그런데 사람들은 예수님에 대해 정확하게 알지 못했다. 예수님을 엘리야나 세례 요한이라고 오해하였다. 그때에 예수님은 제자들에게 물었다. "너희는 나를 누구라고 생각하느냐?" 모든 제자가 침묵하고 있을 때 베드로가 일어나 큰 소리로 외쳤다. "선생님은 살아 계신 하나님의 아들 그리스도십니다."마16:16 이 대답을 들으신 예수님은 매우 기뻤다. 그래서 베드로에게 축복의 말씀을 해 주셨다. "시몬 바요나야, 너는 복이 있다…너는 베드로다. 나는 이 반석 위에다가 내 교회를 세우겠다. 죽음의 문들이 그것을 이기지 못할 것이다."마16:17-18 베드로의 정확한 고백이 예수님을 기쁘시게 한 것이다. 이처럼 예수 그리스도를 정확하게 아는 것이 매우 중요하다고 성경은 말한다.

구약시대 이스라엘 백성도 하나님이 어떤 분인지 잘 알지 못했다. 이스라엘 백성은 하나님께 제사를 지내고 절기를 지키고 예물을 드리는 것이 가장 중요하다고 생각했다. 그래서 그런 종교적인 규례들을 열심히 지켰다. 그렇게만 하면 하나님이 기뻐하실 것이고 복을 내려주실 것으로 기대했다. 이렇게 생각한 것은 그들이 하나님의 율법을 무시했고, 그 결과 율법에 담긴 하나님의 뜻과 정신을 오해했기 때문이다.

이런 이스라엘 백성을 향해서 하나님은 그들의 종교적 행위가 중요한 것이 아니라 정의를 추구하는 행동이 더 중요하다고 책망하신다. "주님께서 말씀하신다. 무엇하러 나에게 이 많은 제물을 바치느냐? 나는 이제 숫양의 번제물과 살진 짐승의 기름기가 지겹고, 나는 이제 수송아지와 어린 양과 숫염소의 피도 싫다."사1:11 그러면서 하나님이 기뻐하시는 바른 행동을 알려주신다, "옳은 일을 하는 것을 배워라. 정의를 찾아라. 억압받는 사람을 도와주어라. 고아의 송사를 변호하여 주고 과부의 송사를 변론하여 주어라."사1:17 이스라엘 백성은 하나님을 잘 알지 못했던 것이다. 하나님이 어떤 분인지, 그가 무엇을 기뻐하는지, 무엇을 요구하는지 몰랐던 것이다. 결국, 그들은 하나님께 버림을 받게 되고 멸망한다. 이것을 안타깝게 여긴 호세아는 목소리 높여 외친다, "우리가 주님을 알자. 애써 주님을 알자."호6:3

우리가 하나님과 그의 뜻을 정확하게 알려는 노력을 기울이는 것은 기독교 신앙에서 매우 중요하다. 단순히 몇 가지 주워들은 것만으로 우리의 신앙을 영위해 나갈 수는 없다.

3. 신학은 우리를 성장하게 해 준다

1) 신학은 믿음에 해가 된다?

사람들은 종종 신학과 교리는 신앙의 열심이나 성장과 무관하다고 생각한다. 심지어는 그것에 방해된다고 여기기도 한다. 그러나 이것은 아주 피상적인 수준의 생각이며, 반지성주의적 판단이다. 오히려, 성경을 깊이 연구한 결과로 도출된 신학과 교리는 성도들에게 영적 양식을 공급해서 신앙이 성장할 수 있도록 도와준다. 더 나아가서 하워드 마샬은 좋은 신학을 통해서 그리스도인들은 "자신이 경배하는 하나님의 성품을 더 많이 배우고, 자신이 구원받아야 하는 비극적 상황을 더 완전하게 이해하고, 그를 구원한 신적 은혜의 경이로움을 더 완전하게 평가하고, 하나님이 그에게 내리기 원하시는 영적 소유물들을 더 많이 깨닫는다"고 말한다. 하워드 마샬, 『우리는 무엇을 믿는가?』(신성수 역, 한국기독학생회출판부, 1986), 19

바울은 우리가 신학의 틀 가운데 머물 때만 그것을 바탕으로 바르게 성장할 수 있다고 생각했다. 그래서 그는 실천을 가르치기 전에 먼저 이론적인 신학과 교리를 가르쳤던 것이다. 바울 서신들의 구조는 대부분 유사하다. 그는 편지의 앞부분에서 먼저 신학적 내용을 치밀하게 가르친 후에 그 바탕 위에서 실천을 권면한다. 바울에게 실천은 신학에서부터 나오는 것이며, 신학은 실천으로 꽃을 피워야 하는 것이었다. 즉 "믿음이 실천의 터전을 이루고 실천은 믿음이 역사하고 있는 증거라고 보았다." 웰스, 160

2) 세상 문화에 대한 비판적 능력 제공

바른 신학적인 토대는 우리가 세상의 도전에 굴복하여 세속주의에 빠지지 않고 복음 안에서 잘 성장하도록 도와준다. 신학적 성찰의 결핍은 하나님에 대한 바른 이해에도 결핍을 가져올 뿐만 아니라, 세상에 대한 체계적인 분석과 이해 능력을 상실하게 한다. 그 결과 세상 문화의 흐름을 비판없이 받아들이게 되고, 그것에 성경의 옷을 입혀서 '기독교적'인 것으로 착각한다. 세속 이데올로기는 워낙 강력하기 때문에 그 정체를 정확하게 파악하고 그것들을 사로잡아 그리스도에게 복종시키지 않는다면고후10:5, 성경을 아무리 많이 읽더라도 이미 자신 안에 내재한 이데올로기의 틀로 그것을 해석하여 성경의 참뜻을 이해하지 못하게 될 위

힘이 다분하다. 그 결과 그리스도인으로서 우리가 가진 독특한 정체성은 세상에 휩쓸려 사라져버리고 만다. 이것은 성장이 아니라 퇴보다. 바른 성장이 아니라 기형적 비대함이다.

  이것을 잘 이해한 데이비드 웰스는 이렇게 말한다. "순종과 사랑이 가르침을 대신하거나 대안이 될 수 없다. 순종과 사랑은 가르침이 우리의 성품과 태도와 관계와 노동을 통해 작용하여 나오는 필수불가결한 통로다." 웰스, 160 그러므로 바르게 실천하려면, 그래서 우리가 그리스도의 제자로 성장하려면 먼저 신학을 배우고 내면화해야 한다.

4. 우리가 당면하는 여러 문제에 바르게 대응할 수 있게 해 준다

  현대를 살아가는 그리스도인들은 이전 시대에는 존재하지 않았던 수많은 문제에 직면하게 된다. 우리는 그런 문제들에 대해서도 하나님의 뜻이 무엇인지 깨달아 그대로 행동하기를 원한다. 예를 들어, 그리스도인이 전쟁에 참여해도 괜찮은가? 절대적 평화주의자가 되어야 하지 않는가? 양심적 병역거부는 기독교적인 행동인가? 인간복제는 해도 괜찮은 것인가? 자본주의는 성경적인 것인가? 그러면 사회주의 경제체제는? 사회복지는 어느 수준으로 해야 하는가? 이런 문제들에 대한 성경적 지침을 얻으려고 아무리 성경을 뒤져보아도, 직접적인 해답을 찾을 수는 없다. 그러면 어떻게 해야 하는가? 성경에서 직접적으로 언급하는 내용이 아니니까 우리 마음대로 결정하고 행동하면 되는가? 그렇지 않다. 그리스도의 제자는 삶의 전 영역에서 주님의 뜻을 분별하고 그 뜻을 따르려는 자이다. 그래서 복잡하고 현대적인 이슈에 대해서도 주님의 뜻을 찾고 그 뜻대로 순종하려는 노력을 기울여야 한다. 그 뜻을 쉽게 찾을 수 없다는 이유만으로 내 마음대로 할 수는 없는 일이다.

  이 지점에서 우리는 신학의 도움을 받아야 한다. 신학은 성경을 체계화하고 정리하는 것만을 의미하지 않는다. 신학은 성경에 면면히 흐르는 정신과 원리를 탐구하는 것에서부터 현대 사회의 온갖 이슈들에 대한 답을 찾는 것까지 포함한다. 그러므로 우리가 현대 사회 속에서 당면한 문제들의 숲을 잘 헤쳐나가면서 그리스도의 가르침을 실현하는 온전한 제자로 살아가려면 신학을 공부해야 한다.

II. 신학 실종

1. 현대 교회에서 신학의 실종

초대 교회 이후 지난 2천 년 동안 기독교는 신앙적 삶과 더불어 믿음의 체계, 즉 신학과 교리에 대한 확고한 신념을 기초로 세워져왔다. 그 세월 동안 기독교인은 어떤 특정의 신앙 체계를 믿는 사람이고, 그 신념에 따라 행동하는 사람으로 여겨져 왔다. 로마의 악선전과 압제에 맞서서 우리가 믿는 것이 합리적이고 가치 있는 것임을 변호하기 위해 애썼고 그것이 신학의 출발점이 되기도 하였다. 세계의 다른 종교들과 직면해서 기독교의 정체성을 보여주는 것도 신학이었다. 우리가 믿는 하나님이 어떤 분인지 삼위일체, 유일신, 사랑과 공의의 신, 그리스도가 왜 인간이 되어야 했는지, 그리스도의 죽음이 어떻게 우리에게 효력을 발생시키는지, 왜 우리는 죄인이며 그 죄는 어떻게 해결될 수 있는지, 교회는 무엇이고 그 사명은 무엇인지, 역사의 의미는 무엇이고 그 끝은 어떻게 귀결되는지 등등. 신앙의 체계가 없이 단순히 외면적 행동만으로 기독교인 여부를 판정했던 예는 없었다. 외적인 행동만으로는 타 종교인과 구별이 안 될 때가 잦기 때문이다. 물론 그 과정에서 신학적 신념을 둘러싼 대립과 분쟁이 도를 넘을 때도 있었지만, 그럴 때조차도 신학의 필요성 그 자체에 대해서 의문을 제기하지 않았다.

이것은 한국 교회에서도 마찬가지였다. 한국 교회 초기에 기독교인은 유교적 세계관과는 전혀 다른 신념체계를 받아들인 사람들로 여겨졌고, 그때문에 사회적으로 배척을 당하기도 했던 것이다. 그럼에도 교회는 신학을 포기하지 않았다. 오히려 주일학교 아이들에게까지도 우리가 무엇을 믿는 사람들인지를 가르치려고 애썼다. 소요리 문답과 웨스트민스터 신앙고백을 공부하는 것은 어느 교회에서나 쉽게 찾아볼 수 있는 풍경이었다.

그러나 1980년대부터 신학이 실천적 삶과 괴리되는 경향에 대한 반성과 미국으로부터 수입된 개인 경건주의적 주제별 성경공부와 QT의 영향으로 교회에서 신학연구가 점차 사라졌다. 또한, 교회성장학의 영향으로 목회자들의 관심도 성경과 신학을 연구하여 성도들에게 잘 전해주는 것에서부터 어떻게든 교회를 성장시키는 것으로 옮겨갔다. 목회자의 서재에서 신학책들이 축출되고 교회성장을 약속하는 실용서들과 설교집이 그 빈자리를 메웠다. 그 결과 강단에서도 치열한 성경주해와 신학적 성찰의 결과를 성도들에게 선포하기보다 처세술과 위로의 메시지만이 공허하게 울려 퍼졌다.

2. 결과: 인본주의의 득세와 신본주의의 쇠퇴

웰스는 이런 변화가 가져온 결과를 다음 세 가지로 정리하고 있다.

첫째, 신앙의 초점이 하나님으로부터 인간 자신으로 옮겨졌다. "인간 중심적 예배, 심리학적이고 처세술적인 설교, 교회에 대한 실용주의적 사고방식." 데이비드 웰스, 148

둘째, 기독교 신앙의 의미가 실용주의적 개인주의화 했다. "신앙고백은 빠져 버리고, 신학적 성찰은 주로 한 개인의 자아에 대한 생각으로 축소되었다"데이비드 웰스, 156.

셋째, 목사의 역할에도 심각한 변화가 일어났다. 목사는 이제 진리 전달자에서 교회 경영 전문가로 변신했고, 목회사역 역시 현대 사회에서 가장 인기 있는 역할인 경영자와 심리학자 유형으로 재정의 되었다. 심리학자와 경영자는 모두 "세상 중심이며, 자율적인 개인에 집중되어 있고, 실용적인 관심사를 추구하며, 구 도덕 질서에 대해 적대적이다."데이비드 웰스, 175 "기독교 사역은 일종의 전문직이 되었다." 그 결과 신학생도 신학을 공부하지 않고 단지 기법만을 배울 뿐이다. 데이비드 웰스, 172

교회에서 신학이 실종됨으로써 **그리스도인의 삶과 교회에서 하나님의 주권이 상실되는 결과를 낳았다.** 하나님의 뜻을 진지하게 상고하기를 포기한 사람들은 마치 사사 시대처럼 "자기의 뜻에 맞는대로" 행하게 되었다.삿17:6 하나님의 뜻을 추구하기를 포기하고 세상과 빠르게 동화되어갔던 사사 시대의 전례를 따라 현대 기독교인도 세상 사람과 전혀 다를 바 없는 존재가 되었다. 더는 그들에게서 소금과 빛의 역할을 기대하기는 어렵다. 그들에게 하나님은 자신의 의지를 복종시키며 따라야 할 주님Lord이 아니라 내 욕망을 만족하게 해 목적을 성취시켜줄 수 있는 알라딘의 '지니'와 같은 존재로 여겨졌다. 하나님이 주인이 아니라 인간이 주인이 되는 권력의 전복이 일어난 것이다.

기독교인의 변화는 당연히 교회의 변화를 가져온다. 교회는 좌표를 상실하였다. 세상의 여느 조직들과 다르지 않은 교회가 되었고, 실용주의적 교회성장주의가 교회의 주인 자리를 꿰찼다. 그 결과 교회는 자신이 왜 존재하고, 자신의 사명이 무엇인지를 잊어버렸다. 이제 하나님은 기독교인의 삶과 교회의 중심자리에서 밀려났다.

III. 신학의 회복

1. 신학을 다시 회복해야 한다

이 말은 신학자들이 더 열심히 신학 연구를 해야 한다는 말이 아니다. 모든 그리스도인이, 모든 기독교적 모임에서 진지한 성경 탐구와 신학 연구의 열풍이 불어야 한다는 말이다. 왜? "인생의 궁극적인 문제들을 숙고하는 사람은 누구도 신학을 피할 수 없다. 하나님과 그분과의 관계를 포함하여 인생의 근본적인 문제들을 묵상하는 자가 바로 신학자이기 때문이다."스탠리 그렌츠(Stanley J. Grenz)/로저 올슨(Roger Olson), 『신학으로의 초대』(이영훈 역, IVP, 1999), 14 모든 기독교인은 신학적 질문을 가지고 그 해답을 탐구하는 신학자다. 신앙은 본질적으로 이해를 추구한다.faith seeking understanding 또한 바른 실천orthopraxy은 바른 지식orthodoxy에서부터 나온다. 그러므로 바른 신앙인이 되기 위한 우리의 노력은 바른 신학을 정립하려는 노력으로 시작해야 한다.

2. 신앙의 모든 차원에서 신학을 회복해야 한다

먼저, 목회자의 삶에서 신학을 회복해야 한다. 목회자가 교회성장 방법론에만 관심을 쏟는 것을 그만두어야 한다. 하나님이 원하시는 교회의 모습을 알아가고 성도들을 하나님의 영적 군사로 세우는 참된 영적 양식을 제공해 주려는 열망으로 깊이 있는 성경 탐구와 신학 공부에 매진해야 한다.

또한, 교회에서도 신학을 회복해야 한다. 알맹이 없는 열광주의, 방향을 상실한 행동주의, 표피적 만족을 추구하는 감성주의에서 탈피하여, 성도들의 삶을 진리의 시냇가에 깊이 뿌리박아 흔들리지 않게 하는 성경과 신학 공부의 흐름을 다시 만들어야 한다. 히브리서 저자의 질책을 따끔하게 받아들여야 한다. "시간으로 보면, 여러분은 이미 교사가 돼야 했을 터인데, 다시금 하나님 말씀의 초보적 원리를 남들에게서 배워야 할 처지에 놓여 있습니다. 여러분은 단단한 음식물이 아니라, 젖이 필요한 사람이 되었습니다. 젖을 먹고서 사는 이는 아직 어린아이이므로, 올바른 가르침에 익숙하지 못합니다. 그러나 단단한 음식물은 장성한 사람들의 것입니다. 그들은 경험으로 선과 악을 분별하는 세련된 지각을 가진 사람들입니다."히5:12-14 단단한 음식물을 먹을 수 있는 장성한 교인들이 있는 교회들이 세상의 소금과 빛으로 세워질 것이다.

모든 성도의 삶에서도 신학을 회복해야 한다. 우리는 세상 속에서 "통치자들과 권세자들과 이 어두운 세계의 지배자들과 하늘에 있는 악한 영들을"엡6:12 매일 맞닥뜨리게 된다. 그들과의 싸움에서 승리자가 되려면 하나님의 전신갑주를 입어야 하는데, 그 갑옷을 구성하는 매우 중요한 요소가 바로 '진리의 말씀'이다.엡6:13-17 기독교인들이 세상에서 나약한 패배자로 전락하는 이유는 진리의 말씀으로 무장되어 있지 않기 때문이다. 그러므로 우리는 성경과 신학을 깊이 있게 탐구하는 지성적 훈련을 해야 한다.

4장 · 하나님의 계시

"우리 주 예수 그리스도의 하나님이신 영광의 아버지께서 지혜와 계시의 영을 여러분에게 주셔서, 하나님을 알게 하시고, [여러분의] 마음의 눈을 밝혀 주셔서, 하나님의 부르심에 속한 소망이 무엇이며, 성도들에게 베푸시는 하나님의 영광스러운 상속이 얼마나 풍성한지를, 여러분이 알게 되기를 바랍니다." 엡1:17-18

I. 기독교는 계시 종교

1. 계시의 의미

'계시' revelation라는 말은 일반적으로 '알려준다' '감추어진 것을 드러낸다' 는 의미다. 절대적인 존재로서의 신을 믿는 종교에서는 인간이 신의 뜻을 아는 것이 중요한데, 이때 신이 인간에게 무언가를 알려주는 것을 계시라고 한다. 이것은 기독교에도 그대로 적용되어, 하나님이 자신의 존재와 뜻을 인간에게 알려주는 것을 계시라고 한다. 기독교는 인간이 먼저 하나님을 찾아서 시작된 것이 아니라 하나님이 먼저 인간에게 다가와서 계시를 주심으로써 시작되었다. 그러므로 기독교의 출발점은 인간의 성찰이나 사색, 그리고 깨달음과 같은 것이 아니라 하나님의 자기 계시다. 그래서 기독교를 '계시 종교'라고 한다. 계시는 기독교의 본질을 이해하고 하나님과 그의 뜻을 알기 위한 핵심 자리를 차지한다.

2. 계시가 왜 필요한가?

계시는 하나님과 인간의 본질적인 차이때문에 필수적이다. 인간은 피조물이고 하나님은 그 존재 자체가 전혀 다른 창조자다. 이 차이는 지렁이와 인간의 차이보다 큰 것이기 때문에 인간의 지혜로 하나님과 그의 뜻을 이해하기는 불가능하다. 그래서 바울은 "하나님의 영이 아니고서는, 아무도 하나님의 생각을 깨닫지 못합니다"^{고전2:11}라고 말한 것이다. 그러므로 피조물과 창조자의 차이가 그대로 존재하는 한, 인간은 하나님을 알 수도 없고 그의 뜻을 깨달을 수도 없다.

인간을 창조하신 하나님은 인간에게 자신을 알려주고 자신의 뜻을 보여주어서 친밀한 관계를 맺기로 작정하셨다. 그러나 인간이 하나님 수준으로 높아질 수는 없어서 하나님이 우리 수준으로 낮아지셔서 우리가 이해할 수 있는 방식으로 대화하는 것이 필요했다. 이것은 마치 선생님이 무릎을 꿇고 아이 눈높이에서 대화하는 것과 유사하다. 그러므로 계시를 준다는 것 자체에 이미 인간을 향한 하나님의 애정이 담겨 있다는 것을 알 수 있다. 비록 우리가 하나님에 관한 모든 것을 다 알 수는 없겠지만, 우리를 무지한 채로 남겨두기를 원치 않고 관계를 맺고자 하셨던 하나님의 마음 때문에 초월자요 창조자인 하나님에 관해서 조금이라도 지식을 가질 수 있게 된 것이다.

3. 일반계시와 특별계시

하나님의 계시에는 두 가지 종류가 있다. 하나는 일반계시이고 또 다른 하나는 특별계시다. 하나님이 모든 인류에게 보편적으로 자신을 알려주시는 것을 일반계시라고 한다. 반면에 특정한 사람들에게 하나님과 그의 구원 계획에 대한 총괄적인 지식을 제공해 주는 것을 특별계시라고 한다.

일반계시는 특별계시와 여러 점에서 다르다.

우선, 정의에서도 알 수 있듯이 특별계시는 특정한 사람들에게만 주어지지만 일반계시는 모든 인간에게 주어지는 계시다.

또한, 특별계시는 초자연적인 방법을 통해서 전달되는 반면에 일반계시는 자연이나 역사, 그리고 인간의 이성이나 도덕적 관념 등과 같은 자연적인 방법을 통해서 주어진다. 그래서 일반계시는 인간의 자연적 이성을 통해서 이해가 가능하지만, 특별계시는 성령의 특별한 역사를 떠나서는 온전하게 이해할 수가 없다.

마지막으로, 일반계시는 창조주 하나님이 어떤 분인지 알려주려는 것이 목적이지만, 특별계시는 사람들을 구원해서 하나님과의 교제를 회복하려는 특정한 목적을 가진 것이다.

II. 일반 계시 General Revelation

1. 무엇을 알려주는가?

일반계시는 하나님이 존재한다는 것과 그가 어떤 분인지를 알려주는 데 그 목적이 있다. 예를 들어, 하나님과 같은 초월적이고 우주의 창조자요 유지자인 신이 존재한다는 것을 알려준다.

바울은 "이 세상 창조 때로부터, 하나님의 보이지 않는 속성, 곧 그분의 영원하신 능력과 신성"롬1:20이 만물 속에 드러나 있다고 말한다. 또한, 아테네 사람들에게 복음을 전하면서 바울은 우리가 세상 만물을 보고 또한 그 속에 살고 있는 인류의 모습을 보면 창조자의 흔적을 발견할 수 있으며 우리가 그 존재를 겸손하게 찾으려고 하면 얼마든지 그를 만날 수 있다고 말한다.

"또 하나님께서는, 무슨 부족한 것이라도 있어서 사람의 손으로 섬김을 받으시는 것이 아닙니다. 그분은 모든 사람에게 생명과 호흡과 모든 것을 주시는 분이십니다. 그분은 인류의 모든 족속을 한 혈통으로 만드셔서, 온 땅 위에 살게 하셨으며, 그들이 살 시기와 거주할 지역의 경계를 정해 놓으셨습니다. 이렇게 하신 것은, 사람으로 하여금 하나님을 찾게 하시려는 것입니다. 사람이 하나님을 더듬어 찾기만 하면, 만날 수 있을 것입니다."행17:25-27

또한 성경은 인간이 세상 만물을 보면서 하나님의 존재뿐만 아니라 그의 성품이 어떠하다는 것도 짐작할 수 있다고 말한다. 우주의 균형과 세상의 질서, 그리고 그 속에 있는 아름다운 만물들은 하나님의 지혜를 드러낸다.시104:1-24 사람 마음속에 있는 양심과 선을 행하려는 경향, 그리고 정의를 향한 갈망 역시 도덕적이고 정의로운 하나님의 모습을 반영하는 것이다.롬2:14-15

2. 무엇을 통해서 알리는가?

하나님은 다양한 방식을 통해 우리에게 일반계시를 주신다.

1) 창조물시19:1

창조물은 스스로 생겨날 수도 없고, 자신의 힘만으로 생존할 수도 없다. 모든 자연만물들은 자신의 존재를 다른 것에 의존한다. 이것은 궁극적으로 창조주와 보존자가 있음을 증거하는 것이다. 또한, 우리는 자연을 통해서 하나님의 지혜와 세상을 다스리는 방식질서에 대해 알 수 있다. 균형과 조화, 지혜, 아름다움, 상호 의존성 같은 것들이다.

예를 들어보자. 인간의 귀는 소리를 듣는 기관이다. 그러나 소리를 듣는다는 것이 그렇게 단순한 것은 아니다. 외이外耳는 공기 중에서 음파를 수집하여 좁은 통로를 통해 중이中耳, 고막로 전달한다. 음파는 고막을 진동시킨다. 중이는 고막을 10억분의 1센티미터 정도로 흔드는 진동을 감지할 수 있다. 그 진동이 기계적으로 전이되고, 중이에 있는 세 개의 연결된 뼈를 통해서 증폭된다. 기계적인 진동은 내이(內耳)에 있는 체액으로 들어간다. 음파는 각 귀에 있는 2만 4천 개의 소리 수신 세포들에 의해 신경 자극으로 전환된다. 청각 신경은 이 자극들을 뇌로 전달하여 사람이 소리를 들을 수 있도록 한다. 우연히 그렇게 되었다고 말하기에는 너무나 정교한 이 과정을 알게 되면, 우리는 그것을 만든 이, 창조자를 생각하게 된다.

미국의 공산주의자였던 휘태커 챔버스는 볼티모어에 있는 자신의 집에서 딸을 바라보고 있다가 무신론에 대해 의심하기 시작했다고 고백한다. 소리를 듣는 딸의 정교하고 복잡한 귀가 무신론에서 말하는 것처럼 원자들의 우연한 충돌로 만들어진 것일 수 없다는 생각이 들었다는 것이다. 그때 그는 공산주의의 무신론과 유신론 사이에 갈등이 시작되었다고 말한다. 결국, 그는 하나님의 존재를 인정하게 되었다.

2) 인간 롬1:18-32

인간을 통해서도 하나님의 존재와 그의 성품을 감지할 수 있다.

우선 선과 악, 도덕적 관념, 정의에 대한 인식은 모든 문화에 보편적으로 존재한다. 왜냐하면, 하나님이 모든 인간에게 그러한 관념을 심어주셨기 때문이다.롬2:14-15 인류 역사가 그래도 지금까지 유지되어 온 것은 시대와 민족을 초월하는 보편적인 정의의 관념, 즉 양심이 있었기 때문이다. 비록 죄 때문에 윤리 관념이 변질하면서 시대마다 문화마다 도덕 규정의 내용이 조금씩 달라져 왔지만, 윤리의 기본적인 틀은 크게 변하지 않았다. 이런 윤리 관념은 하나님의 속성을 보여줄 뿐만 아니라 그의 형상으로 창조된 인간에게 여전히 하나님의 속성이 남아 있다는 것을 증거하는 것이다.

또한 인간은 어느 시대나 어느 민족이나 종교성, 즉 절대자를 신앙하는 마음이 있다. 사람들이 생각하는 절대자의 모습은 각기 다르지만 적어도 절대자에 대한 인식은 과거에 가졌던 하나님에 대한 지식이 남아 있는 흔적이라고 말할 수 있다. 다만, 지금은 이런 절대자에 대한 흔적이 죄 때문에 흐려지고 왜곡된 채로 스스로 진화해서 전혀 다른 모습을 띠는 것이다.

우리는 인간을 보면서 하나님의 존재하심을 알려주는 일반계시의 단서를 찾아볼 수 있다.

3) 역사

하나님이 역사의 주인이시고 세상 속에서 어떤 목적을 가지고 일하고 계시기에, 우리는 역사의 사건이나 흐름을 통해서 그가 하시는 일의 모습과 그것에 담긴 그의 속성을 발견할 수 있다. 역사를 살펴볼 때, 때로는 하나님의 계시 흔적이 남아 있어서 인간들이 하나님이 원하는 것을 무의식적으로 행할 때도 있다. 노예 해방을 위해 기울였던 노력, 남아공의 인종차별 폐지를 위해 쏟았던 헌신 등, 정의를 세우고 인간성을 회복하려는 부단한 노력이 역사의 흐름 속에서 지속적으로 발견된다.

반면에 역사는 인간이 하나님의 법을 떠나 살 때 어떤 결과가 초래되는지 보여주기도 한다. 인간이 환경을 파괴한 결과로 오히려 환경의 역습을 당해 삶에 곤경을 겪는 것, 물질주의의 극대화로 초래된 양극화의 고통, 감당치 못할 핵의 개발과 남용으로 인한 재앙들.체르노빌, 히로시마, 후쿠시마 원전 폭발 인간 실패의 역사는 하나님의 정의의 원칙에 따라 죄의 대가를 치르는 것이며, 그 결과를 통해 결국 진리가 보존된다는 것을 보여주면서 정의로운 하나님의 존재와 그의 정의의 원칙을 알려주는 것이다. 물론 역사는 매우 주관적이고 복합적이고 장기적이기 때문에 그 가운데서 하나님의 흔적을 발견하기가 그렇게 쉽지 않다는 것은 인정해야 한다.

3. 일반계시의 한계

일반계시는 그 기능과 이해에 한계를 가지고 있다.

1) 제한적 범위

하나님은 원래부터 일반계시를 통해서 자신에 대한 모든 것을 알려주려고 하지 않았다. 우리가 자연과 인간, 그리고 역사를 통해서 알 수 있는 것은 하나님의 존재와 영광시19:1, 롬1:20과 같은 제한적 측면들일 뿐이다. 일반계시만을 통해서는 하나님의 본성의 중요한 부분들을 알아낼 수 없다.

2) 제한적 이해

타락 전에도 인간은 하나님의 일반계시를 완전하게 이해할 수 없었다. 하나님이 아무리 눈높이 방식을 통해서 계시를 주어도 인간의 이해에는 한계가 있을 수밖에 없어서 하나님이 알려주시는 모든 것을 다 이해할 수 있는 것은 아니다. 게다가 인류의 타락은 일반계시에 대한 인식을 더욱 희미하게 만들어버렸다. 죄는 인간이 하나님과 맺었던 교제를 단절시켜서 그의 계시를 이해하기 어렵게 만들었고,고전1:21 또한 인간의 지혜도 사탄의 방해로 어두운 그림자 속에 머물게 되었다.고후4:4

3) 제한적 기능

우리는 일반계시를 통해서 구원의 길을 발견하거나 구원에 이를 수 없다. 구원의 길은 오직 특별계시를 통해서 알 수 있다.

그러나 하나님의 은혜로 새로운 피조물이 되면 일반계시를 이해할 수 있는 눈이 생기고, 그 결과 하나님의 본성과 세상을 향한 그분의 뜻에 대해 더욱 풍성한 이해가 가능해진다. 이것은 마치 하나님의 존재를 인정하는 과학자가 자연만물을 연구하면서 그 속에 담긴 하나님의 지혜와 능력을 더욱 생생하게 발견하고 경탄하게 되는 것과 같다.

4. 일반계시의 효용성

1) 불신자와의 접촉점

불신자들도 하나님이 자신의 형상으로 창조한 존재이기 때문에 희미하게나마 하나님에 대한 지식의 흔적을 여전히 가지고 있다. 이것이 모든 인류에게 보편적인 종교성으로 나타나기도 한다. 이렇게 모든 사람 안에 하나님에 대한 지식의 흔적이 있기 때문에 전도할 때 때때로 호의적인 반응을 얻게 되는 것이다. 그러므로 신의 존재에 관한 관념이나 도덕과 윤리에 대한 인식은 그 사람을 하나님께 이끌어주는 매개체로 활용될 수 있다.

2) 사회의 유지

약육강식, 적자생존의 법칙이 지배하는 세상이라고 하지만, 이 사회가 유지되고 있는 것은 인간에게 도덕적 관념이 남아있기 때문이다. 비록 도덕은 사회 다수의 관념과 습관에 의해 변하기는 하지만, 하나님의 일반계시가 인간 사회에 여전히 존재하는 한, 불신자들에게도 도덕이 호소력 있게 받아들여질 수 있는 여지는 언제나 남아 있다. 그러므로 우리는 계속해서 하나님의 법을 일반인들이 이해하고 수용할 수 있는 형태로 제시하려는 노력을 기울여야 한다.

3) 일반은총

자연에 나타난 하나님의 계시는 은총의 성격도 포함하고 있다. 하나님은 자연의 아름다움, 생명의 경이, 조화와 균형을 통해서 자신의 존재를 보여주신다. 계절의 주기적 변화, 비와 눈, 생태계의 균형, 때에 따른 결실과 같은 자연의 질서는 하나님을 드러낼 뿐만 아니라 이 세상이 유지되고 우리가 삶을 즐길 수 있게 하는 중요한 요소가 된다. 시136:25, 행14:17 이렇게 자연이 주는 혜택들에 감사하고 그것을 기쁨으로 누리는 것이 은총을 주시는 하나님의 마음을 존중하는 것이다. 또한, 우리도 자연의 질서를 유지하고 보존하려고 노력하는 것이 하나님의 의도에 맞는 삶이다.

4) 특별계시를 위한 보조 역할

일반계시는 특별계시를 더 잘 이해할 수 있는 보조적인 역할을 한다. 앞에서 언급했듯이 일반계시를 온전하게 이해하기 위해서는 특별계시가 필요하다. 마찬가지로 특별계시도 일반계시의 배경 아래에서 주어지는 것이기 때문에 특별계시를 잘 이해하기 위해서는 일반계시가 필요하다. 예를 들어, 특별계시의 하나인 성경에는 자연을 활용한 교훈들이 풍부하게 담겨 있어서 자연의 법칙을 잘 이해할수록 성경의 뜻을 더 깊이 이해할 수 있다. 인간 본성에 대해서도 마찬가지다. 또한, 성경은 진공 상태가 아니라 구체적인 역사 속에서 일어나는 일들을 배경으로 기록된 것이기 때문에, 역사에 대한 지식은 하나님의 섭리를 이해하기 위한 기초를 제공해 준다. 그러므로 "성경만 보면 성경도 모른다"는 경고는 상당한 설득력이 있는 말이다.

III. 특별 계시 Special Revelation

1. 정의

특별계시는 특정한 사람들에게 하나님과 그의 구원 계획에 대한 지식을 제공해 주는 것을 말한다. 인간은 죄 때문에 인식의 눈이 어두워졌다. 그래서 자연 속에 나타난 하나님의 일반계시를 통해 하나님의 존재와 그의 성품, 그리고 세상을 향한 하나님의 계획을 충분히 분별하지 못하게 되었다. 그뿐만 아니라 일반계시를 통해서는 죄에서 벗어나는 길도 전혀 찾을 수가 없다. 그래서 하나님은 특별한 방법으로 자신을 알려주시고, 구원의 길을 제시해 줄 필요가 생겼다. 그래서 주어진 것이 특별계시다. 특별계시는 일반계시와는 달리 초자연적인 방법을 통해서 특정한 사람들에게만 주어진다. 또한, 깨닫게 하는 성령의 특별한 도움이 없이 인간의 자연적 이성만으로는 특별계시를 이해할 수도 없다. 특별계시는 하나님의 존재와 본성, 그의 사역과 계획 등에 관한 지식뿐만 아니라, 사람들을 구원해서 하나님과의 교제를 회복하기 위한 특별한 계획까지 알려주는 기능을 한다.

2. 종류

특별계시는 세 가지 종류가 있는데, 그것들은 하나님의 신현, 예수 그리스도, 그리고 하나님의 말씀이다.

1) 하나님의 신현 theophany

모세가 미디안 광야에서 양을 칠 때에, 호렙산에서 불이 붙었지만 타서 없어지지는 않는 떨기나무를 보았다. 이상하게 여겨 그 곁으로 다가갔을 때 하나님이 나타나셔서 모세를 부르시고 "이리로 가까이 오지 말아라. 네가 서 있는 곳은 거룩한 땅이니, 너는 신을 벗어라"출3:5 하고 말씀하셨다. 이처럼 하나님이 사람에게 직접 나타나는 것을 일컬어서 '신현'이라고 한다. 어떤 경우에는 하나님이 사람과 같은 모습으로 나타나기도 한다. 마므레 상수리나무 곁에 있던 아브라함에게 나타나실 때가 그랬다.창18:2-16 이렇게 직접 나타나서 하나님 자신에 대해서, 그리고 하나님이 하려는 일에 대해서 알려주신다. 이것이 특별계시의 한 가지 방식이다.

2) 예수 그리스도

하나님이 인간들에게 나타나신 것신현의 특별한 한 가지 형태가 예수 그리스도다. 예수 그리스도는 "육신이 되어 우리 가운데 거하시는"요1:1, 14 하나님이기 때문이다. 예수 그리스도는 존재 자체로 특별계시이기 때문에 그에게서부터 나오는 모든 것이 인간들을 향한 하나님의 계시가 된다.

예수님은 다양한 방식으로 특별계시를 주신다. 먼저 **예수님은 하나님이 어떤 분인지를 나타내신다**. 예수님은 하나님을 보여 달라는 빌립의 요청에 대해 "나를 본 사람은 아버지를 보았다"요14:9고 대답하셨다. 예수님은 성자로서 성부 하나님과 그 본질이 똑같은 분이기 때문에 예수님을 본다는 것, 그리고 그를 안다는 것은 하나님을 보고 아는 것과 똑같다.

또한 **예수님은 하나님이 하려는 일을 보여주시고 그것을 통해서 하나님의 능력을 알려주신다**. 예수님은 타락으로 멸망할 수밖에 없는 세상을 구원하기 위한 하나님의 계획을 실행하기 위해 세상에 오셨다. 우리는 예수님이 십자가에서 인간을 대신해서 죽으신 것과 다시 살아나신 것을 보면서 하나님의 사랑과 은혜를 알게 되고, 또한 회복 불가능한 세상을 다시 돌려놓으시는 하나님의 능력을 보게 된다.

마지막으로, 우리에게 주시는 예수님의 말씀은 하나님의 뜻을 알려주는 계시다. 복음서에 기록된 예수님의 수많은 말씀은 우리를 죄의 구렁텅이에서 건져내어 그리스도의 형상으로 변화시키기 위한 하나님의 처방이다. 우리는 그 말씀들을 통해서 하나님의 계획과 뜻을 분명하게 이해하게 된다.

예수님 당시 사람들은 그를 직접 보고 그의 말씀을 들으면서 하나님의 특별계시를 직접 체험하였다. 그러나 그가 부활하고 승천하신 이후에 태어난 후대 사람들은 목격자들의 증언을 통해서, 또한 그것이 기록된 성경을 통해서 예수 그리스도에게 나타난 하나님의 특별계시를 받게 된다.

3) 하나님의 말씀

또 다른 하나님의 특별계시는 '하나님의 말씀' 이다. 하나님의 말씀에는 세 가지 종류가 있다. **하나님의 직접적 말씀, 선지자를 통한 대언의 말씀, 기록된 말씀 즉 성경.** 성경 시대에는 하나님이 특정한 사람들에게 직접 말씀하시거나 선지자들을 통해서 자신의 뜻을 전달하기도 했다. 그러나 현재 우리에게 전해진 것은 그때 하신 말씀들을 기록한 성경뿐이다. 기록된 말씀성경은 하나님의 직접적 말씀과 선지자를 통해서 선포한 말씀 일부에 성령 하나님이 성경 저자들에게 영감을 주어 기록하게 한 역사적 사건들과 교훈들이 포함되어 있다. 그 모든 것이 성령의 섭리로 보존되어 후대 사람들에게 하나님의 뜻을 전해 주는 것이 되었다. 이 기록된 말씀은 하나님의 뜻과 계획을 알려줄 뿐만 아니라, 하나님의 자녀들에게 "교훈과 책망과 바르게 함과 의로 교육하기에 유익"을 주기 위한 것이다. 딤후3:16, 롬15:4

3. 누가 특별계시를 이해할 수 있는가?

특별계시는 일반계시와는 달리 인간적으로 똑똑하고 학식이 높다고 해서 이해할 수 있는 것이 아니다. 니고데모는 율법학자로서 대단한 지식을 소유하고 있었지만, 명백하게 나타난 예수님과 그의 말씀의 계시를 이해할 수 없었다. 바울은 이것에 대해 "이 세상의 신이 믿지 않는 자들의 마음을 어둡게 하여서, 하나님의 형상이신 그리스도의 영광을 선포하는 복음의 빛을 보지 못하게"고후4:4했기 때문이라고 말한다. 죄에 물든 사람들은 성경에 나타난 하나님의 특별한 계시를 전해 주어도 받아들이지 않는다. 그 가치를 모른다. 그래서 이해하지도 못한다. 눈이 어두워져 있기 때문이다. 그러나 진리의 영, 즉 성령이 오시면 우리를 "모든 진리 가운데로 인도하실 것"요16:13이다. 성령이 우리의 눈을 열어줄 때, 그때에야 비로소 우리가 하나님의 특별계시를 이해할 수 있게 된다.

4. 의미

특별계시의 주된 목적은 하나님과 교제를 회복하는 것을 통해 영적인 생명을 얻게 하는 것이다.요20:31 그러므로 거꾸로 말해서 우리가 구원을 얻으려면 성경을 통한 하나님의 말씀을 듣고 그것을 믿어야 한다.롬10:13-15 물론 우리 마음의 눈을 뜨게 해 주는 성령의 역사가 더해져야 하지만, 성령은 하나님의 특별계시인 성경을 매개체로 일한다. 이것은 우리가 특별계시의 말씀을 부지런히 전해야 할 사명을 깨닫게 한다. 그것을 통하지 않고는 사람들이 구원을 얻는 길이 없기 때문이다.

특별계시를 통해서만 우리는 하나님과 그의 뜻을 바르게 이해할 수 있다. 아무리 자연적인 지식이 많아도 그것이 인간과 세계와 역사에 대한 완전한 지혜를 주지 못한다. 물론 하나님이 주신 일반은총적인 지혜로 세상과 인간에 대해 탐구하고 깨닫게 되는 것도 많이 있지만, 인간 지식에는 뚜렷한 한계가 있고 그것을 통한 이해는 불완전하다. 이것은 하나님이 욥에게 폭풍 같이 던지신 질문에 잘 드러난다. "누가 이 땅을 설계하였는지, 너는 아느냐? 누가 그 위에 측량줄을 띄웠는지, 너는 아느냐? 무엇이 땅을 버티는 기둥을 잡고 있느냐? 누가 땅의 주춧돌을 놓았느냐? …바다 속 깊은 곳에 있는 물 근원에까지 들어가 보았느냐? 그 밑바닥 깊은 곳을 거닐어 본 일이 있느냐? 죽은 자가 들어가는 문을 들여다본 일이 있느냐? 그 죽음의 그늘이 드리운 문을 본 일이 있느냐? 세상이 얼마나 큰지 짐작이나 할 수 있겠느냐? 이 모든 것을 알고 있다면, 어디 네 말 한 번 들어 보자."욥38:5-6, 16-18 인간 지식의 한계를 인정하라는 강력한 도전이다.

인간 지식의 불완전함은 하나님의 특별계시가 있어야 완전해질 수 있다. 그러므로 우리는 세상의 일반적인 지혜도 나름의 역할이 있다는 것을 인정하면서도, 그것의 한계 또한 분명히 인식하고, 특별계시를 통해 보다 온전한 이해에 이르려고 노력해야 한다.

5장 · 성경의 권위

"그러므로 내 말을 듣고 그대로 행하는 사람은 반석 위에다 자기 집을 지은, 슬기로운 사람과 같다고 할 것이다…그러나 나의 말을 듣고서도 그대로 행하지 않는 사람은, 모래 위에 자기 집을 지은, 어리석은 사람과 같다고 할 것이다."
마 7:24, 26

I. 계시 종교

 기독교는 계시 종교다. 즉 기독교는 인간이 먼저 시작한 종교가 아니다. 인간 스스로가 자기 속에서 무언가를 끄집어내서 득도하고 해탈하는 종교가 아니다. 기독교는 하나님이 우리에게 나타나셔서 말씀하신 것으로부터 출발한다. 창세기 1장에서부터 이런 특징이 두드러지며, 성경 전체를 통해 "하나님이 말씀하셨다"라는 구절이 셀 수 없이 많이 나온다. 과거에는 하나님이 특별한 사람들에게 직접 말씀하시기도 했지만, 이제는 그런 방식보다는 하나님이 이 땅에서 행하시고 말씀하신 것들을 모아 놓은 성경을 통해서 우리에게 자신의 뜻을 알려주신다. 그래서 기독교는 계시적 종교, 책의 종교, 성경의 종교라고 한다.
 기독교는 하나님의 특별계시인 성경의 토대 위에 서 있다. 하나님에 대한 이해나 무엇을 믿어야 하는지에 대한 내용을 성경에서부터 도출한다. 그래서 초대 교회로부터 성경은 예배나 설교, 그리고 성도들의 삶을 위한 기초가 되어왔다. 그러므로 기독교인이라면 성경에 대해서 잘 알아야 하는 것은 당연한 일이다.

전통적으로 성경은 BC 15세기부터 AD 90년까지 약 1500년에 걸쳐서 기록된 것으로 알려진다. 성경은 66권의 개별적인 문서들을 모아놓은 책이며, 약 36명의 저자가 기록한 것으로 추정된다. 구약 성경은 히브리어와 아람어로 기록되었고 신약 성경은 헬라어로 기록되었다. 원래 성경에는 장과 절의 구분이 없었다. 그러나 1205년 캔터베리 대주교였던 스티븐 랭턴이 처음으로 성경에 장 구분을 하여 사용하기 시작했다. 1240년 세인트 셰어의 대주교였던 휴고가 오늘날 우리가 사용하는 1189장으로 구분된 라틴어 성경을 발간했다. 인쇄업자였던 로버트 스테파누스는 랭턴의 장 구분 내에서 임의대로 절 구분을 했다. 그 결과 최초로 절 구분이 이루어진 제네바 신약 성경이 1557년에 처음으로 출간되었다.^{신구약 성경 전체는 31,173절이다}

이제 몇 가지 질문들을 중심으로 성경에 대해 좀 더 구체적으로 알아보자.

II. 성경은 누가 기록했는가? ^{성경의 영감}

우리가 탐구할 첫 번째 질문은 성경을 누가 기록했는가 하는 것이다. 이 질문에 대해서는 두 가지로 대답할 수 있다.

1. 성경은 사람들이 기록한 책이다

성경을 읽어보면 인간 저자의 이름이 자주 나오는 것을 볼 수 있다. 누가복음과 사도행전 서두^{눅1:14, 행1:1-2}에는 이 글을 쓴 주체가 자신이라고 주장하는 사람이 나온다. 역사가들은 그 저자가 바울과 함께 전도여행을 했던 누가라고 생각한다. 그는 누가복음과 사도행전을 자신이 직접

조사한 것들을 기초로 기록했다고 말한다.

다른 성경들도 마찬가지다. 요한복음 마지막 부분에는 이렇게 기록되어 있다. "이 모든 일을 증언하고 또 이 사실을 기록한 사람이 바로 이 제자이다. 우리는 그의 증언이 참되다는 것을 알고 있다."요21:24 이 제자는 요한을 의미한다. 로마서 1장 1-3절에서도 바울이 저자임을 분명하게 밝히고 있다. 또한, 베드로전서 1장 1절에서는 "예수 그리스도의 사도인 베드로"가 이 편지를 썼다고 기록하고 있다.

그 외에도 수많은 곳에서 성경을 직접 기록한 사람들의 이름을 발견할 수 있다. 이것을 근거로 볼 때 우리는 성경이 다양한 '사람들'에 의해 기록된 책이라는 것을 알 수 있다.

2. 성령의 영감으로 기록되었다

그러나 디모데후서 3장 16절에서 바울은 "모든 성경은 하나님의 영감으로 된 것"이라고 주장한다. 여기서 말하는 '영감감동'이란 무엇인가?

우리는 종종 예술가들이 작품 활동을 할 때 영감을 받아 명작을 창조했다고 말한다. 베토벤의 〈운명 교향곡〉을 들을 때, 미켈란젤로의 〈최후의 심판〉 그림을 볼 때, 로댕의 〈생각하는 사람〉 조각상을 바라보며 우리는 '영감이 어린' 작품이라고 말한다. 그러나 성경이 하나님의 영감으로 만들어졌다는 것은 이런 의미가 아니다.

'영감'은 헬라어로 '테오프뉴스토스' *theopneustos* 인데, 그것은 '하나님이 숨을 불어 넣는다, 숨을 내쉰다'는 뜻이다. 우리는 숨을 내쉬면서 말을 한다. 하나님의 영감으로 되었다는 것은 하나님이 숨을 내쉬듯이 말씀하셨다는 뜻이다. 그렇다면, 여기서 바울이 말하고자 하는 것은 모든 성경이 하나님이 말씀하신 것이라는 의미다. 즉 성경의 저자가 하나님이라는 말이다.

3. 이중 저자

한편에서는 성경을 사람들이 썼다고 주장하는 반면에, 다른 편에서는 성령이 저술했다고 한다면, 이것은 모순되는 주장이 아닌가? 그렇지 않다. 이것은 성령과 인간이 공저자라는 뜻이 된다. 이것을 베드로는 이렇게 표현한다. "예언은 언제든지 사람의 뜻에서 나온 것이 아니라, 사람들이 성령에 이끌려서 하나님에게서 오는 말씀을 받아서 한 것입니다."[벧후1:21] 성령이 사람들에게 어떤 영향을 주어서 성경을 기록하게 했다는 말이다. 그래서 사람이 저자라고 말할 수도 있고, 성령이 저자라고 말할 수도 있다.

그렇다면, 성령은 어떤 방식으로 사람에게 말씀을 주는가?

1) 기계적 영감 mechanical inspiration

어떤 사람들은 성령이 불러주시는 것을 인간이 그대로 받아 적은 것이 성경이라고 생각한다. 이것을 '기계적 영감설'이라고 한다. 이 과정에서 인간 저자의 특성은 저술 내용에 전혀 반영될 수 없으며, 인간은 단지 하나님이 주시는 말씀을 기록하고 전달하는 도구로만 사용되었다는 것이다.

실제로 성경에는 하나님이 불러 주시는 대로 받아 적은 부분들이 적지 않다. 예레미야 1장 7절에서 하나님은 예레미야에게 "내가 너에게 무슨 명을 내리든지 너는 그대로 말하여라" 하고 명령하신다. 또한, 9절에서도 "내가 내 말을 내 입에 맡긴다"라고 하시면서 너 스스로 무슨 말을 전할지 고민하지 말라고 말씀하신다. 다른 부분에서도 이와 똑같은 표현들이 나온다.[시6:8, 겔2장, 출19:3-6, 출20장(십계명), 민7:89, 삼상9:15, 시6:8-9, 계14:13]

그러나 몰몬경이나 여호와의 증인의 책이 주장하는 것처럼 하나님이 성경의 모든 내용을 직접 하늘에서 인간들에게 내려주신 것은 아니다.

성경 전체가 하나님이 불러주시는 것을 인간이 그대로 받아 적은 것도 아니다. 그러므로 '기계적 영감설'은 부분적으로만 맞다.

2) 유기적 영감 organic inspiration

하나님이 영감을 주는 두 번째 방식이 있다. 그것을 '유기적 영감'이라고 한다. 이것은 인간 저자가 자신의 경험과 지식을 토대로, 그리고 자신의 독특한 개성이 담겨 있는 스타일로 책을 썼는데, 그 과정에서 하나님이 어떤 영향을 주어서 하나님의 의도를 담게 하셨다는 것이다. 그래서 저자들의 고유한 특성들이 그대로 성경에 담겨 있다. 각 저자의 경험, 생각하는 방식, 필체, 강조점과 관점의 차이 등이 드러난다. 네 복음서는 저자에 따라 다양하게 기록되었고, 열왕기와 역대기 또한 같은 시대를 기록하고 있는 역사서임에도 유사점과 함께 분명한 차이를 보여준다. 바울의 글은 매우 논리적이고 이성적인 측면이 강한 반면, 요한의 서신은 그의 성격에 맞게 감성적인 색채가 잘 드러난다. 인간 저자의 특성이 그대로 문체에 반영되어 있기 때문이다.

이처럼 성령은 다양한 방식으로 인간 저자들을 사용하신다. 어떤 방식을 사용하든 성경의 모든 내용은 궁극적으로 성령의 영감으로 기록된 것이다. 그러므로 성경은 한편으로는 인간의 저작물이지만 성령의 영감이 작용했기 때문에 하나님의 말씀이라고 말할 수 있다.

III. 정경은 어떻게 형성되었는가? 정경

이렇게 1500년에 걸쳐서 다양한 장소에 살던 36명이 넘는 사람들을 통해서 성경이 기록되었는데, 이 기록물들이 어떻게 한 권의 책으로 묶이게 되었을까? 이 질문은 다른 말로 하면, 성경이라고 하는 '정경'이 어떻게 형성되었는가 하는 질문이다. 정경canon이란 헬라어 '캐논' kanono에서 비롯된 말로, 측정자, 규칙, 모범 등을 의미한다. 이것이 종교에서는 핵심이 되는 경전을 의미한다. 기독교에서는 당연히 성경을 정경으로 여긴다.

1. 구약의 정경화

신구약 중간기BC 5세기-AD 1세기의 유대인들은 구약의 정경화 작업이 이미 오래전에 끝났다는 것을 인정하였다. 고대의 역사가인 요세푸스는 페르시아의 아닥사스다 왕 이후의 역사를 모두 기록하면서, 그 기록이 "이전 기록과 같은 가치가 부여될 수 없으니 이는 선지자들의 계승이 없기 때문"이라고 인정하였다.그루뎀, 67 즉 선지자의 시대가 말라기로 막을 내리면서 구약 성경의 기록도 마무리되었다는 뜻이다. 신약 시대AD 1세기에 이미 구약의 정경성이 확실하게 정립되어 있었다. 이 점은 예수님도 인정하셨다. 그랬기 때문에 다른 문제들에 대해서는 극심한 대립을 보였던 유대인들과 예수님이 정경에 관해서는 논쟁을 벌인 적이 한 번도 없었고, 예수님과 신약의 저자들은 구약 성경을 분명히 신적 권위를 가진 것으로 여겨 295회나 인용하였다. 이 전통을 이어받아 기독교에서는 AD 90년 얌니아 회의에서 공식적으로 구약 39권을 정경으로 인정하였다.

2. 신약의 정경화

신약 성경은 언제 이떻게 정경화 작업이 이루어졌을까? 기독교 초기인 AD 1세기 무렵에는 교회들에서 다양한 책들이 사용되고 있었다. 그러나 세월이 흐르면서 교회는 그중에서 일부의 책들만 성경으로서 권위를 인정하였다.

그러면 어떤 책을 정경에 포함할지를 결정하는 기준은 무엇이었는가?

가장 중요한 기준은 '사도성'이었다. 사도들이나 사도들에 의해 인정받은 사람이 쓴 책이어야 한다는 것이다.복음서, 바울서신 사도행전 5장 2-4절에서 우리는 사도들을 속이는 것이 하나님과 성령을 속이는 것과 똑같이 취급되는 장면을 보게 된다. 초대 교회에서는 "사도직을 하나님의 말씀을 직접 쓰고 말할 수 있는 권한을 가지고 있던 구약 시대의 선지자들과 같은 권위를 가진 것으로 여겼다."벧후3:2, 고전14:37, 그루뎀, 72 사도들이 기록하지 않은 책들마가복음, 누가복음, 사도행전, 히브리서, 유다서에도 사도성 기준이 적용되었다. 그 책들의 저자들은 사도들과 개인적으로 직접적인 연관성이 있었고 사도들에게서 성경 기록에 필요한 자료들을 직간접적으로 받았기 때문에 사도들이 그 저작들을 권위 있는 것으로 인정해 주었을 것이다.

두 번째 기준은 '보편성'이다. "이 책은 AD 1-2세기에 교회들이 세워졌던 동방, 서방, 아프리카 교회 등 모든 지역에서 보편적으로 받아들여지고 있는가?" 하는 점을 말한다. 실제로 대부분의 신약 성경의 책들이 어떤 공식적인 합의가 없었음에도 불구하고 팔레스타인, 아프리카, 유럽, 소아시아 전역에서 이미 권위 있는 문서로 받아들여지고 있었다.

이런 두 가지 기준을 기초로 신약 성경을 확정하려는 '정경화 작업'이 시도되었다. AD 175년에 신약 성경 책들의 목록을 작성한 최초의 시도가 이루어졌는데, 그것을 무라토리안 경전Muratorian Canon이라고 한다. 그로부터 2세기가 지나 AD 367년에 알렉산드리아의 주교인 아타나시우스가 성경의 책들 목록을 제시하였고 그것을 지중해의 동쪽 교회들이 그대로 받아들였다. 397년에는 지중해의 서쪽에 있는 교회를 대표하는 카르타고 공의회도 그 목록을 그대로 인정하였다. 그 이후 교회는 정경의 문제로 의견이 나뉜 적이 한 번도 없다.

3. 교회의 역할

이렇게 공의회에서 정경이 확정되었다고 하면 사람들은 결국 교회가 성경을 정한 것이 아니냐고 생각한다. 그러나 그렇지 않다. 교회가 성경을 정경화한 것도 아니고, 교회가 성경에 권위를 부여한 것도 아니다. 우리가 역사를 살펴보았듯이 교회가 나서기 전에 여러 지역의 수많은 신자에게 알려졌고 권위 있게 받아들여지는 책들이 이미 존재했던 것이다. 그래서 AD 300년쯤 되었을 때는 이미 성경의 골격이 형성되어 있었다. 교회가 한 일은 하나님이 이 책들에게 권위를 부여하셨다는 것을 발견하고 인정했을 뿐이다. 제임스 패커의 다음과 같은 말은 이 과정을 정확하게 표현한 것이다. "교회가 우리에게 신약 정경을 준 것이 아닌 것은 아이작 뉴튼 경이 우리에게 중력을 준 것이 아닌 것과 같다." James I. Packer, *God Had Spoken:Revelation and the Bible* (Grand Rapids, MI: Baker, 2000), 109

4. 새로운 정경의 가능성?

그러면 우리가 가진 성경에 새로운 책이 추가되거나 혹시 알려지지 않았던 사도들의 문서가 발견되어 새롭게 성경에 포함될 가능성은 없는가? 한 마디로 대답한다면, 그 가능성은 '없다' 라는 것이다.

사도의 제자였던 속사도들과 교부들은 자신들의 글과 사도들의 글이 분명히 구분됨을 인정하였다. AD 110년경 이그나티우스는 "나는 바울과 베드로처럼 너희들에게 명하지 않는다. 그들은 사도였고 나는 죄인이며, 그들은 자유로웠고 나는 아직 종 되었다"라고 언급했다.그루뎀, 81 그러므로 사도들과 가장 가까웠고 교회들에서 그 권위가 인정되었던 교부들조차 정경이 완성되었다고 생각하고 그것으로 충분하다고 여겼다면, 그 이후에 새로운 책이 정경으로 받아들여져야 할 이유는 없다.

혹시 오늘날 바울이 쓴 새로운 서신이 발견된다면 어떤 일이 벌어질까? 먼저는, 그 서신이 바울의 서신임을 증명하기가 그렇게 쉽지 않을 것이다. 2천 년이나 지난 문서의 저자를 밝히는 작업은 모든 사람이 인정할 수 있을 정도로 확실하게 진행되기 어려울 것이다. 또한, 설령 그것이 바울의 서신으로 밝혀졌다고 할지라도 그 서신이 기록된 당시에 이미 사람들에게 알려졌을 것이고, 그럼에도 그것을 정경에 포함하지 않았다면 우리가 알지 못하는 어떤 타당한 이유가 있었을 것이다. 그것에 대해 2천년이나 지난 후대 사람들이 왈가왈부하는 것은 너무 주제넘은 일이다.

그러므로 지금 우리가 가진 신구약 성경이 원래 하나님이 의도하셨던 정경이라고 보는 것이 옳다. 거기에 더하거나 빼는 것은 잘못된 일이다.

Ⅳ. 우리가 가지고 있는 성경은 원본인가? 성경의 전승

1. 원본autograph과 사본manuscripts

이렇게 정경이 완성되었지만, 문제는 성경의 원본이 분실되어 현재는 하나도 남아있지 않다는 점이다. 우리가 지금 가진 성경은 여러 종류의 필사본들을 비교하고 분석해서 편집한 것이다. 이런 사실을 근거로 어떤 사람들은 성경의 원본이 없으니 우리가 가진 성경은 오류가 있는 것이고 신뢰할 수 없다고 주장한다. 이 주장은 사실인가? 우리가 현재 가진 성경은 오류투성이인가?

2. 우리 성경은 원본과 거의 유사하다

결론부터 말한다면, 우리가 현재 가진 성경은 거의 원본에 가까운 것이다. 성경의 원본은 없지만, 원본을 기초로 필사한 사본들은 상당히 많이 전해지고 있다. 구약의 사본은 1만 개가 넘고 신약의 사본도 5천 개가 넘는다. 이것은 비슷한 시기의 다른 문서들과 비교해 볼 때 엄청난 숫자이다. 플라톤, 호머, 아리스토텔레스 등 헬라 시대 저자들의 문서 사본은 고작 10~20개 정도가 남아 있을 뿐이다. 이처럼 다른 고대 문서와 비교하면 성경은 사본의 수가 그렇게 많지만, 그 사본들은 놀랄 정도의 유사성을 보여주고 있다. 필사 과정에서 발생한 오류가 조금씩 발견되기는 하지만, 대부분의 믿을 만한 사본들은 99퍼센트 이상 똑같다. 그러므로 어떤 사본을 택해도 원본에서 크게 벗어나지 않는다고 보는 것이 옳다.

이에 더하여, 성경학자들은 수많은 사본을 비교 분석하여 원본과 가까운 성경을 복원해내는 사본비평textual criticism이라는 과학적 방법을 개발해냈다. 이 작업은 매우 전문적인 작업이지만 또한 매우 신뢰할 만한 작업이다. 그 작업의 결과 99퍼센트 정확도로 원본을 복원했다고 확신할 수 있다. 사본학의 권위자인 프린스턴 신학교의 브루스 메쯔거 교수는 신약 성경의 2만 개의 문장 가운데 여전히 논란이 되는 문장은 40개에 불과하다고 말한다. 그리고 그 40개도 기독교의 핵심 교리에는 전혀 영향을 주지 않는 것이라고 말한다. 그러므로 우리가 현재 가진 성경은 원본과 거의 똑같은 것이며, 그래서 신뢰할 수 있는 성경이라고 말할 수 있다.

V. 성경은 진정으로 하나님의 말씀인가? 권위

이제 우리가 성경에 대해서 물어야 할 마지막 질문은, 성경은 진정으로 권위 있는 하나님의 말씀인가 하는 것이다. 우리가 앞에서 살펴보았듯이 성경이 하나님의 영감으로 되었다는 사실이 성경의 권위를 가장 잘 보여주는 것이기는 하다. 그러나 그것 말고도 다른 증거들이 있다.

1. 구약의 권위에 대한 구약 자체의 증거

구약 성경은 "여호와께서 말씀하시기를"이라는 문구를 반복적으로 사용한다. 이것은 하나님이 직접 말씀하셨다는 것을 보여주면서 구약 성경의 권위를 드러내는 것이다.^{민22:38, 신18:18-20, 렘1:9, 겔2:7} 또한 선지자들은 하나님이 자신에게 직접 말씀하신 것을 기록했기 때문에 그 기록물이 하나님의 말씀으로서 권위가 있다는 것을 보여주고 있다.^{왕상14:18, 왕하9:36, 렘37:2, 슥7:7} 그러나 이것은 구약 스스로 주장하는 권위일 뿐 이것만으로는 부족하다. 외부의 인정이 필요하기 때문이다.

2. 구약의 권위에 대한 신약의 인정

구약 정경화 과정에 대해 설명할 때 언급했듯이, 신약 시대에 유대인들은 이미 구약을 하나님의 말씀으로 인정하였다. 이에 대해서는 예수님도 동의하셨다. 그래서 구약 성경을 "하나님의 말씀"이라 언급하였고,^{마19:4, 막7:11-13, 요10:34} 구약 전체를 권위 있는 것으로 믿었다.^{눅24:25-27, 44}

사도들 역시 구약의 권위를 인정하였다. 그들은 자신들의 가르침이 구약 성경에 기초하고 있기 때문에 권위 있는 것이라고 주장했으며, 그리스도인의 신앙을 구약 성경의 성취로서 제시하였다.^{행1:16, 2:16-35, 3:22-25, 4:11, 롬1:2, 3:2, 15:4, 갈3:16-18, 약2:8} 구약 성경의 권위에 대하여 사도들이 한 언급들 가운데 가장 중요한 것은 디모데후서 3장 15~16절에 나온다. "그대는 어려서부터 성경을 알고 있습니다. 성경은 그리스도 예수를 믿는 믿음으로 말미암아 그대에게 구원에 이르는 지혜를 줄 수 있습니다. 모든 성경은 하나님의 영감으로 된 것으로서 교훈과 책망과 바르게 함과 의로 교육하기에 유익합니다." 여기서 사도 바울이 언급하는 '모든 성경'은 디모데가 어릴 때부터 배웠던 구약 성경을 의미한다. 그러므로 바울은 구약 성경이 하나님의 말씀이라는 것을 분명하게 인정하고 있는 것이다.

3. 신약의 권위에 대한 증거
그러면 신약의 권위는 어떻게 인정되었는가?

1) 신약 성경 내의 자기 확인
"바울은 모든 편지에서 이런 것을 두고 말하고 있는데, 그 가운데는 알기 어려운 것이 더러 있어서, 무식하거나 믿음이 굳세지 못한 사람은, 다른 성경을 잘못 해석하듯이 그것을 잘못 해석해서 마침내 스스로 파멸에 이르고 말 것입니다."벧후 3:16 여기서 베드로는 바울의 서신이 존재한다는 사실을 인식하였으며, 그것을 다른 성경과 동일시하고 있다. 디모데전서 5장 18절에서도 바울은 누가복음 10장 7절에 있는 예수님의 말씀을 인용하면서 그것을 '성경' 이라고 불렀다.

그러나 역시 신약 성경 내부의 증거만으로는 부족하고 외부의 인정이 필요하다.

2) 사도들과 초대 교회의 인정
예수의 부활을 목격하고 변화된 제자들, 그리고 그들의 제자들인 속사도와 교부들이 복음서들의 권위를 인정하였다. 그들은 복음서들을 자신들이 경험한 예수의 가르침, 그리고 그의 죽음과 부활을 잘 정리한 것으로 인정했다. 또한, 바울의 서신과 사도들베드로, 요한, 야고보의 서신들도 예수의 가르침을 잘 반영하는 것으로 인정하였다. 이미 사도시대 당시에 신약 성경의 권위를 인정하는 분위기가 형성되었던 것이다.

우리가 신약 성경의 형성에서 보았듯이, AD 1~2세기 성도들은 지역을 불문하고 이미 신약 성경의 대부분을 권위 있는 책으로 인정하였다.

이처럼 예수님과 최근접 거리에 있었던 사람들이 인정한 문서라면 충분히 권위를 가질 만하다. 이것은 마치 소크라테스의 대화록을 그의 제자인 플라톤이 정리했기에 믿을 만하다고 인정하는 것과 같다.

4. 성경 자체가 발산하는 권위

지금까지 우리는 성경이 권위 있는 하나님의 말씀이라는 객관적인 증거를 생각해보았다. 그러나 이 모든 것보다 더 확실한 증거는 성경을 매개체로 하나님의 구원을 경험한 사람들이 인정하는 성경의 권위다.

우리는 성경을 읽으면서 성경의 권위를 인정하게 된다. 예수님은 요한복음 10장 27절에서 "내 양들은 내 목소리를 알아듣는다. 나는 내 양들을 알고, 내 양들은 나를 따른다"라고 말씀하신다. 그리스도의 양들은 성경을 읽으면서 그것이 위대한 목자의 말씀이라는 것을 확신하게 된다는 것이다. 그것은 성령이 우리 안에서 역사하시기 때문에 일어나는 일이다.

이와 같은 맥락에서 사도 바울은 고린도전서 2장 14절에서 이렇게 말한다, "그러나 자연에 속한 사람은 하나님의 영에 속한 일들을 받아들이지 아니합니다. 그런 사람에게는 이런 일들이 어리석은 일이며, 그는 이런 일들을 이해할 수 없습니다. 이런 일들은 영적으로만 분별 되기 때문입니다." '받아들인다'는 말은 '수락하고 인정하는 것'을 의미한다. 아무리 외적인 증거를 대도 성령이 우리 안에서 역사하시는 도움이 없이는 하나님의 권위와 그의 말씀의 권위를 받아들이지 않는다. 그래서 웨스트민스터 신앙고백서 1장 5항은 이렇게 표현한다, "성경의 무오한 진리와 신적 권위에 대한 우리의 온전한 납득과 확신은 우리의 마음속에서 그 말씀에 의하여 그리고 그 말씀으로 증거하시는 성령의 내적 사역에 달린 것이다."

이 모든 증거로 미루어볼 때 성경은 분명히 권위 있는 하나님의 말씀이라고 결론내리는 것이 합당하다.

VI. 우리는 성경의 권위를 인정하고 있는가?

성경 자체가 권위 있는 책이라는 것과 우리 자신이 그 권위를 제대로 인정하고 있느냐 하는 것은 전혀 다른 문제다. 성경이 권위 있는 하나님의 말씀이라는 것이 이렇게 분명함에도 불구하고 이 시대의 교회나 교인들의 모습을 보면 실제로는 성경의 권위가 제대로 인정되지 않고 있다고 말할 수밖에 없다.

1. 권위의 상실

고린도전서 3장 16절은 그리스도인들이 바로 '하나님의 성전'이라고 말한다. 구약의 성전은 우리 가운데 계신 그리스도의 성육신을 상징하며, 그의 부활과 승천 이후에는 그리스도인 안에 들어와 계시는 성령 덕분에 그리스도인 자신이 성전이 되었다. 이렇게 명백한 성전에 관한 말씀이 있음에도 불구하고 아직도 많은 교회가 그들의 건물을 '성전'이라고 지칭하면서 하나님께 영광 돌린다는 명목으로 거대하고 화려한 건축에 열중하고 있다. 이것은 실제로 성경이 가르치고 있는 바를 거스르는 것이며, 곧 그 권위를 인정하지 않는 것이다.

또한 자본주의 체제에 깊이 매몰되어, 가난하고 헐벗은 형제들을 향해 모든 것은 개인의 책임이며 각자가 감수해야 할 일이라고 주장하고 재정적 지원을 마다하는 것은 야고보서에 명백하게 기록되어 있는 말씀을 거스르는 일이다. 야고보는 헐벗고 굶주린 형제나 자매에게 필요한 것들을 주지 않는다면 그것은 죽은 믿음이고 믿음이 없는 것이라고 분명하게 말한다.약2:15-17 결국 현대의 부유한 교회들은 성경의 권위를 인정하지 않거나 부분적으로만 인정하려는 모습을 보여주는 것이다.

2013년에 한국기독교목회자협의회는 개신교인 1천 명에게 '신앙생활의 이유'를 묻는 질문을 던졌다. '마음의 평안을 위해서'라는 응답이 38.8퍼센트로 가장 많았고, 다음으로 '구원과 영생을 위해서', 31.6퍼센트 '건강/재물/성공 등 축복을 받으려고' 18.5퍼센트 순이었다. 지난 1998년과 2004년 조사 당시에는 '구원과 영생을 위해서'라고 답한 응답자가 각각 47.1퍼센트, 45퍼센트로 1위였으나 최근 조사에서는 약 15퍼센트 하락했고, 대신 건강과 재물 등 축복을 받기 위해서라는 대답이 10퍼센트 가량 상승해서 기복적 양상이 확대되는 모습을 보였다. 이제 "복음을 위하여 고난을 함께 겪으라"딤후1:8는 말씀이나 "의를 위하여 박해를 받으라"마5:10는 예수님의 말씀은 그리스도인의 삶에서 그 실제적인 권위를 상실했고, 오직 예수 믿으면 부자 되고, 건강해지고, 세상에서 성공한다는 이교적인 가르침만이 성행하고 있다.

2. 성경의 최종 권위

성경의 권위를 말로 고백하는 것과 삶 속에서 성경의 가르침대로 행동하면서 그 권위를 인정하는 것은 전혀 다른 것이다. 성경은 우리의 신앙무엇을 믿는가과 실천어떻게 살아야 하는가에 있어서 최종적인 권위를 가지고 있다. 이 말은 성경에 있는 모든 것을 이해하고 동의하기 때문이 아니라 성경이 하나님의 권위로 주어진 것이기 때문에 그 권위에 순종하면서 믿고 따르는 것을 의미한다. 교회가 무엇을 어떻게 해야 할지, 신자가 어떤 것을 해야 할지 안 할지는 모두 성경의 권위 아래에서 판단해야 한다. 우리 자신의 이성적 판단, 취향, 감정이나 세상에서 통용되는 지혜를 기초로 판단해서는 안 된다.

그러므로 우리는 항상 이렇게 질문해야 한다. "하나님은 무엇을 원하실까?" "성경은 이에 대해 무엇이라고 말하고 있는가?" 그리고 그 질문에 대한 답을 얻으려고 열심히 성경을 탐구해야 한다. 그리스도인은 성경을 통해 새 생명을 얻었기 때문에 성경에 살고 성경에 죽는 사람이다. 그렇게 성경의 권위를 인정할 때 우리의 삶은 반석 위에 지은 집과 같은 것이 될 것이다. 마7:24-27

6장 · 필요하고 충분한 말씀

"모든 성경은 하나님의 영감으로 된 것으로서 교훈과 책망과 바르게 함과 의로 교육하기에 유익합니다. 성경은 하나님의 사람을 유능하게 하고, 그에게 온갖 선한 일을 할 수 있게 하는 것입니다." 딤후 3:16-17

성경은 전 세계에서 오랫동안 베스트셀러 자리를 차지하고 있는 책이다. 그만큼 많이 팔렸고 많은 사람이 가지고 있다는 뜻이다. 그러나 그 사실이 사람들이 실제로 성경을 읽는다는 것을 말해 주는 것은 아니다. 심지어 그리스도인 중에도 성경은 교회에 갈 때만 먼지를 털어서 가져가는 것으로 생각하는 사람들이 많이 있다. 요즘 같은 스마트폰 시대에는 그나마 가져갈 필요도 없어졌지만, 이들에게는 예배 시간에 잠시 성경을 들여다보는 것으로 성경의 효용성은 다했다고 생각한다. 이들은 실제로는 성경이 자신의 삶에서 그다지 필요하지 않다고 생각하는 것이다.

어떤 사람들은 성경과 유사한 어떤 비밀문서가 발견됐다는 소식에 민감한 반응을 보이기도 한다. 제5의 복음서, 기독교의 숨겨진 비밀을 밝혀준다는 다빈치 코드, 중동 어느 동굴에서 발견됐다는 성경 사본들, 등등. 조금 다른 방식이기는 하지만, 하나님의 직접적인 음성을 들었다거나 천국이나 지옥에 다녀와서 하나님이나 천사와 만났다는 사람들의 이야기에 열광하는 사람들도 성경 이외에 무언가 '다른 것'을 추구한다는 점에서는 비밀문서를 찾는 사람들과 똑같다. 이들의 행태는 성경만으로는 충분하지 않고 그것에 더하여 무언가 새로운 것이 필요하다는 생각에서부터 비롯된 것이다.

성경은 실제로 필요 없는 책일까? 혹은 성경은 그것만으로 충분치 않고 무언가 새로운 계시나 문서가 더해져야 완전해지는 것일까? 성경 자체와 성경을 연구한 수많은 사람은 그렇지 않다고 말한다. 성경은 필요하고 또한 충분한 책이라는 것이다.

I. 성경의 필요성 Necessity

성경은 있어도 되고 없어도 되는 책이나, 알아도 되고 몰라도 되는 책이 아니라 모든 그리스도인이 잘 알아야 하고 자신의 삶에 녹여내야 할 필수적인 책이다. 어떤 점에서 그런가?

1. 구원을 위해서는 하나님의 말씀이 필요하다

로마서 10장 17절은 이렇게 기록하고 있다. "믿음은 들음에서 생기고, 들음은 그리스도를 전하는 말씀에서 비롯됩니다." 구원을 얻으려면 하나님의 말씀을 믿어야 한다. 그런데 구원의 길을 알려주는 하나님의 특별계시 말씀은 오직 성경을 통해서만 우리에게 전해진다. 그러므로 구원을 받기 위해서는 성경이 절대적으로 필요하다. 우리는 성경에 있는 복음의 메시지를 직접 읽거나, 다른 사람을 통해서 들어야 한다. 그렇게 해서 구원의 길을 알게 된다. 바울은 디모데에게 편지를 쓰면서 바로 이 점을 이야기했다, "그대는 어려서부터 성경을 알고 있습니다. 성경은 그리스도 예수를 믿는 믿음으로 말미암아 그대에게 구원에 이르는 지혜를 줄 수 있습니다."딤후3:15 우리 자신도 이런 방식으로 구원 얻은 것이 아닌가?

이 원리는 우리 자신뿐만 아니라 다른 사람들에게도 똑같이 적용된다. 누구든지 구원의 은혜를 누리려면 하나님의 말씀을 듣고 믿어야 한다.

그런데 보지도 듣지도 못한 하나님의 말씀을 어떻게 듣고 믿겠는가? 누군가 그 말씀을 전해 주지 않는다면 알 수 없다. "들은 적이 없는 분을 어떻게 믿을 수 있겠습니까? 선포하는 사람이 없으면, 어떻게 들을 수 있겠습니까?"롬10:14 그리스도인들이 다른 사람들에게 선행을 베푸는 삶을 살아야 한다는 것은 예수님이 선포한 핵심적 메시지 가운데 하나였다. 그래서 우리는 모든 사람에게 선행을 베풀려고 애를 쓴다. 그러나 선행 그 자체가 구원으로 이끄는 메시지는 아니다. 사람들은 하나님의 말씀을 직접 정확하게 들어야 한다. 그래야, 하나님이 누구인지, 죄가 무엇인지, 어떻게 해야 죄의 저주로부터 구원을 얻을 수 있는지 알게 될 것이기 때문이다. 그러므로 우리는 선행과 더불어서 말로 복음을 전해야 한다. 그렇게 하는 것이 베드로가 권한 바른 복음 선포 방식이다. "여러분이 가진 희망을 설명하여 주기를 바라는 사람에게는, 언제나 답변할 수 있게 준비를 해 두십시오."벧전3:15 복음의 내용을 다른 사람에게 잘 전해 줄 수 있도록 준비해 두는 것, 이것은 그리스도인이 해야 할 중요한 과제이다.

2. 성장하려면 성경이 필요하다

그리스도인은 무엇으로 성장하는가? 예수님은 이렇게 말씀하셨다, "사람이 빵으로만 살 것이 아니라, 하나님의 입에서 나오는 모든 말씀으로 살 것이다."마4:4 우리가 빵과 같은 음식을 섭취해야 삶을 유지하고 성장할 수 있듯이, 하나님의 말씀을 먹어야 영적으로 생명을 유지하고 성장할 수 있다. 베드로의 권면도 똑같다, "갓난아기들처럼 순수하고 신령한 젖을 그리워하십시오. 여러분은 그것을 먹고 자라서 구원에 이르러야 합니다."벧전2:2 여기서 말하는 '신령한 젖'은 하나님의 말씀, 즉 성경을 의미한다.벧전1:23-25

성경은 다양한 방식으로 우리를 성장시켜준다. "모든 성경은 하나님의 영감으로 된 것으로서 교훈과 책망과 바르게 함과 의로 교육하기에 유익합니다."^{딤후3:16} 성경은 우리가 어떻게 살아야 할지 가르쳐 주고, 잘못한 것을 책망해서 깨닫게 하고, 바른 길이 무엇인지 다시 알려주고, 의로운 사람이 될 수 있도록 교육한다.

구약에서는 사람이 잘 성장한다는 것을 지혜로운 사람이 되는 것이라고 말한다. 그리고 하나님의 말씀이야말로 우리를 지혜롭게 만들어주는 도구라고 한다. "주님의 계명이 언제나 나와 함께 있으므로, 그 계명으로 주님께서는 나를 내 원수들보다 더 지혜롭게 해주십니다. 내가 주님의 증거를 늘 생각하므로, 내가 내 스승들보다도 더 지혜롭게 되었습니다. 내가 주님의 법도를 따르므로, 노인들보다도 더 슬기로워졌습니다." ^{시119:98-100} 그래서 성경은 우리 인생의 "등불이요 빛"^{시119:105}이 되는 것이다.

육체의 건강을 위해 운동을 한다고 해도 그 효과가 금방 나타나지는 않는다. 그러나 꾸준히 한다면 일정 시간이 지나 좋은 결과를 얻을 수 있다. 아무리 좋은 음식이라도 하루나 이틀 그것을 집중해서 먹는다고 갑자기 몸이 좋아지지는 않는다. 건강한 몸을 만들려면 좋은 음식을 꾸준히 먹어야 한다. 이처럼 우리도 영적으로 건강해지려면 당장 효과가 나타나지 않는 것처럼 보여도 꾸준히 성경을 읽고 배우고 실천해야 한다. 그것이 쌓여서 우리를 영적으로 건강하게 하고 지혜롭게 해 줄 것이기 때문이다.

3. 하나님을 기쁘게 하려면 성경이 필요하다

결혼한 남편이 아내가 무엇을 좋아하는지, 아내는 남편이 무엇을 좋아하는지 어떻게 알 수 있을까? 살다 보면 점차 알게 되겠지만, 그것을 전부 파악하려면 오랜 시간이 걸릴 것이다. 혹시 그들이 자신의 마음을 적어 놓은 책이 있다면, 그래서 결혼할 때 서로 그 책들을 교환하여 자주 들여다보고 숙지한다면 도움이 되지 않겠는가? 물론 상대방이 좋아하는 것을 내가 해 줄 것이냐 여부는 별개의 문제이지만.

하나님의 은혜를 받은 그리스도인들은 이제 하나님을 기쁘게 하는 삶을 살기를 원한다. 그러나 마음이 있다고 해서 꼭 그렇게 되는 것만은 아니다. 하나님이 기뻐하는 것이 무엇인지 모른다면 그렇게 사는 것이 불가능하기 때문이다. 그렇다면, 하나님이 무엇을 좋아하는지 어떻게 알 수 있을까? 40일 금식기도를 한다든가, 하나님이 직접 음성을 통해서 알려주시기를 기다리는 것은 방법이 아니다.

하나님은 친절하게도 이렇게 어려운 방법이 아니라 매우 쉽고 분명한 방식으로 자신이 무엇을 기뻐하고 좋아하는지 우리에게 알려주셨다. 그것이 바로 성경이다. 성경은 하나님이 어떤 존재인지, 무엇을 하는지, 무엇을 하려고 하는지, 무엇을 좋아하는지, 우리가 무엇을 하기를 원하는지, 등등의 내용을 담은 책이다. 그래서 하나님을 사랑하고 그를 기쁘게 하기 원한다면 성경을 읽고 그 말씀대로 하면 된다. 사도 요한이 말하는 것이 바로 이것이다, "하나님을 알고 있다고 하면서, 하나님의 계명을 지키지 아니하는 사람은 거짓말쟁이요, 그 사람 속에는 진리가 없습니다. 그러나 누구든지 하나님의 말씀을 지키면, 그 사람 속에서는 하나님께 대한 사랑이 참으로 완성됩니다. 이것으로 우리가 하나님 안에 있음을 압니다."요일2:4-5 성경은 하나님의 마음을 담은 책이다. 그러므로 성경을 보지 않고도 하나님을 알고, 그의 뜻을 이해하고, 그를 기쁘시게 하는 삶을 살 수 있다고 주장하는 것은 자기기만이다.

열광적인 찬양 집회에 참여해서 눈물 콧물 흘리면서 "하나님 사랑합니다" 하고 아무리 외쳐도, 그 고백이 성경에 나타난 하나님의 마음을 헤아리고 그 뜻에 순종하는 것으로 이어지지 않는다면 모두 허황한 감정

표출에 지나지 않게 된다. 이런 행태는 하나님을 기만하는 것과 같다. 우리는 하나님에 대한 사랑을 증명해야 한다. 어떻게 할 것인가? 하나님의 말씀에 순종하는 삶으로. 그리스도인의 삶은 그렇게 복잡한 것이 아니다. 하나님의 말씀대로 살고 행하는 것, 그것이 신자가 살아가는 방식이다.

정리한다면, 우리에게는 하나님의 말씀인 성경이 필요하다. 하나님의 구원의 은혜가 우리에게 효력을 발휘하려면 하나님의 말씀이 필요하다. 또한, 그리스도의 형상을 닮은 모습으로 자라가려면 성경이 필요하다. 마지막으로, 하나님을 기쁘게 하려고 하나님이 좋아하는 것이 무엇인지 알려면 성경이 필요하다.

II. 성경의 충분성 Sufficiency

1. 성경으로 충분한가?

과거나 지금이나 하나님으로부터 새로운 계시를 받았다고 주장하는 사람들이 많이 있었다. 결국, 그들은 기독교에서 떠나 전혀 다른 새로운 종교로 나아갔다. 몰몬교의 몰몬경, 통일교의 원리강론, 여호와의 증인의 신세계 성경 등이 그런 것들이다. 이 정도는 아니지만, 기도를 통해서 하나님의 직접적인 계시를 받는다고 주장하는 사람들도 결국 성경만으로 충분하지 않다는 내심을 드러내는 것이다. 우리는 성경 외에 하나님의 또 다른 직접적 계시가 필요한가? 성경만으로는 부족한가?

다른 한편으로, 성경이 우리가 궁금하고 알고 싶은 모든 것을 가르쳐주지 않는다는 것은 분명하다. 천지창조의 때가 언제인지, 노아의 홍수가 언제 일어났는지, 외계인이 존재하는지, 지구와 똑같은 행성이 우주에 존재하는지, 천국에서의 삶이 구체적으로 어떤 것인지, 등등에 대해 성경은 친절하게 알려주지 않는다. 그러면 우리는 성경 이외에 또 다른 문서나 계시가 필요한 것일까?

우리는 앞에서 하나님의 특별계시가 성경으로 집적되었고, 그것 외에 다른 특별계시가 있다고 믿을 만한 근거가 없다는 결론을 내렸었다. 이것은 하나님이 우리에게 성경오직 성경만을 주셨을 때 하나님이 우리에게 알려주고 싶고 또 우리가 알기를 원하는 것들이 성경에 충분히 담겨 있다는 의미라고 볼 수 있다. 비록 성경이 우리가 '알고 싶은 것'에 대해 모든 답을 주지는 않지만, 성경은 우리가 '알아야 할 것'에 대해서는 충분한 정보를 주고 있다는 말이다. 성경은 우리가 하나님의 존재에 대해, 그가 우리에게 원하는 삶의 모습에 대해, 우리의 구원에 대해 우리가 알아야 할 모든 것을 가르쳐주기에 충분하다.

웨스트민스터 신앙고백서 1장 6항은 성경의 충분성에 대해 이렇게 말한다, "하나님 자신의 영광과 인간의 구원, 신앙과 생활에 필요한 모든 것에 관하여 하나님이 가지고 계시는 모든 계획은 성경에 분명하게 기록되어 있다…그러므로 이 성경에다 성령의 새로운 계시에 의해서든지 혹은 인간들의 전통에 의해서든지 아무것도 어느 때를 막론하고 더 첨가할 수가 없다."

2. 성경의 충분성은 무엇을 의미하는가?

1) 성경은 우리를 구원에 이르게 하는 데 충분하다 약1:18, 벧전1:23

디모데후서 3장 15절은 이렇게 말한다, "성경은 그리스도 예수를 믿는 믿음으로 말미암아 그대에게 구원에 이르는 지혜를 줄 수 있습니다." 우리가 구원을 얻으려고 다른 문서나 가르침에 의존할 필요가 없다. 오직 성경 안에 계시되어 있는 것으로 충분하기 때문이다.

2) 성경은 우리를 성장시키는 데에도 충분하다

"모든 성경은 하나님의 영감으로 된 것으로서 교훈과 책망과 바르게 함과 의로 교육하기에 유익합니다. 성경은 하나님의 사람을 유능하게 하고, 그에게 온갖 선한 일을 할 수 있게 하는 것입니다."딤후3:16-17

우리가 제대로 성장하지 않는 이유는 우리가 순종하지 않는 데 있는 것이지 성경의 가르침이 충분하지 않기 때문이 아니다. 우리가 성경을 잘 알고 순종하면서 실천하기만 하면 그리스도의 형상을 닮은 새로운 사람으로 성장할 것이다.

3) 성경은 기독교 교리나 윤리의 문제들에 대한 답을 주기에 충분하다

우리가 궁금해하는 모든 것에 대한 정답이 성경에 해답과 같은 형태로 주어져 있는 것은 물론 아니다. 우리가 그것들까지 굳이 알 필요가 없기 때문이다. 그것은 우리의 호기심을 채워줄 뿐이지 우리를 구원하거나 성장시키는 데 꼭 필요한 것은 아니다. 그러나 '하나님이 누구인지, 예수 그리스도가 어떤 존재이고 그가 왜 이 세상에 오셨는지, 어떻게 해야 구원을 받으며, 교회는 무엇이고 교회의 사명은 무엇인지, 주님께서는 언제 이 세상에 다시 오시는지, 그 후에는 어떤 일이 일어나는지' 등등, 중요한 기독교 교리와 관련된 내용들은 이미 성경에 충분하게 계시되어 있다.

하나님의 자녀가 된 사람들이 이 세상에서 어떻게 살아가야 하는지도 하나님은 성경을 통해 충분히 알려주셨다. 물론 우리가 현대 사회에서 직면하는 여러 윤리적인 문제들에 대해서 성경을 통해 즉각적인 지침을 얻기가 쉽지 않은 때도 있다. 예를 들어, 배아복제, 안락사, 복지의 정도, 경제 체제와 같은 문제들은 매우 복잡하고, 그 문제들에 대한 직접적인 성경의 가르침은 없다. 그렇다고 해서 우리가 이런 문제들에 대해 완전히 무지한 채로 남아 있게 된다는 것은 아니다. 성경교사들의 도움을 받으면서 성경을 진지하게 연구한다면 우리는 각각의 문제들에 대해 하나님이 기뻐하시는 뜻이 무엇인지 발견할 수 있다.

3. 성경의 충분성은 우리에게 무엇을 요구하는가?

1) 우리는 성경에 어떤 것을 더하거나 성경으로부터 어떤 것도 제거해서는 안 된다 신4:2, 12:32, 계22:18-19

우리는 성경에 인간이 만든 그 어떤 전통적 결과물도 더해서는 안 된다. 신18:15-22, 사29:13, 마15:1-9, 갈1:8-9, 살후2:2 로마 가톨릭 교회의 전통이나 개신교의 신앙고백에 성경과 동등한 권위를 부여해서는 안 된다. 마찬가지로 어떤 사람들이 주장하는 새로운 '계시'도 성경과 동등한 위치를 주장할 수 없다.

이것은 하나님이 성령을 통해서 사람에게 직접 말씀을 하실 가능성 자체를 부정하는 것은 아니다. 그러나 설령 그런 일이 일어난다 할지라도 어떤 사람이 직접 받은 말씀이 성경과 동등한 권위를 가질 수는 없다. 그 이유는, 5장 정경의 완성 부분에서 살펴봤듯이, 하나님이 성경과 동등한 계시를 다시 주실 이유가 없고, 그렇게 하는 것은 정경의 완성을 부정하는 것이며, 결국 성경의 권위 자체가 무너지는 것이기 때문이다. 그러므로 새롭게 받았다는 계시의 말씀도 성경의 권위 아래서 검증해야 한다.

2) 하나님은 성경에 없는 내용을 믿으라고 요구하지 않는다

우리는 성경 이외의 것을 더 믿거나 지킬 필요가 없다. 하나님은 그런 것을 요구하지 않는다. 우리가 반드시 더 믿어야 할 것들이 있었다면 하나님이 이미 성경에 포함했을 것이다. 예를 들어, 구원받으려면 평생 100명의 전도 열매를 맺어야 한다거나, 예수님의 어머니 마리아가 죄 없는 완전한 인간이라고 믿을 필요가 없다. 성경은 그렇게 가르치지도 않고 그렇게 믿으라고 요구하지도 않기 때문이다.

또한 우리는 성경이 강조하는 것만 강조하고 하나님이 성경을 통해 말씀하시는 것에 만족해야 한다. 그래서 우리는 성경이 말하고 있지 않은 것이나 불확실한 부분들에 대해 지나치게 강조해서는 안 되며 열린 태도를 보여야 한다. 교회의 구조, 성찬에서 그리스도 현존의 본질, 천년왕국론, 물세례의 방식과 같은 문제들에 대해 성경은 명확하게 말하고 있지 않다. 그러므로 이런 문제들로 논쟁하는 데 지나치게 정력을 쏟는다거나 그것을 기초로 극심한 분파를 형성하는 것은 옳지 않다.

3) 우리는 성경에서 명확하게 혹은 암시적으로 명령하지 않은 것을 행할 필요가 없다

기도 중에, 혹은 직접적인 성령의 역사를 통해 하나님이 우리가 해야 할 일을 가르쳐주셨다고 누군가 주장한다 해도, 그것이 성경의 가르침에 맞지 않는 한 그것을 따르지 않는다고 해서 죄가 되는 것은 아니다. 어떤 사람이 '선교사가 되라'는 성령의 음성을 들었다고 생각할지라도 그 소명이 성경과 교회 공동체를 통해서 검증되지 않는 한 반드시 따라야 할 진리는 아니다. 종종 반대하는 아내를 버리고 선교지로 떠난다든지, 선교에 적합한 은사를 전혀 받지 못했다고 교회가 결론을 내리고 만류해도, 자기 열심에 도취되어 이를 강행하는 사람들 때문에 선교지는 몸살을 앓고 있다. 성경보다 주관적인 체험을 더 앞세우기 때문에 일어나는 일이다. 오히려 우리는 성경에 나타난 하나님의 뜻을 찾는 데 더욱 열심을 내야하고 그것을 실천하려고 애쓰면 된다. 그것을 넘어서는 것에 대해서는 우리에게 주어진 자유와 평화를 누리면 된다.

4) 성경이 명확하게 혹은 암시적으로 금지하지 않은 것을 행하는 것은 죄가 아니다

성경에 없는 도덕적 규칙들을 교회나 목사의 권위로 강요할 수 없다. 20세기 후반까지도 신자들이 댄스홀에 가거나 영화관에 가는 것을 죄악시하는 교회들이 있었다. 어떤 교회는 아이들이나 여자들이 예배당 강대상에 올라가면 매우 불경한 일로 규정하고 금지하기도 했다. 이런 규칙들은 임의적인 것에 지나지 않으며, 그것에 성경적 권위를 부여하는 것은 잘못된 행태다.

물론 더 큰 선을 이루고 덕을 세우려면 성경에 분명하게 나와 있지 않은 어떤 행동을 안 하는 것이 좋을 때가 있기도 하다. 예를 들어, 아동 노동으로 만든 물건의 구매를 거부하는 것이나, 환경을 보호하기 위해 종이컵을 사용하지 않는 것과 같은 일들이다. 이런 행동은 의미 있고 좋은 일이다. 그러나 그런 행동을 규범화해서 그것으로 다른 사람을 판단하고 정죄하는 것은 새로운 율법을 만들어 굴레를 씌우는 율법주의에 다름없다. 이런 행태가 가진 가장 큰 문제는 그런 규정들을 마치 성경적 권위가 있는 것처럼, 그것을 지키지 않으면 죄를 범하는 것처럼 취급했다는 점이다.

이런 규칙을 정하고 모든 사람에게 부과할 권리는 그 누구에게도 없다. 성경에서 그렇게 정하고 있지 않기 때문이다. 그런 규칙들을 지키지 못하는 것을 죄짓는 것처럼 정죄해서 죄책감을 느끼게 하는 것은 하나님이 그 사람에게 주신 자유를 구속하는 것이다. 물론 죄를 짓지 않으면 최선인 것처럼 소극적인 삶을 사는 것이 그리스도인들의 최고의 목표는 아니다. 우리는 성경의 명백한 금지 규정들을 소극적으로 지키는 것을 넘어서 범사에 하나님을 기쁘시게 하려고 적극적으로 노력하기를 원한다. 그럼에도 불구하고, 마치 성경에 새로운 내용을 추가하는 것 같은 규정을 만들어 강제하는 것은 성경의 충분성 원리를 넘어서는 것이다.

7장 · 하나님은 존재하는가?

"믿음이 없이는 하나님을 기쁘게 해드릴 수 없습니다. 하나님께 나아가는 사람은, 하나님이 계시다는 것과, 하나님은 자기를 찾는 사람들에게 상을 주시는 분이시라는 것을 믿어야 합니다." 히11:6

I. 하나님의 존재를 증명할 수 있는가?

1. 고전적 신 존재증명

우리는 하나님이 존재한다는 것을 믿는다. 그러나 그런 믿음은 주관적이어서 하나님의 존재에 대해 누구나 수긍할 만한 증거를 제시하기는 어렵다. 만약 경험적으로든 논리적으로든 하나님이 존재한다는 것을 보여주거나 증명할 수만 있다면 기독교의 신뢰성은 크게 높아질 것이다.

이런 생각을 했던 많은 기독교인이 하나님의 존재를 객관적으로 증명하려는 노력을 해왔다. 이것을 '신 존재증명'이라고 한다. 중세시대부터 발전한 이 증명방법에는 대표적으로 네 가지가 있다.

1) 존재론적 증명ontological : 어떤 존재의 원인을 계속 추적하면 가장 최초의 원인이 되는 존재가 있어야 한다. 그것이 바로 신이며 이로써 신의 존재가 증명된다고 주장한다.

2) 우주론적 증명cosmological : 존재하는 모든 것은 그 존재를 가능하게 하는 외적 존재가 반드시 있어야 한다. 우주는 필연적인 존재가 아니어서 우주가 자신의 존재 자체를 설명할 수 없다. 그러므로 모든 것을 존재하게 하는 궁극적 존재가 의도적으로 창조해야 한다. 그 무한자를 하나

님이라고 할 수 있다.

3) 목적론적 증명teleological : 세상의 모든 만물은 존재 목적이 있다. 그러므로 모든 사물의 배후에는 그것에 목적을 부여한 지적 존재가 있음이 분명하다.

4) 도덕적 증명moral : 인간에게 객관적인 도덕법이 존재한다면 반드시 도덕적인 입법자가 존재해야 한다.

한때는 이와 같은 증명들이 매우 설득력 있게 받아들여지기도 했지만, 수많은 비판을 거친 지금은 그런 증명이 하나님의 존재를 모든 사람에게 확실하게 증명해 주지는 못하는 것으로 인정되고 있다.

2. 성경도 하나님의 존재를 증명하려고 하지 않는다

그러면 성경을 보면 하나님의 존재가 자명하게 드러나는가? 그렇지 않다. 성경은 하나님의 존재를 증명하려고 하지 않는다. 성경은 하나님의 존재를 전제하고 그가 하신 일로부터 시작한다.창1:1 하나님의 계시인 성경을 아무리 샅샅이 뒤져보아도 하나님의 존재하심을 증명하려는 어떤 시도도 찾아볼 수 없다.

우리가 하나님의 존재를 믿게 된 것은 하나님이 우리에게 먼저 다가오셔서 자신을 계시하셨기 때문이다. 그 결과 우리는 하나님이 존재하신다고 믿게 되었다. 그러나 이 믿음은 매우 주관적이다. 우리가 하나님의 존재를 확신한다고 해서 객관적이고 과학적으로 증명해서 보여줄 수는 없다. 이성적으로 하나님의 존재를 증명하는 것은 피조물인 인간의 한계를 넘어서는 것일지도 모른다. 무신론자들은 바로 이 점을 헤집고 들어온다.

3. 현대 무신론의 도전

오랜 유신론의 시대가 가고 요즘은 무신론자들이 매우 공격적으로 유신론을 비판하고 조롱하는 시대가 되었다. 리차드 도킨스나 데이빗 밀스와 같은 무신론자들은 신은 인간이 만들어낸 개념일 뿐이라고 주장한다. 이런 영향을 받아 심지어 네덜란드에서는 하나님의 존재를 믿지 않는 목사까지 나오고 있는 실정이다. 아니, 그는 공언을 했을 뿐, 실제로 하나님의 존재를 믿지 않는 목사가 곳곳에 있을 것이다.

무신론자들은 신의 존재는 인간의 허무함과 무기력함을 메우려고 만들어낸 허구이며, 권력자들의 지배 이데올로기에 지나지 않는다고 주장한다. 이렇게 세상에서 절대자를 몰아내고 나면 그것으로부터 많은 것이 파생된다. 객관적 진리도 사라지게 되고, 절대 윤리라는 것도 없어지며, 인생의 궁극적 의미나 영원한 소망 같은 것도 무의미한 것이 되어 버린다.

이들이 사람들에게 심어놓은 가장 큰 신화는, 종교는 근거가 없는 '주관적 믿음'에 지나지 않지만, 무신론은 매우 정교한 '과학적' 사고의 산물이라는 생각이다. 정말 그런가? 유신론적 종교는 상상적 허구에 매달리는 것이고, 무신론은 객관적 사실에 근거한 절대적 진리인가?

II. 무신론 주장의 공허함

1. 무신론의 증거가 있는가?

이제 우리가 거꾸로 무신론자들에게 물어야 할 것은, 무신론자는 신이 없다는 것을 어떻게 확실히 알 수 있는가 하는 점이다. 무신론을 뒷받침하는 무슨 확고한 증거가 있는가? 유신론이 신이 있다는 것을 안다고 주장하는 것과 마찬가지로 무신론도 하나님이 없다는 것을 안다고 주장하는 것이다. 그렇다면, 무신론자는 모든 실재를 다 조사하고 신이 없다는 결론을 내린 것인가? 이 질문에 대해 무신론자들이 의존하는 것이 '실증주의' 다.

2. 실증주의의 허상

1) 실증주의의 빈약한 근거

'실증주의'는 우리의 감각이나 과학적 지식으로 그 존재가 분명히 밝혀진 것만 존재한다고 생각하는 것이다. 그래서 과학적으로 증명할 수 없는 것은 존재하지 않는다고 결론을 내린다. 이런 주장이 타당한가?

서양의학은 최근까지 동양의학에서 주장하는 '경혈'의 존재를 부인해 왔다. 과학적으로, 즉 눈으로 확인할 수 없다는 이유에서다. 그러나 동양의학에서는 눈에 보이게 보여줄 수는 없지만, 경혈이 있다고 확신하면서 경혈에 근거해서 병을 치료해왔고, 그 효과도 부인할 수 없을 정도로 입증되어 왔다. 그 치료 효과에 주목한 몇몇 서구 병원들은 오랜 연구 끝에 최근에 이르러 눈에는 보이지 않지만, 경혈이 존재한다고 인정하기에 이르렀다. 동양의학에서 이미 수천 년 동안 그 존재를 인정해오던 것을 그들은 이제야 인정한 것이다. 결국, 그들의 소위 '과학적 실증주의'가 한계가 있다는 점을 보여준 것이다.

이런 대립은 영적인 존재를 둘러싼 문제에서도 그대로 반복된다. 어떤 사람은 귀신과 같은 영적 존재가 있다고 믿지만, 실증주의를 내세우는 사람들은 그 존재를 부인한다. 그러나 실제로 현대 과학으로는 도저히 설명할 수 없는 현상이 우리 주변에서 심심치 않게 일어난다. 예를 들어, 무당이 매우 날카로운 작두 위에서 춤을 춘다든지, 입신의 경지에 들어간 무당이 조상의 목소리를 그대로 재현한다든지, 과거사를 정확하게 맞춘다든지 하는 일들이 실제로 일어난다. 이것을 과학적으로 분석하고 심리학적으로 설명하려고 애를 쓰지만 그다지 설득력이 없어 보인다. 어떤 영적인 존재가 있다고 믿는 것이 더 설득력 있게 들린다. 영적 존재가 눈에 보이지 않는다고 해서 그것의 존재를 부인하는 것은 현명한 결론이 아니다.

2) 실증주의의 비합리성

그러므로 실증주의에 기초해서 하나님이 없다고 주장하는 것은 자신의 인식 체계에 맞지 않는 것은 모두 없는 것이라고 결론 내리는 것만큼이나 불합리한 것이다. 이것은 마치 어부가 그물코의 직경이 5센티인 그물을 가지고 물고기를 잡으면서, '바다에 사는 어떤 생물도 5센티보다 작은 것은 없다' 고 주장하는 것과 같다. 자신이 그 그물로 잡을 수 있는 것이 오직 5센티보다 큰 물고기일 뿐이기에, 그것만 보고 내린 결론이다.

3) 조사의 한계

더 심각한 허점은, 실증주의는 세상에 존재하는 모든 것을 다 조사한 후에 결론을 내리는 것이 아니라는 점이다. 예를 들어, 해운대 백사장에 바늘이 떨어져 있지 않다는 것을 증명하려면 해변을 완벽하게 조사해야 한다. 백사장의 일부만 샘플로 조사한 후에 거기 바늘이 없다고 해서 '백사장 전체에 바늘이 없다' 고 결론 내리는 것은 전혀 과학적이지도 논리적이지도 않다. 이와 마찬가지로, 하나님이 없다는 것을 증명하려면 보이는, 그리고 보이지 않는 세상 모두를 다 조사해야 한다. 그러나 여기서 아이러니가 발생한다. 모든 것을 완벽하게 조사할 수 있고 모든 것을 완벽하게 알 수 있는 존재가 되려면 무신론자 자신이 전능하고 전지한 존재가 되어야 한다. 즉 신이 되어야 한다는 것이다. 이렇게 되면 신이 없다는 것을 증명하기 위해 스스로 신이 되어야 하는 모순에 빠지게 된다.

그러므로 우리가 발견하지 못했다고 해서 존재하지 않는다고 주장하는 것은 어리석은 결론이며, 전혀 과학적이지도 않다. 그러므로 무신론자의 근거인 '실증주의'는 매우 허약한 근거다. 그러면 하나님이 무신론자의 지식 바깥에 존재할 가능성은 없는가? 무신론자의 지식이 유한한 것이기 때문에, 그 대답은 당연히 '있다' 이다. 그렇다면, 무신론자는 하나님이 없다고 절대적으로 말할 수 없다. 다만, 자기 지식의 한계 내에서 하나님의 존재를 확신하지 못한다고 말할 수 있을 뿐이다.

3. 무신론도 신앙이다

사실이 이러함에도 불구하고 무신론자들을 비롯한 많은 사람은 종교는 신앙의 문제이고 무신론은 과학이라고 주장한다. 즉 신앙은 주관적인 신념에 관한 문제이고 무신론은 객관적인 사실에 근거한 것으로 생각한다. 하지만, 이런 주장은 타당하지 않다. 신이 있다는 확실하고 객관적인 증거를 대지 못한다고 해서 신이 없다고 결론내릴 수는 없는 것이기 때문이다. 무신론자들도 "무신론자들은 신이 없다는 것을 증명할 수 있는가?"라는 질문에 대답해야 하기 때문이다. 우리가 '해변의 바늘'의 예에서 보았듯이 이것은 가능하지 않다. 그럼에도 불구하고 신이 없다고 단정적으로 주장하는 것은 과학적 근거가 없는 것을 주장하는 것이며, 그것은 과학이 아니라 믿음이다. 그러므로 무신론을 받아들이는 것은 또 하나의 신념에 불과하다. 결국, 무신론과 유신론 두 가지 모두 '믿음'의 문제라고 보는 것이 옳다. 무신론자는 신이 없다고 믿는 것이고, 유신론자는 신이 있다고 믿는 것이다.

4. 우리가 할 수 있는 것은 무엇인가?

그렇다면 어느 것을 믿어야 할까? 둘 중 어느 것을 믿든 별 차이가 없는가? 그렇지 않다! 두 가지 주장은 양립할 수 없는 것들이기 때문이다. 하나가 참이면 다른 하나는 거짓일 수밖에 없다. 두 가지가 동시에 참일 수는 없다. 그러므로 우리는 어느 쪽 믿음이 좀 더 신빙성 있고, 타당한 것인지 따져 보아야 한다.

우리는 유신론이 무신론보다 더 합리적이고 믿을 만한 신념이라고 생각한다. 근거가 무엇인가?

첫째, 무신론보다 유신론이 우리가 사는 세상을 더 잘 설명해 준다고 확신하기 때문이다.

둘째, 우리는 주변에서 신이 존재한다는 것을 증거하는 수많은 '단서'들을 찾을 수 있기 때문이다.

셋째, 그 단서들이 신의 존재를 객관적으로 분명하게 증명해 주는 것은 아니지만, 적어도 신이 존재한다고 믿는 것이 더 합리적이라는 점을 보여주기 때문이다.

이런 단서들이 여러 개 합쳐지면 분명히 상당한 힘을 발휘할 것이다. 이제 그러한 단서들 몇 가지를 생각해보자.

III. 우주의 기원에 나타난 신의 현존

우주는 우연히 만들어졌는가, 아니면 어떤 신적 존재가 만든 것인가?

1. 무신론자 주장의 허상

우주의 기원에 대한 무신론자들의 주장은 사람마다 조금씩 다르기는 하지만 대략 다음과 같은 주장으로 요약할 수 있다.

첫째, 무無로부터 어느 날 갑자기 무언가 생겨났다. 그리고 거기서부터 이 세상에 존재하는 모든 것이 나왔다.

둘째, 무생물로부터 생명이 유래했다.

셋째, 우연에 의해 이토록 정교한 우주가 만들어졌다.

넷째, 무의미한 것으로부터 의미를 추구하는 인간이 만들어졌다.

이러한 확신이 과연 신뢰할 만한 것인가?

우주는 경탄을 금할 수 없을 정도로 매우 정교하다. 많은 과학자는 우주의 대폭발이 일어나고 나서 1초가 지난 뒤의 팽창률이 100경분의 1만큼만 작았더라도 우주는 지금의 크기에 도달하기도 전에 다시 붕괴해 버렸을 것이라는 데 동의한다. 또한, 지구에 생명체가 존재하려면 태양의 크기가 지금과 같은 것이어야 하며, 태양과의 거리 또한 지금처럼 유지되어야 한다. 이처럼 우주와 지구, 그리고 생명체의 존재가 가능하기 위해서는 수많은 조건이 정교하게 맞아떨어져야 한다. 이렇게 수많은 조건들이 모두 우연히 맞춰져서 무로부터 미생물, 미세 물질, 생명체, 인간, 그리고 이렇게 정교한 우주까지 만들어졌을 확률은 거의 제로에 가깝다. 우리는 아직도 우주가 어떻게 만들어졌는지 모른다. 그러나 그 모든 것을 우연으로 돌리기에는 무리가 있다고 느낄 수밖에 없다.

무신론자들은 우주의 기원에 대해서 명확한 답을 주지 못하고 있다. 단지 우연 발생적으로 생겨났다고 주장할 뿐이지 어떤 증거나 실험 결과도 내놓지 못하고 있다. 이런 난점을 회피하는 논리로 사용되는 것이 이 세상에는 엄청난 숫자의 우주가 존재한다고 '가정'하는 것이다. 그렇다면, 그중에서 "지금 우리가 사는 것처럼 모든 조건이 잘 맞아떨어지는 우주가 하나쯤 존재할 수 있지 않은가?" 하고 생각하는 것이다. 이러한 주장의 기초에는 '우연'과 '확률'이라는 가정이 자리 잡고 있다. 이런 우주와 지구가 만들어지는 것이 수천억 분의 일의 확률로 일어날 수 있다는 가정이다. 그러나 이것에 대해 증명은 할 수 없다. 그저 가정일 뿐이다.

이런 주장은 다음과 같은 예들보다 더 적은 가능성에 의존하고 있다. 어떤 사람이 100원짜리 동전을 100번 던졌는데 매번 모로 세워지는 경우를 생각해보자. 그 확률이 얼마나 될까? 명백한 제로는 아니다. 가능성은 있을 것이다. 그러나 사실상 그런 일이 일어나는 경우는 '없다'고 볼 수 있다. 만약 그런 일이 일어난다면 어떤 속임수를 썼다고 믿는 것이 더 합리적이지 않을까?

올림픽 사격 메달리스트들 50명이 3미터 거리에서 사형수를 향해 총을 쏘는데, 단 한 발도 맞지 않을 가능성이 있는가? 물론 확률적으로는 그럴 가능성이 있다고 말할 수 있겠지만 실제로 그런 일은 일어나지 않을 것이다. 만일 실제로 그런 일이 일어났다면 확률적으로 가능한 일이 일어났다고 믿는 것이 합리적인가, 아니면 그들 모두가 맞추지 않기로 공모했다고 믿는 편이 합리적인가? 즉 우연히 맞지 않았다고 믿는 편이 합리적인가, 아니면 어떤 의도에 의해 그런 결과가 만들어졌다고 믿는 편이 합리적인가?

우주 발생에 대한 무신론의 주장이 이런 것이다. 그들은 단지 가능성이 명백한 제로가 아니라는 이유 하나만으로 이런 일이 일어날 수 있다고 주장하는 것이다. 세상이 지금처럼 만들어진 것도 그렇다는 것이다. 이것이 믿을 만한 주장인가? 오히려 어떤 전능한 신적 존재가 만들었다고 보는 것이 더 합리적이지 않은가?

무신론자들은 이렇게 정교한 우주가 '우연히' 만들어졌다고 믿지만 '우연' 이라는 것은 어떤 것의 원인으로 작용할 수 없는 모호한 관념일 뿐이다. 우연은 존재도, 에너지도, 물질도 아니다. 그러므로 우연히 만들어졌다는 것은 우주가 아무런 작용도 없이 저절로 생겨났다는 주장과 같다. 무신론자들은 '우연'에 '오랜 시간'을 더하면 모든 것이 가능하다고 가정한다. 이런 주장이 믿을 만한가?

결국 무신론자들은 희박한 가정 위에 정립된 이론을 기초로 하고 있다. 그러므로 그러한 가정을 입증할 책임이 그들에게 있다. 무에서 어떤 정교한 존재가 만들어진다는 것을 자연적인 이성으로는 받아들이기 어렵다. 그러므로 그렇게 주장하는 무신론자들에게 그것을 증명할 책임이 있다.

또한, 우연발생론은 그들이 주장하는 경험론, 실증론, 과학적 증거주의에도 완전히 어긋난다. 그들은 아무것도 없는 것에서 물체가 생겨났다는 것을 아직도 증명하지 못하고 있으면서, 여전히 물질이 그냥 생겨났다고 주장한다. '우연히' 생겨났다는 말이다. 생명이 우연히 발생하였다는 주장은 근거가 없는 주관적 신념에 불과하다.

2. 유신론의 합리성

눈의 망막은 1억 개 이상의 감광 세포를 가지고 있다. 이 추상체와 망막 내부의 가느다란 간상체가 빛을 전기 화학 에너지로 전환해서 볼 수 있게 한다. 눈은 1초에 수십 장의 컬러 사진을 찍는 정교한 카메라다. 이것은 자체의 광 계량기, 보호와 정화 장치, 스스로 수리하는 능력을 갖추고 있다. 하루 동안에 우리의 눈은 50만 장의 사진을 찍을 수 있고 그것을 즉시 생생한 컬러 사진으로 현상할 수도 있다. 이렇게 정교한 눈이 무생물로부터 우연히 만들어졌다고 믿는 것이 합리적인가?

뇌는 분홍색과 회색을 띠고 있으며 젤리 같은 세포로 구성되어 있고 무게는 1.5킬로 정도이다. 뇌에 있는 1천억 개의 신경세포는 수십 조의 연결망을 만들어주는 수천 개의 신경 말단군으로 나누어진다. 뇌의 2.5세제곱미터 안에는 1만 6천 킬로미터의 섬유 조직으로 상호 연결된, 최소 1

억 개의 신경세포가 있다. 뇌는 보고, 듣고, 냄새를 맡고, 맛을 보며, 만질 수 있고, 생각하고, 기억하고, 판단할 수 있다. 이렇게 정교한 뇌가 우연히 만들어졌다는 것을 믿는 것이 정상인가?

이렇게 신체의 정교한 구조와 기능을 볼 때, 어떤 '신적 존재'가 의도와 계획을 세우고 만들었다고 믿는 것이 더 합리적이지 않은가? 신체 구조를 보면서 우리는 하나님의 존재의 '흔적', 곧 그의 현존의 증거를 볼 수 있다. 그러므로 나는 과학적으로도 하나님이 없다는 주장보다는 하나님이 존재한다고 믿는 쪽이 훨씬 합리적이고 이성적이라고 생각한다. 하나님이 존재하지 않는다고 믿는 무신론보다 하나님이 존재한다고 믿는 유신론이 훨씬 더 타당한 믿음이라는 말이다.

Ⅳ. 도덕과 윤리 관념에 내포된 신의 존재

1. 도덕과 윤리의 근거가 무엇인가?

살인은 나쁜가? 왜 나쁜가? 그 근거가 무엇인가? 나쁜 것이라고 누가 규정했는가? 그 규정이 얼마나 타당한 것인가? 우리는 인종차별, 강간, 살인, 폭력, 뇌물수수와 같은 것들이 도덕적으로 나쁜 행동이라고 생각한다. 그런데 이런 도덕적 판단은 무엇을 근거로 하고 있는가?

어떤 행동이 도덕적으로 나쁜 것이라고 규정하는 근거들이 여럿 있다.

첫째, 힘이 있는 사람이 정해놓은 규칙을 따르는 것이다. 그러나 힘이 있는 사람이 바뀌면 그 사람의 취향에 따라 살인이 미덕이 될 수도 있을 것이다.

둘째, 사회적 합의에 따라 규정하는 방법이 있다. 그러나 이것 역시 그 사회 대다수 사람의 생각이 바뀌면 살인청부업자를 위인으로 받드는 시대가 올지도 모른다.

셋째, 자연스럽게 형성된 전통을 따르는 것이다. 그러나 이 말은 시대가 바뀌면 윤리 관념도 바뀔 수 있다는 말과 같다. 기우제를 지내면서 처녀를 바치는 것이 과거에는 큰 문제가 아닐 수 있었지만, 지금은 상상도 할 수 없는 일이다. 그러나 세월이 지나다 보면 다시 그런 일을 아무렇지도 않게 생각할 때가 올지도 모른다. 전통이란 계속 바뀌고 만들어지는 것이기 때문이다.

넷째, 사회의 보존을 위해서 필요하기 때문에 어떤 행동을 금하는 것이라고 말하기도 한다. 그러나 이것 역시 가변적이다. 사회의 보존을 위해서는 타민족이나 타인종을 죽이는 것이 필요하다는 주장이 설득력을 얻기도 한다.

이처럼 윤리의 근거로서 위에 제시한 것들은 그 기초가 매우 빈약하고 위험하다. 그러나 어떻든 우리 인간에게는 보편타당한 윤리적 규범에 대한 인식이 있다. 그것이 어디에서 비롯된 것인가? 인간의 삶을 유지해주는 도덕과 윤리는 어디에 근거한 것인가?

이 문제는 수많은 철학자를 고민에 빠지게 만든 주제였다.

칸트도 이 문제를 가지고 씨름했다. 그는 윤리적 근거에 대해서 아무리 고민해 보아도 그 논리가 순환논법일 수밖에 없다는 것을 발견한다. 결국, 그는 어떤 절대자, 옳은 행동이 무엇인지를 규정해 주는 존재를 가정하지 않으면 이 문제를 풀 수 없다는 결론에 이른다. 그래서 그는 종교인이 아니었음에도 불구하고 윤리의 기초를 세우려면 어떤 절대자, 즉 신적 존재를 인정해야 한다고 주장하게 된 것이다.

이런 결론에 이른 철학자는 칸트만이 아니었다. 그 이전의 플라톤 역시 오직 더 크고 절대적인 선과의 관계 속에서만 '선'이라는 개념이 이해될 수 있다고 생각했으며, 비트겐스타인도 윤리는 초자연적일 수밖에 없다는 점을 인정했다. 실존주의 철학자였던 사르트르 역시 신적 존재를 가정하지 않으면 인간의 행동을 규정할 어떤 가치나 명령도 발견할 수 없다고 인정하였다.

2. 무엇이 더 타당한가?

이처럼 우리는 도덕의 근거에서 하나님 실존의 단서를 볼 수 있다. 만일 객관적인 도덕법이 존재한다면 반드시 인간을 초월한 어떤 도덕적 입법자가 존재해야만 한다. 이런 인식은 우리를 신적 존재에게로 이끌어간다.

물론 하나님의 존재를 믿는 우리는 하나님이 인간 사회 도덕법의 기초가 되시며 그가 우리가 따라야 할 윤리 규정들을 주셨다는 것을 잘 알고 있다. "살인하지 말지니라",^{출20:13} "네 이웃을 네 몸같이 사랑하라."^{막12:31} 철학자들이 고심 끝에 내릴 수밖에 없던 결론을 우리는 믿음으로 받아들인 것이다.

인간 사회가 유지되려면 이러한 지침들이 필요하다. 모든 사회는 정도의 차이는 있지만 이러한 규정들을 반영하고 있다. 이것은 무엇을 보여주는가? 하나님 현존의 증거들이다. 인류 사회에 존재하는 윤리적 토대를 통해 우리는 무신론보다 유신론, 하나님의 존재를 말하는 것이 훨씬 더 타당하다는 것을 발견한다.

V. 인간의 존엄성과 가치

우리는 인간은 존엄한 존재라고 생각한다. 당연히 다른 동물들이나 식물들보다 우등하며 가치 있는 존재라고 여긴다. 그런데 그런 생각이 옳은 것인가? 왜 인간이 이 세상의 다른 어떤 존재보다 더 존엄하고 가치가 있다고 생각하는가? 그 근거가 무엇인가?

1. 사회계약설

어떤 사람들은 사회계약에 의해서 인간들 스스로 서로에게 존엄성을 부여한 것이라고 주장한다. 그러나 이것은 인간들 사이에서만 통용되는 주장에 불과하다. 만약 돼지들이 모여서 돼지의 존엄성을 선포한다고 해서 인간이 그들을 식용으로 사용하기를 중단하고 그들의 선언을 존중해 주지 않는 것과 같다. 그러므로 인간들 스스로 부여한 가치는 객관적 의미를 지니지 못한다.

2. 유물론적 견해

인간은 가장 진화가 잘 되었고 발달한 존재이기 때문에 가치가 있다고 주장한다. 인간은 동물과 근본적으로 다를 바가 없는 물질적 존재이지만, 기능적으로 더 나은 존재이기 때문에 훨씬 더 존엄하다고 생각하는 것이다. 결국, 인간의 가치는 존재 자체의 차이에서 나오는 것이 아니라 기능적이고 상대적이라는 말이다. 실제로 그런가? 인간의 가치가 기능에 좌우되는 것인가?

이러한 사상이 가져오는 결과가 무엇일까?

첫째, 이 주장을 따라서 가다 보면 우리보다 더 발달한 존재가 나타나서 우리를 가혹하게 지배한다 해도 할 말이 없게 된다. 우리의 존엄성은 상대적이기 때문에 우리보다 더 발달한 존재에 비해 존엄성이 떨어지기 때문이다. 혹시 외계에서 우리보다 우등한 존재가 나타나서 우리를 점령하고 지배한다면 우리는 그에 순응하는 것이 옳다. 우리는 열등한 존재이기 때문이다.

둘째, 이렇게 생각하면 사람 중에서도 진화가 잘 된 존재는 다른 존재보다 훨씬 우월한 존재로 인정할 수밖에 없다. 그리고 우월한 존재만이 '존엄성'을 가졌다, 적어도 그들이 '더 큰' 존엄성을 가졌다고 말해야 할 것이다. 결국, 인종별로, 지능별로, 신체적 기능별로 우열을 가리려는 시도가 만연하게 되고, 장애인과 기형아, 그리고 다른 인종에 대한 차별이 가능해지고, 그 결과 인간의 대량학살에 대해 면죄부 발행이 가능해진다. 실제로 히틀러는 게르만 민족의 우수성을 주장하면서 유태인 600만 명을 학살하였고, 우생학을 신봉하면서 신체적, 정신적 장애인들을 죽이고, 장애인 부부가 아이를 낳지 못하도록 강제로 불임수술을 시행하였다.

이런 무신론적인 생각이 우리의 존재 가치를 설명하는 데 과연 더 설득력이 있는지 의문이 들게 된다.

3. 천부인권설

동서양을 막론하고 많은 사상가는, 인간은 하늘이 준 본래 가치 즉 다른 어떤 것과도 바꿀 수 없는 가치를 부여받은 존재라고 주장한다. 예를 들어 로크, 루소, 공자, 맹자 같은 이들이다. 이들의 주장을 '천부인권설'이라고 한다. 천부인권설은 인간보다 훨씬 우위의 존재가 인간에게 존엄성을 부여한 것이라는 말과 같다. 결국, 그들이 인정하든 그렇지 않든 신의 존재를 전제하는 주장이다.

이것은 성경의 가르침과 통하는 것이다. 성경은 우리가 하나님의 형상으로 만들어졌기 때문에, 즉 하나님이 우리에게 존엄성을 부여했기 때문에 '천부인권'과 '존엄성'이 있다고 말한다. "하나님이 자기 형상 곧 하나님의 형상대로 사람을 창조하시되 남자와 여자를 창조하시고." 창1:27 우리 모두는 가치 있는 존재들이다. 우리의 지금 모습이 어떠하든지, 인종이 무엇이든지, 신체적 조건과 지능지수나 사회적 기능이 어떠하든지, 우리 모두는 인간으로서 똑같이 가치 있는 존재들이다. 왜 그런가? 창조주 하나님이 우리를 존엄하게 만드셨기 때문이다. 인간의 존엄성과 가치의 근거로 이것보다 더 나은 것이 무엇이 있는가?

이처럼 인간의 가치가 어디에서 비롯되었는가를 생각해볼 때 우리는 신의 존재를 인정하는 것이 훨씬 더 합리적이라고 결론 내릴 수 있다. 우리는 여기서도 '하나님의 현존 흔적'을 발견할 수 있다.

VI. 하나님의 존재를 믿는 삶

우리는 지금까지 하나님의 현존을 보여주는 세 가지 단서를 살펴보았다. 우주의 기원, 윤리의 근거, 인간의 가치. 우리는 하나님의 존재에 대해 누구도 거부할 수 없는 증거를 제시할 수는 없다. 그러나 무신론 신앙보다는 하나님의 존재를 인정하는 것이 세상을 설명하기에 훨씬 더 합리적이라고 말할 수 있지 않은가?

무신론 신앙은 그렇게 탄탄한 것이 아니다. 그것은 모래 위에 집을 짓는 것과 같다. 인간의 존재 의미와 가치, 삶의 기준이 되어줄 윤리적 토대가 없이 살아가는 것은 마치 우주 무중력 상태에서 살아가는 것과 같다. 아무리 확신 있게 무신론을 주장하는 사람이라도 혼자서 조용히 자신의 인생을 관조하게 되면 허무와 무의미의 나락 속으로 떨어지는 것을 발견하게 될 것이다. 그래서 사르트르는 신이 존재하지 않는다고 생각하는 것은 고통이라는 것을 인정할 수밖에 없었다. 삶이라는 것은 하나님의 존재를 가정하지 않고서는 이해할 수 없는 수수께끼이기 때문이다. 성경은 이미 이것을 예견하고 있었다. "어리석은 사람은 마음속으로 '하

나님이 없다' 하는구나."시 53:1-2

히브리서 기자는 이렇게 말한다. "하나님께 나아가는 사람은, 하나님이 계시다는 것과, 하나님은 자기를 찾는 사람들에게 상을 주시는 분이시라는 것을 믿어야 합니다."히 11:6 무신론자들이 아무리 득세하고 의기양양하게 신이 없다고 주장한다고 해도 존재하는 하나님이 사라지는 것은 아니다. 아니, 그럼에도 불구하고 하나님은 여전히 살아계신다. 무신론 신앙은 그 근거가 매우 빈약하다. 그러므로 우리가 무신론에 주눅이 들 아무런 이유가 없다. 그들이 과학성과 합리성을 내세운다 해도, 그들의 이론은 모두 사상누각에 지나지 않는다.

이러한 확신은 세상 속에서 담대하게 살 수 있는 힘을 제공해 준다. 로마 황제의 박해가 극심할 때에 그리스도가 아니라 시저가 참된 신적 존재라고 한 번만 인정하면 목숨을 유지할 수 있었지만, 그 한 마디 내뱉기를 거부하고 죽음을 맞이했던 수많은 그리스도인이 있었다. 무엇이 이들로 하여금 자신의 목숨까지도 아깝지 않게 만들었을까? 이유는 단 하나였다. 하나님이 살아계신다는 확신이 있었기 때문이다. 부를 축적할 수 있는 능력이 있었고 기회도 많았음에도 불구하고 기꺼이 가난한 사람들에게 나눠주었던 장기려 박사를 비롯한 수많은 믿음의 사람들의 행위 역시 하나님의 존재에 대한 확신을 제외하고는 설명하기 어려운 일이다.

그리스도인 신앙의 핵심은 "하나님이 살아계신다"는 확신이다. 그리고 이 확신은 우리의 삶에 동력을 제공해 주고, 참된 소망을 준다.

8장 · 하나님을 아는 지식

"영생은 오직 한 분이신 참 하나님을 알고, 또 아버지께서 보내신 예수 그리스도를 아는 것입니다." 요17:3

I. "하나님을 아는 지식"의 결핍

1. 위치 역전

어제오늘 일은 아니지만, 한국 교회의 주류는 번영과 건강의 복음을 추구하고 있다. 『긍정의 힘』과 『잘 되는 나』 같은 유의 서적들이 초베스트셀러가 되고 치유 집회와 처세술적인 설교에 열광하는 사람들을 보면 이 땅의 기독교는 자기만족과 성취를 추구하는 인간중심적인 종교로 고착화되어 가고 있음이 분명하다. 이런 상황에서 하나님은 인간들의 자기성취를 위한 들러리로 전락해버렸다. 우리가 필요로 할 때 달려와서 문제를 해결해 주는 시종이 되어버린 것이다.

하나님의 일꾼으로 부름 받았다고 자부하는 목사들 역시 교회를 통해서 자기 왕국을 건설하고 성공욕구를 만족하려는 데 혈안이 되어 있다. 어떻게 하면 더 큰 교회를 만들어서 유명해지고 권력을 더 많이 누릴까 하는 것에만 온통 관심을 쏟고 있다. 그 과정에서도 역시 하나님의 이름은 이용을 당하고 있을 뿐이다. 결국, 목사가 하나님을 섬기는 자인지, 하나님이 목사의 출세를 위해 시중들어야 하는 자인지 분간하기 어렵게 되었다.

심리학자 킴 홀은 이렇게 말한다. "사람들이 내 사무실에 찾아와서 자신들이 기독교인이라고 말합니다. 그러나 그들이 행복해지기를 원하고, 그렇게 해 주기를 신에게 기대하고 있다는 것을 제외하고는 비기독교인들과 아무런 차이도 발견할 수 없답니다." 이런 사람들에게 하나님은 "내가 원하는 것들을 가질 수 있도록 도와주는 내 안락을 위한 신이 되어 버렸다."도날드 W. 맥컬로우(Donald McCullough), 『하찮아진 하나님?』(박소영 역, 대한기독교서회, 1996), 40 결국 점집을 찾는 사람이나 교회에 열심히 다니는 사람이나 그 바라고 간구하는 내용은 대동소이한 것이 되었다.

2. 원인이 무엇인가?

이런 현상에 대해 다양한 원인이 제시되어 왔다. 어떤 사람들은 현대 세속사회의 인간중심주의가 그대로 교회 안에 들어왔다고 말한다. 또 다른 사람들은 삶이 너무 각박하다 보니 해결해야 할 자기의 문제에 더욱 천착하게 되고 그 결과 하나님을 문제해결자로밖에 인식하지 못하는 것이라고 말한다. 다른 한편으로는, 자본주의 사회 속에서 모든 것을 경쟁을 통한 성공의 잣대로 판단하고 성공은 오직 가시적이고 물질적인 것으로만 측정하는 경향이 그대로 교회 안에 침투한 결과라고 진단하기도 한다.

이 모든 진단은 그 나름대로 설득력이 있다. 우리가 주변 세상의 영향을 깊숙이 받으면서 세속화된 탓이 크다. 그러나 그 모든 것보다 더 근본적인 원인은 그리스도인들이 하나님을 잘 모른다는 점이다. 신자들이 하나님을 아는 지식이 결핍되어 있거나, 하나님을 잘못 알고 있기 때문에 이런 기괴한 일들이 교회 안에서 벌어지는 것이다. 이에 대해 잉그램 목사의 진단은 정확하다. "믿는 사람으로서 그리고 교회로서 우리가 하는 행동들은 하나님에 대해 우리가 실제로 어떻게 생각하고 있는지를 분명하게 보여주는 것이다."칩 잉그램(Chip Ingram), 『하나님의 숲을 거닐다』(마영례 역, 디

모데, 2007), 43

3. 하나님에 대한 무관심

실제로 이 땅의 그리스도인들은 하나님을 알려고 노력하지 않는다. 신자들은 하나님을 알려고 노력하는 것보다 자신의 필요를 알려고 하고 그것을 채우는 데 더 많은 노력을 기울이고 있다. 주인공은 자신이다. 하나님은 들러리요 시종일 뿐이다. 자신의 내면을 들여다보고 그 필요를 채우는 데는 갑절의 힘을 들이지만, 정작 주님이라고 고백하는 하나님을 알리는 노력은 하지 않는다. 온갖 자기만족적인 찬양 집회, 수많은 기도원에서 열리는 축복 대성회, 신년 특별 새벽기도회에는 사람들이 넘쳐나지만 정작 하나님이 어떤 분인지 차분히 성찰하려는 모임은 한산할 뿐이다.

이렇게 하나님에 대한 지식의 결핍은 필연적으로 하나님 중심에서 나 중심적인 신앙으로 이끈다. 이제는 '솔리 데오 글로리아' Soli Deo Gloria, 오직 하나님께만 영광을!가 사라지고 '솔리 에르고 글로리아' Soli Ergo Gloria, 오직 나에게만 영광을!로 전환되었다. 나의 영광이 우선이다. 결국, 하나님도 나를 위해 존재하게 되었다. 로버트 우드나우Robert Wuthnow는 "한때 신학자들은 인간의 최대 목표는 하나님을 영화롭게 하는 것이라고 주장했다. 이제 그 논리가 뒤바뀐 것처럼 보인다. 하나님의 최대 목표가 인간을 영화롭게 하는 것이 되었다"고 정확하게 진단한다. Robert Wuthnow, "Small Groups Forge New Notions of Community, and the Sacred," Christian Century, December 8, 1993, 1239-40. 도날드 W. 맥컬로우, 『하찮아진 하나님?』, 39에서 재인용

이것은 사실상 우상숭배와 같은 것이다. "우상숭배란 그 밑바탕을 보면 그분의 품성에 대한 모욕이기 때문이다. 우상숭배하는 마음은 하나님을 그분 아닌 다른 무엇으로 멋대로 생각하여-그 자체로 무서운 죄-참

되신 하나님 대신에 인간 자신의 모습을 닮은 신을 만들어 내놓는다."칩 잉그램, 『하나님의 숲을 거닐다』, 13

4. 하나님을 아는 것은 정말로 중요하다

이처럼 우리가 하나님을 알려는 노력을 기울이지 않기 때문에 거기서부터 온갖 문제들이 발생하고, 기독교가 타락해가는 것이다. 기독교인에게, 그리고 교회에서 무엇보다도 하나님을 아는 것이 가장 핵심적인 관심사가 되어야 한다. 그것은 우리가 생각하는 것보다 훨씬 더 중요하기 때문이다.

1) 그리스도인들에게 가장 중요한 문제인 영생의 핵심이 하나님을 아는 것이기 때문이다

예수님은 영생이 "오직 한 분이신 참 하나님을 알고, 또 아버지께서 보내신 예수 그리스도를 아는 것"요17:3이라고 분명하게 선언하셨다. 영생보다 중요한 문제는 없다. 그런데 영생은 하나님과 그의 아들 예수 그리스도를 아는 것에 달렸다.

2) 하나님이 우리에게 가장 원하시는 것도 다른 무엇보다 하나님을 아는 것이기 때문이다

호세아 선지자는 이스라엘 백성이 멸망할 수밖에 없는 핵심적인 이유가 그들이 하나님을 잘 모르기 때문이라고 말한다. "불살라 바치는 제사보다는 니희가 나 하나님을 알기를 더 바란다."호6:6 하나님을 모르기에 종교생활이나 사회생활이나 하나님의 뜻과는 무관하게 자기 방식대로 이끌어간다. 말로는 하나님을 섬긴다고 하지만 실제로는 자기 생각대로 하는 것이다. 그 결과 더는 하나님의 백성이라고 부를 수 없는 상태까지

가게 된다.

**3) 하나님은 예레미야 선지자를 통해서 우리가 가장 최고로
추구해야 할 것이 하나님에 대한 지식이라고 선포하신다**

"나 주가 말한다. 지혜 있는 사람은 자기의 지혜를 자랑하지 말아라. 용사는 자기의 힘을 자랑하지 말아라. 부자는 자기의 재산을 자랑하지 말아라. 오직 자랑하고 싶은 사람은, 이것을 자랑하여라. 나를 아는 것과, 나 주가 긍휼과 공평과 공의를 세상에 실현하는 하나님인 것과, 내가 이런 일 하기를 좋아한다는 것을 깨달아 알 만한 지혜를 가지게 되었음을 자랑하여라. 나 주의 말이다."렘9:23-24

재산이나 능력, 학식, 혹은 지혜가 많다고 자랑해서는 안 된다. 우리가 자랑해야 할 가장 중요한 것, 우리에게 참 생명을 주는 것은 다름 아닌 하나님을 아는 지식이다. 달리 말하면, 하나님을 아는 지식이야말로 우리가 추구해야 하고 가치 있게 여겨야 할 최고의 가치라는 말이다.

이처럼 그리스도인에게 가장 중요한 것, 가장 힘써서 추구해야 할 것은 하나님을 더 잘 알고자 하는 노력이다. 우리가 하나님이 누구인지, 그의 인격과 성품이 어떤지, 그의 계획과 뜻이 무엇인지 알게 된다면 토저의 말대로 우리의 삶에 "혁명이 일어날 것이다."

II. 우리는 하나님을 알 수 있는가?

1. 하나님을 알 수 없다?

인간이 하나님을 알 수 있을까? 피조물인 인간이 그 존재 방식이 전혀

다른 신을 인식하는 것은 불가능하다고 주장하는 사람들이 있다.

먼저, 무신론자들은 신은 존재하지 않는다고 생각하기 때문에 신을 안다는 것은 인간이 만들어 놓은 허상에 대해 말하는 것과 같다고 주장한다. 다른 한편, 불가지론자들은 인간은 자연적인 영역 너머에 속한 대상을 알 수 있는 능력이 없다고 생각한다. 그래서 칸트와 같은 철학자는 신은 우리의 지각으로 파악할 수 있는 대상이 아니므로 감각에 근거해서 신에 대한 지식을 얻는 것은 불가능하다고 주장한다.

성경에서도 이런 생각을 지지해 주는 것 같은 구절들을 찾아볼 수 있다. "사람 속에 있는 그 사람의 영이 아니고서야, 누가 그 사람의 생각을 알 수 있겠습니까? 이처럼, 하나님의 영이 아니고서는, 아무도 하나님의 생각을 깨닫지 못합니다."고전2:11 "하늘이 땅보다 높음 같이 내 길은 너희 길보다 높으며 내 생각은 너희 생각보다 높으니라."사55:9

인간의 능력으로 하나님을 이해할 수 없다는 것이다.

2. 하나님을 알 수 있다

인간은 하나님을 '완전히' 이해할 수 없으며, 하나님의 존재와 행동의 깊이를 완전히 파악할 수 없다는 것은 사실이다. 그렇다고 해서 인간이 하나님에 대해 '절대로' 이해할 수 없다는 뜻은 아니다.

다른 성경구절들은 우리가 하나님을 알 수 있다고 말하기도 한다. 앞에서 인용한 호세아 6장 6절이나 요한복음 17장 3절도 우리가 하나님을 알 수 있다는 것을 전제하고 우리에게 하나님을 알고자 노력하라고 요청한다. 비록 우리가 하나님에 대해 모든 것을 알 수는 없지만, 그렇다고 해서 하나님을 전혀 알 수 없는 것은 아니다. 이런 측면에서 기독교는 불가지론이 아니다.

우리가 어떻게 하나님을 알 수 있는가? 우리의 지식과 능력이 뛰어나기 때문이 아니라 하나님이 자신을 알려주시기 때문이다. "하나님을 알 만한 일이 사람에게 환히 드러나 있습니다. 하나님께서 그것을 환히 드러내 주셨습니다."롬1:19

우리가 자신의 노력이나 지혜로 하나님을 알 수는 없다.고전1:21 하나님은 인간의 지적 탐구 대상이 될 수 없다. 그렇게 하는 것은 상위의 주체가 하위의 대상을 알려고 할 때 사용하는 방식이다. 우리보다 더 높은 존재이신 하나님을 그런 방식으로 알 수는 없다. 오직 하나님이 먼저 자신을 보여주셔야만 알 수 있다. 주도권은 하나님이 쥐고 있다. 이처럼 우리가 주체가 되어서 하나님을 알 수 있는 것은 아니지만, 그럼에도 불구하고 하나님이 알려주시는 만큼 하나님을 알 수 있다.

III. 하나님을 안다는 것은 무슨 뜻인가?

1. 하나님에 관해 아는 것과 하나님을 아는 것

1) 두 가지의 차이점

우리가 누군가를 '안다'고 할 때를 생각해보면 안다는 것의 두 가지 의미를 이해할 수 있을 것이다. 우리는 어떤 사람의 이름이 무엇이고, 그가 어디에 살며, 어디서 공부를 했고, 무슨 일을 하는지 알 수 있다. 즉 그 사람에 관한 객관적인 자료를 근거로 그 사람을 안다고 말할 수 있다. 이런 지식을 얻으려면 굳이 그 사람과 인격적으로 대면할 필요도 없고, 그 사람의 내면을 들여다볼 필요도 없다. 그저 외적으로 드러난 정보만 있으면 알 수 있는 것이다.

그러나 그런 정보를 통해서 어떤 사람을 알게 되었다고 해도 '정말로 그 사람 알고 있는가?' 라고 물으면 '그렇다' 고 쉽게 대답하지 못한다. 왜냐하면, 내면을 잘 모르는 상태에서 단지 외적인 프로필만 안다고 그것이 진정으로 아는 것이 아닐 수 있다는 것을 알기 때문이다. 그 사람이 이런 상황에서는 이렇게 행동할 것이고, 어떤 유형의 사람들을 좋아하고, 성격이 이러저러하여서 이런 일에 이렇게 반응하는 것이라고 말할 수 있을 정도가 되어야 그 사람을 안다고 할 수 있다. 이런 종류의 '앎'을 가지려면 그 사람과 상당히 깊은 인격적인 관계를 가져야 하며, 그래서 그 사람의 내면 깊숙한 곳으로 들어가야 한다.

2) 하나님을 아는 것

이것을 하나님께 적용해본다면, 우리는 하나님에 '대해서' 는 많이 알 수 있지만 정작 하나님을 잘 모르고 있을 수도 있다.

예수님이 바리새인들을 비판하신 주된 이유가 바로 이것이었다. 그들은 율법을 잘 알았기 때문에 간음한 여인을 돌로 쳐 죽이는 것이 옳다고 생각했다. 그러나 그녀를 회개로 이끌고 용서하는 것이야말로 율법보다 더 큰 하나님의 깊은 사랑이라는 것은 몰랐던 것이다. 그들은 안식일의 잡다한 규정을 지키는 것만을 최고로 생각했지 그날에 적극적으로 사람을 살리는 것이 하나님이 더 기뻐하는 일이라는 사실을 몰랐던 것이다. 사람이 안식일을 위해 있는 것이 아니라 안식일이 사람을 위해 있는 것이라는 하나님의 깊은 마음을 몰랐던 것이다. 그래서 예수님은 그들이 하나님을 모른다고 비판하는 것이다. 그들은 하나님에 관해서는 잘 알았지만, 하나님을 진정으로 알지 못했다.

우리도 마찬가지다. 성경이나 종교적 행위, 그리고 기독교 교리에 대해서는 잘 안다고 하면서도 정작 하나님을 모를 수 있다. 예배하는 법, 기도하는 법, 찬송, 교회의 관습 등에 대해서 많은 것을 알면서도 하나님을 모를 수 있다. 그러므로 하나님을 안다는 것은 어떤 사람을 인격적으로 아는 것과 비슷하며, 외적인 지식을 넘어서 하나님의 성품과 생각을 알고 이해한다는 것을 의미한다.

3) 객관적인 지식도 중요하다

그렇다고 해서 성경이나 신학공부를 통해서 얻은 하나님에 대한 객관적 지식이 쓸모없다는 것은 아니다. 아니, 오히려 하나님에 관해 지식적으로 아는 것은 여전히 매우 중요하다.

세상에는 사람들이 섬기는 수많은 신이 있다. 그중에서 여호와 하나님은 어떤 신인가? 이슬람의 신과 같은 신인가? 힌두교의 신과 같은가? 하나님은 수많은 신 중 하나인가? 유대교나 이슬람교의 신처럼 유일신이지만 삼위로 계시는 분은 아닌가?그들은 구약의 아브라함의 하나님을 똑같이 믿지만, 예수의 신성을 인정하지 않는다 하나님은 우리가 해탈하면 도달하게 될 그런 존재인가? 하나님은 선한 신과 악한 신 사이에서 투쟁하고 있는 분인가? 이렇게 수많은 신 관념 중에서 무엇이 여호와 하나님을 가장 잘 설명한 것인가? 여기서 우리에게는 하나님에 관한 객관적 지식이 필요하다. 그 지식이 없으면 하나님을 알고 믿는다고 말하지만 실제로는 다른 신을 믿는 게 될 수도 있다.

그러므로 우리는 '하나님을 아는 것'으로 나아가기에 앞서 먼저 '하나님에 관해 아는 것' 부터 정직하게 탐구해야 한다. 하나님은 우리 멋대로 상상해서 그려볼 수 있는 존재가 아니라 자신만의 존재의 독특성을 가지고 온 우주를 창조하신 인격체이기 때문이다. 기독교 신앙이 실존적 신앙의 영향을 받으면서 점차 객관적 지식을 탐구하는 일이 무가치한 것으로 간주되고 있다. 이런 경향은 QT에서 잘 드러난다. 오늘 읽은 말씀의 객관적인 이해를 구하고 그것에 내 삶을 비추기보다는 마음에 '다가오는' '감동적인' 것만을 추구한다. 이런 현상이 설교나 성경공부에도 똑같이 나타나면서 이제 교회에서는 '하나님과 그의 뜻을 아는 지식'을 추구하는 일이 그 자리를 상실하게 되었다. 이것은 신앙의 기초를 허무는 것과 같은 일이다. 객관적 지식이 빠진 주관적 지식은 내 마음에 비친 허상을 좇는 것과 같기 때문이다.

그러므로 하나님을 안다는 것은 하나님에 대해 객관적으로 아는 것을 바탕으로 하나님과 인격적인 만남을 통해서 참된 지식으로 나아가는 것을 의미한다.

2. 하나님과 만남의 세 가지 단계

이제 하나님을 알아가기 위한 세 가지 단계知, 情, 意를 생각해보자.

1) 객관적 지식知

하나님을 아는 첫 번째 단계는 하나님에 대한 객관적 지식을 얻는 것이다. 즉 사람에 대해서 객관적 정보를 아는 것처럼 하나님에 대해서도 기본적인 지식이 있어야 한다. 이 정보는 어디서 얻을 수 있는가? 바로 성경을 통해서 얻는다.

성경에서 알려주는 하나님은 어떤 분인가? 창조자, 역사의 주관자, 심판자, 구원자요 전지전능하시고 무소부재하신 분, 사랑과 정의와 진리 그 자체이며, 종교적 예식을 하는 것보다 사랑과 정의를 실천하는 것을 더 기뻐하시는 분이다. 그러나 단순히 이런 단어들을 나열할 수 있다고 해서 하나님을 아는 지식이 있는 것은 아니다. 그 표현의 의미가 무엇인지 이해해야 한다.

예를 들어, 하나님은 사랑이라는 것을 심지어는 비기독교인도 안다. 그렇다, 하나님은 사랑이다. 그러면 하나님이 사랑이라는 것은 무슨 뜻일까? 그것은 무조건 모든 것을 다 받아주는 것일까? 아니다. 하나님의 사랑은 선이든 악이든 구별 없이 모든 것을 다 용납하는 것이 아니다. 그것은 우리의 착각이다. 하나님의 사랑은 진리와 정의와 함께 간다. 옳고 그름과 같이 간다. 그러므로 인종, 성별, 능력, 신분의 차이에 따라 차별하지 않으며, 죄를 지었더라도 받아주시기는 하지만, 그것은 자신의 잘못을 인정하고 회개하는 것을 전제로 한다. 자신의 욕망을 따라 잘못된 행동을 계속 하면서 하나님이 사랑이니까 모든 것을 용납할 것이라고 생각하는 것은 하나님의 사랑을 오해한 것이다.

우리는 하나님이 영이라는 것을 잘 안다. 요4:24 인간도 영적인 존재인데, 인간의 영과 하나님의 영은 같은 종류의 것인가? 영의 실체는 무엇일까? 하나님은 어떤 방법을 통해서 사람들을 죄에서 구원하기를 원하는가? 하나님이 생각하는 계획은 무엇인가? 하나님은 모든 사람들을 다 구원할 것인가, 아니면 일부의 사람들만을 구원할 것인가? 하나님은 다른 사람들을 구원하기 위해 우리가 복음을 전하기를 원하는가, 아니면 하나님의 주권으로 때가 되면 사람들이 하나님을 알게 만드는가? 하나님은 우리가 간절히 매달리면 원하는 것을 다 이루어주는 분인가?

이와 같은 질문들에 대한 지식은 매우 중요하다. 그 지식들이 내가 하나님을 잘 알고 있는지, 그렇지 않은지를 말해 준다. 하나님은 우리가 상상 속에서 마음대로 만들어내는 존재가 아니다. 그분은 실체를 가진 인격이시고, 구체적인 성품과 특성이 있는 존재이며, 어떤 것에 대한 선호가 분명하고, 자신의 의지에 따라 계획적으로 일을 추진하는 분이다. 우리는 하나님을 설명하는 수많은 묘사에 대해 정확한 지식을 가져야 한다. 그러기 위해서는 하나님에 대한 객관적 정보를 제공해 주는 성경을 피상적으로 읽는 것을 넘어서 성경이 의미하는 것을 이해하려고 노력해야 한다. 어설픈 지식은 위험하다. 그것은 잘못된 하나님 상을 만들어내기 때문이다. 그것이 바로 우상숭배의 시작이다.

2) 체험體驗

하나님에 대한 객관적 지식을 얻고 나서 이어져야 할 작업은 그 앎을 체화된 지식으로 바꾸는 것이다. 시편 34편 8절은 이 과정을 "주의 선하심을 맛보아 알지어다"taste and see라는 그림 언어로 표현한다. 머리로 이해한 것을 몸으로 체득하라는 말이다. 하나님은 선한 분이라는 것을 지식으로 알고 확신한다고 하면서 〈좋으신 하나님〉이라는 찬양을 감동적으로 부를지라도, 삶 속에서 하나님의 선함에 대한 실제적 경험을 하지 못한다면 아직 하나님을 충분히 아는 것이 아니다. 또한, "하나님은 사랑이시라"는 말씀을 잘 알고, 〈그 크신 하나님의 사랑〉이라는 찬양을 감동적으로 부른다고 해서 하나님의 사랑을 아는 것은 아니다. 삶 속에서 하나님의 사랑을 체험해보지 않았다면 '사랑의 하나님'에 대한 지식은 아직 완전히 내 것이 되지 않은 것이다.

이것은 마치 베드로의 경험과 같다. 베드로는 예수님과 3년 동안 동행하며 지내면서 그분이 사랑이라는 것을 잘 알고 있었을 것이다. 그래서 다른 사람들이 예수님이 어떤 분이냐고 물으면 사랑의 예수님이라고 여러 사례를 들면서 설명할 수도 있었을 것이다. 그러나 그것은 자신과는 상관이 없는 예수님의 성품에 대한 지식이었다. 예수님을 세 번이나 욕하면서 배신한 후 갈릴리 바닷가에서 부활한 예수님을 다시 만났을 때, 그는 비로소 예수님이 사랑이라는 것을 자신의 경험으로 알게 되었다. 예수님은 베드로를 직접적으로 질책하지 않고 다만 "나를 사랑하느냐?"고 세 번 물으신 후에 "내 양을 먹이라"는 사명을 주셨다. 그것은 베드로의 통회하는 마음을 알았다는 것이고 이미 잘못을 용서했다는 의미였다. 이 순간 비로소 베드로는 예수님의 치유하시는 사랑을 체험하게 되었고 그 지식은 이제 확실하게 자신의 것이 되었다.

이처럼 체험적인 지식은 책상머리에서 이론적으로 얻게 되는 것이 아니라 삶의 현장 속에서 몸으로 얻게 되는 것이다. 이것이 하나님을 알아가는 두 번째 단계다.

3) 행동意

하나님에 대한 객관적인 지식과 삶 속에서의 체험을 통한 앎은 그 지식에 우리 자신을 전폭적으로 던지는 행동으로 나타나지 않으면 완전한 것이 되지 못한다.

예수님은 기도를 가르쳐달라는 제자들의 요청에 응하면서 "우리가 우리에게 죄지은 자를 용서한 것 같이 우리 죄를 사하여 주옵시고"라는 기도를 드리라고 알려주셨다. 그 말은 우리가 다른 사람을 용서해야만 하나님이 우리의 죄를 용서하신다는 어떤 조건을 말하는 것이 아니다. 그보다는 내가 실제로 다른 사람을 용서하기 전까지는 용서의 하나님에 대해서 잘 모르는 것과 같다는 의미다. 우리는 나를 부당하게 대우한 사람을 용서하고 나서야 나의 죄를 용서하신 하나님의 놀라운 은혜를 비로소 이해하게 된다. 이처럼 하나님의 말씀에 순종하는 삶을 실제로 살게 되면서 우리는 하나님이 어떤 분인지 진정으로 이해하게 된다.

사도 요한은 이것을 정확하게 지적하고 있다, "저를 아노라 하고 그의 계명을 지키지 아니하는 자는 거짓말하는 자요."요일2:4 하나님을 알고 그의 사랑을 안다고 아무리 말해도, 그리고 그것을 체험했다고 아무리 말해도, 하나님이 내게 원하시는 대로 살아보기 전에는 아직 하나님을 잘 모르는 것이라는 말이다. 순종의 행동을 통해서 우리는 하나님이 어떤 분인지를 분명히 확인하게 될 것이다.

이처럼 하나님을 아는 것은 우리의 전인격이 필요하며, 지식과 체험과 실제적인 삶, 이 세 요소를 포함하는 것이다.

Ⅳ. 하나님의 바램

1. 신앙생활의 궁극적인 목표

신앙생활이란 한마디로 말해서 하나님을 알아가는 과정이다. 지식으로, 체험으로, 실천으로 하나님을 알아가는 과정이 바로 그리스도인으로 성숙해지는 삶이다.

우리는 하나님을 책상머리에서나 온실에 편안하게 앉아서 알 수는 없다. 그렇게 해서 얻은 지식은 죽은 지식이다. 오히려 번잡하고 문제 많은 삶의 현장 속에서 살아있는 하나님에 대한 지식을 얻게 된다. 온갖 무의미하게 보이는 일들과, 힘든 일들, 그리고 이해하지 못할 일들로 가득 찬 우리의 삶은 오히려 하나님을 알고 이해하게 되는 '체험 삶의 현장'이다. 그곳이 바로 하나님이 사랑이며, 선한 분이고, 전지전능한 분이며, 공의롭고 진실한 분이라는 것을 이해하고 체험하여 살아있는 내 지식으로 만들 수 있는 좋은 현장이 되는 것이다.

삶을 이런 관점에서 바라보게 되면 우리는 인생의 난관들을 훨씬 더 긍정적으로, 흥미진진하게 대할 수 있을 것이다. 그 모든 일이 하나님을 알 수 있는 더 좋은 기회가 될 것이기 때문이다.

2. 하나님은 우리가 자신을 알기 원하신다

하나님은 우리가 자신을 알기를 원하신다. 그리고 우리가 하나님을 알려고 하면 우리를 만나주고 자신을 알려주겠다고 약속하셨다. "너희가 나를 부르고, 나에게 와서 기도하면, 내가 너희의 호소를 들어주겠다. 너희가 나를 찾으면, 나를 만날 것이다. 너희가 온전한 마음으로 나를 찾기만 하면, 내가 너희를 만나 주겠다."렘29:12-14

신앙생활의 가장 큰 목표가 바로 이것이 되어야 한다.

"우리가 주님을 알자. 애써 주님을 알자."호6:3

9장 · 하나님의 존재의 본질

"곧 우리의 구주이시며 오직 한 분이신 하나님께 영광과 위엄과 주권과 권세가 우리 주 예수 그리스도로 말미암아 영원 전에와 이제와 영원까지 있기를 빕니다. 아멘." 유 25

하나님을 알아가는 세 가지 방법 중 두 번째 '체험'과 세 번째 '행동'은 우리 각자가 삶의 현장에서 실천해야 한다. 그러나 그 두 단계 이전에 성경을 통해서 하나님이 어떤 분인지 지식적으로 아는 첫 번째 단계가 있어야 한다.

하나님은 어떤 분인가? 성경에는 직접적으로 하나님의 모습을 설명하는 구절도 있고, 간접적으로 하나님의 성품이나 특성들을 설명해 주는 곳도 많이 있다. 우리는 이것들을 종합적으로 살펴보면서 하나님이 어떤 분인지 알아가게 된다.

먼저 성경에 나타난 하나님은 영적인 존재이고, 영원하시며, 누구에 의해 만들어지지 않고 스스로 있는 자이며, 변하지 않고, 무소부재하며, 전지전능하신 분이다. 이런 모습들은 '하나님 존재의 본질'에 속하는 특성이라고 할 수 있다. 존재 자체가 그런 분이라는 뜻이다.

다른 한편으로, 성경은 하나님이 사랑이고, 거룩한 분이며, 선하고 의롭고 지혜롭고, 진실한 분이라고 말한다. 이런 특성들은 '하나님 성품'을 나타낸다고 볼 수 있다. 이 성품들은 특별히 하나님이 만드신 피조물과의 관계에서 그 특성이 잘 나타난다.

이렇게 다양한 하나님의 모습 중에서 우리는 먼저 하나님 존재의 본질에 속하는 몇 가지 특성을 살펴보고, 다음 장에서 하나님의 성품 중 몇 가지를 생각해볼 것이다. 여기서 다루지 않는 다른 특성들도 시간을 가지고 성경을 연구하면 그리 어렵지 않게 이해할 수 있을 것이다.

I. 독립성 Aseity

1. 피조물은 의존적인 존재다

이 세상에 존재하는 모든 생물은 기원이 있다. 스스로 생겨난 존재는 없다. 또한, 모든 피조물은 생존을 위해 부모의 돌봄이나 음식물이 필요하다. 의존적이다. 인간도 마찬가지다. 스스로 생겨난 자는 없다. 태어난 이후에도 혼자 생존할 수 없다. 또한, 모든 피조물은 어떤 일을 할 때도 의존적이다. 혼자 힘으로는 어떤 일도 할 수 없다. 직간접적으로 다른 생물이나 자연, 기후와 같은 환경의 도움을 받아야 한다.

이것이 이 세상에 있는 모든 피조물이 사는 방식이다. 혼자 생존할 수도 없고, 혼자 일을 성취할 수도 없는 매우 의존적인 존재다.

2. 하나님은 독립적인 존재다

그러나 하나님은 다르다. 그분은 스스로 존재하는 독립적인 존재다.

1) 하나님은 스스로 존재하는 분이다

첫째, 하나님은 어떤 것에 의존해서 생겨나지도 않았고, 생존을 위해 어떤 것에 의존하는 분도 아니다. "산들이 생기기 전에, 땅과 세계가 생기기 전에, 영원부터 영원까지, 주님은 하나님이십니다."시90:2

하나님은 그 어떤 것들이 있기 전부터 하나님으로 존재하셨으며, 다른 존재로 만들어진 것이 아니라는 말이다. 또한, 하나님은 완전하고 독립적이기 때문에 자신의 존재를 이어가려고 다른 것에 의존할 필요가 없다.

2) 하나님은 필요한 것이 없다

모든 것이 하나님의 것이기 때문에 하나님에게 더는 필요한 것은 없다. "땅과 그 안에 가득 찬 것이 모두 다 주님의 것, 온 누리와 그 안에 살고 있는 모든 것도 주님의 것이다."시24:1

'필요'라는 말은 피조물에만 해당하는 용어다. 하나님은 그분 안에 이미 모든 것을 가지고 있기 때문에 피조물에서 어떤 것을 받아야 할 필요가 없다. "내가 배고프다고 한들, 너희에게 달라고 하겠느냐? 온 누리와 거기 가득한 것이 모두 나의 것이 아니더냐?"시50:12

그러므로 우리에게 있는 것 일부를 떼어서 하나님께 주면서 마치 내 것을 주는 것처럼 생색을 내는 것은 참으로 우습고 잘못된 일이다. "누가 먼저 무엇을 드렸기에 주님의 답례를 바라겠습니까? 만물이 그에게서 나고, 그로 말미암아 있고, 그를 위하여 있습니다."롬11:35-36

원래부터 우리의 소유는 없었다. 모든 것의 주인은 하나님이다. 우리가 지금 가진 것은 하나님이 잠시 우리에게 쓰라고 공급해 주신 것에 불과하다. 그러므로 설령 우리가 하나님께 무엇을 드렸다고 할지라도 하나님은 그것에 대해 우리에게 보상해 주어야 할 필요가 전혀 없다. 원래 그 모든 것이 하나님의 것이었기 때문이다.

3) 하나님은 누군가의 도움을 받아 일을 처리하는 분이 아니다

"우리 하나님은 하늘에 계셔서, 하고자 하시면 어떤 일이든 이루신다."시115:3 하나님은 어떤 일을 할 때 누구에게 의존할 필요가 없다. 만약 하나님이 무언가 필요한 것이 있고, 그것을 공급해 주는 존재가 있다면,

그 존재가 바로 하나님일 것이다. 무언가를 받는다는 것은 더 낮은 존재가 더 높은 존재에게 의존한다는 의미이기 때문이다.

또한 하나님은 어떤 일을 하는 데 피조물의 도움을 받아야 할 필요가 없다. 하나님은 스스로 모든 일을 하실 수 있고 또한 완벽하게 행하신다. "우주와 그 안에 있는 모든 것을 창조하신 하나님께서는…무슨 부족한 것이라도 있어서 사람의 손으로 섬김을 받으시는 것이 아닙니다."행 17:24-25

하나님의 완전성과 우리의 위치를 인식하게 되면 탈세 자금으로 선교를 한다든지, 뇌물을 주면서까지 예배당을 건축하는 등, 부정한 방법을 쓰면서까지 하나님의 일을 하겠다고 나설 이유가 없다는 것을 깨닫게 된다. 이것은 모두 인간들의 과욕에서 비롯된 것이다. 하나님은 불의한 방법을 통해서 섬김을 받아야 할 만큼 아쉽거나 부족하지 않다.

3. 우리를 기쁘게 받으시는 하나님

그렇다고 해서 피조물들이 하나님께 전혀 무의미한 것은 아니다.

1) 하나님의 영광을 위해 우리를 창조하셨다

하나님은 우리를 창조할 필요가 없었지만, 우리를 창조하기로 하셨고, 인간과 관계를 맺기로 하셨다. 그래서 인간을 창조하여 그가 하나님께 영광을 돌릴 수 있게 하셨다. "나의 이름을 부르는 나의 백성, 나에게 영광을 돌리라고 창조한 사람들, 내가 빚어 만든 사람들을 모두 오게 하여라."사43:7

인간이 하나님께 영광을 돌린다는 것은 하나님께서 인간으로부터 무엇인가를 받으신다는 것을 의미한다. 즉, 하나님은 부족함이 없음에도 불구하고 인간이 하나님을 위해 무언가 이바지할 수 있는 기회를 주셨다는 것이다.

2) 우리의 존재 자체가 하나님께 기쁨을 드릴 수 있다

하나님이 우리를 자신에게 의미 있게 만드셨기 때문에 우리의 존재 자체로 하나님께 기쁨과 즐거움을 드릴 수 있다. 하나님은 마치 부모가 아기들을 보는 것처럼 자신의 백성을 기쁨으로 바라보신다. "주 너의 하나님이 너와 함께 계신다…너를 보고서 기뻐하고 반기시고, 너를 사랑으로 새롭게 해주시고 너를 보고서 노래하며 기뻐하실 것이다."습3:17

하나님에게 우리가 꼭 있어야 하는 것은 아니다. 그러나 하나님은 우리를 자녀로 삼으시고 우리 때문에 기뻐하고 즐거워하기로 작정하셨다.

3) 하나님은 우리가 드린 것을 통해서 일하기를 기뻐하신다

하나님 혼자 힘으로도 미디안 군사들을 다 물리칠 수 있었을 것이다. 그러나 하나님은 기드온과 300명의 장정을 사용하기로 하셨다. 하지만, 그들이 실제로 한 일은 항아리를 깨고 횃불을 쳐들고 나팔을 분 것밖에는 없었다. 그럼에도 불구하고 승리를 거뒀다. 누가 한 것인가? 하나님이 하신 것이다.

하나님을 섬긴다고 하는 사람들은 오해하지 말아야 한다. 마치 자신의 능력이 대단하거나, 자신이 드린 것이 많아서 그것이 하나님의 큰일을 이룬 것처럼 생각하는 것은 오판이다. 그 드린 것이 많고 대단한 것이어서가 아니라 그 정성과 마음을 보시기 때문에 그것을 씨앗으로 삼아서 하나님이 큰일을 이루시는 것이다.

이렇게 하나님이 우리의 섬김을 기쁘게 받으신다는 사실은 우리의 삶을 의미 있게 만들어준다. 하나님이 우리가 그를 위해 하는 작은 일들을 기쁘게 받기로 하셨기 때문에 우리의 일은 고귀한 것이 되는 것이다.

II. 불변성Immutability

1. 변하는 세상, 변하지 않는 하나님

세상에 존재하는 모든 피조물의 공통적인 특성 한 가지는 '변한다' 는 것이다. 계절이 바뀌면서 자연도 변한다. 동식물도 태어나서부터 계속해서 변해간다. 사람도 변한다. 변하지 않는 것은 없다.

그러나 하나님은 변하지 않는 분이다. "하늘과 땅은 모두 사라지더라도, 주님만은 그대로 계십니다. 그것들은 모두 옷처럼 낡겠지만, 주님은 옷을 갈아입듯이 그것들을 바꾸실 것이니 그것들은 다만 지나가 버리는 것일 뿐입니다. 주님은 언제나 한결같습니다. 주님의 햇수에는 끝이 없습니다."시102:26-27; 참고. 약1:17, 말3:6, 히13:8

변한다는 것은 나쁜 것에서 더 좋아지거나, 좋은 것에서 나빠지는 것을 의미한다. 더 좋아지고 있다면 현재의 상태가 최상이 아니라는 것을 의미하며, 더 나빠진다면 점점 불완전해진다는 것을 의미한다. 그 어느 쪽이든 하나님에게는 해당하지 않는다. 하나님은 언제나 부족함이 없는 완전한 분이기 때문이다.

2. 어떤 점에서 변하지 않는가?

1) 성품

사람들은 성장하면서, 그리고 환경에 따라서 변해간다. 그러나 하나님은 세월이 아무리 많이 흘러도 그 성품이 변하지 않는다. 예를 들어, 사람들은 상황과 이익에 따라 약속을 지키지 못할 때가 잦지만 하나님은 언제나 신실하신 분이다. "우리는 신실하지 못하더라도, 그분은 언제나 신실하십니다. 그분은 자기를 부인할 수 없으시기 때문입니다."딤후2:13

2) 말씀

"풀은 마르고 꽃은 시드나 우리 하나님의 말씀은 영원히 서리라."사40:8
3천 년 전 이스라엘 백성에게 말씀하셨던 그 하나님의 말씀은 오늘날도 변함없이 살아있는 말씀이다. 그것은 시대가 바뀌고 문화가 바뀌었다고 해서 변하는 것이 아니다. 만약 하나님의 진리가 가변적이라면 우리는 매일 하나님의 말씀을 새로 받아야 할 것이다.

또한, 하나님이 자기 백성에게 주신 약속도 절대 변하지 않는다. "하나님은 사람이 아니시다. 거짓말을 하지 아니하신다. 사람의 아들이 아니시니, 변덕을 부리지도 아니하신다. 어찌 말씀하신 대로 하지 아니하시랴? 어찌 약속하신 것을 이루지 아니하시랴?"민23:19

3) 목적과 계획

하나님이 작정하신 목적과 계획은 결코 변하지 않는다. "여호와의 계획은 영원히 서고 그의 생각은 대대에 이르리로다."시33:11

회개하고 그리스도의 십자가를 바라보는 자에게 구원을 허락하겠다는 하나님의 구원 계획은 지금도 똑같다. 하나님은 그 계획을 취소하고 우리가 선한 행동을 많이 해야 구원을 주시겠다고 변경하지 않으신다. 우리가 아무리 큰 죄인이라도 주님께 회개하고 돌아서면 주님은 넓은 팔로 안으시고 우리를 천국으로 이끌어 들이실 것이다.

4) 윤리적 기준

하나님이 정하신 삶의 진리나 도덕적 원리는 변하지 않는다. 그러므로 지금 죄였던 것이 미래에는 죄가 아닌 것으로 변경될 수가 없다. 구약에서 살인하지 말라던 하나님이 지금은 변했을까? 구약에서 간음하지 말라던 하나님이 변했을까? 그렇지 않다. 하나님은 자신의 백성이 지켜야 할 것들을 말씀하셨다. 그 규정은 세월이 지나도 변함이 없다. 왜냐하면, 그것들은 시대에 맞게 멋대로 만들어진 규정이 아니라 변하지 않는 하나님의 성품에 기초한 것들이기 때문이다.

3. 하나님이 변한 것처럼 보이는 경우들

그런데 성경을 읽다 보면 하나님이 마음을 바꾸신 것처럼 보이는 경우들이 있다. 이스라엘 백성을 멸절시키겠다고 말씀하셨으나 모세의 기도에 응답하여 그 계획을 취소한 것,^{출32:9-14} 히스기야의 기도에 대한 응답으로 계획을 바꿔서 그의 수명을 연장해 준 것,^{사38:1-6} 니느웨에 대한 심판의 철회^{욘3:4, 10} 등이 그런 경우이다.

이런 구절들을 들어서 하나님은 때에 따라 변하는 분이라고 주장하기도 한다. 그러나 이것은 상황과 피조물의 행동에 대해 하나님이 다르게 반응을 보인 것에 불과하다. 사람들을 구원하고 하나님이 원하시는 길로 인도하고자 하는 하나님의 계획과 의도는 전혀 변화가 없다.

4. 불변성의 중요성

하나님의 본성이나 목적과 계획이 수시로 변한다면 우리는 결코 하나님을 신뢰할 수 없다. 하나님의 구원 방법이 바뀐다면 어떻게 될까? 어느 순간 하나님이 지금부터는 예수 그리스도를 믿는 것이 아니라 헌금 액수에 따라 구원하겠다고 마음을 바꾼다면 어떤 일이 벌어질까? 예수 그리스도가 재림할 것이라는 약속을 취소하면 어떻게 될 것인가?

믿음, 구원, 천국에 대한 소망, 하나님의 인도하심에 대한 확신과 같은 신앙과 신학 체계가 모두 무너지게 되면서 엄청난 혼란이 초래되는 것도 큰 문제지만, 더 중요한 것은 언제 또 다른 변화가 일어날지 모르기 때문에 하나님에 대한 신뢰성이 완전히 바닥에 떨어질 것이다. 하나님은 변덕스러운 헬라 신화의 어떤 신들과 같은 존재로 전락하게 될 것이다. 그런 하나님을 전적으로 신뢰하고 믿을 수 있겠는가?

하나님은 절대 변치 않는 분이다. 그래서 우리가 굳건하게 신뢰할 수 있는 반석이 되신다.

III. 편재성 Omnipresence

1. 어디나 계시는 하나님

러시아의 우주비행사가 최초로 우주여행을 하고 돌아와서 "우주에 나가보니 하나님은 없었다"고 말했다고 한다. 어떤 사람은 예배당에 가야 하나님을 만날 수 있고 참된 예배가 된다고 생각한다. 이것은 하나님을 피조물처럼 어떤 공간에 제한을 받는 존재로 착각하기 때문에 하는 생각들이다. 그러나 하나님은 어디나 계시며 어디에서나 우리를 만날 수 있는 분이다. "내가 주님의 영을 피해서 어디로 가며, 주님의 얼굴을 피해서 어디로 도망치겠습니까? 내가 하늘로 올라가더라도 주님께서는 거기에 계시고, 스올에다 자리를 펴더라도 주님은 거기에도 계십니다. 내가 저 동녘 너머로 날아가거나, 바다 끝 서쪽으로 가서 거기에 머무를지라도 거기에서도 주님의 손이 나를 인도하여 주시고, 주님의 오른손이 나를 힘있게 붙들어 주십니다."시139:7-10

하나님이 계시지 않은 곳은 세상에 없다. 하나님이 공간의 창조자이기 때문에 그가 공간에 제약을 받는다는 것은 있을 수 없는 일이다. "하늘과 하늘 위의 하늘, 땅과 땅 위의 모든 것이 다 주 당신들의 하나님의 것입니다."신10:14

2. 피해야 할 오류

그러나 하나님이 모든 곳에 존재한다고 말할 때 피해야 할 두 가지 오류가 있다.

첫째, 하나님이 부분으로 나누어져서 일부분은 이곳에 있고 다른 부분은 다른 곳에 있는 것처럼 생각하는 것이다. 하나님은 모든 공간에 완전한 인격체로 존재하신다.

둘째, 우리는 공간 안에 하나님이 존재한다고 오해할 수 있다. 마치 하나님을 일정한 공간을 차지하는 물질적인 존재로 생각하여 그런 존재가 이 우주 공간 모든 곳에 존재한다고 생각하는 것이다. 천지가 창조되기 전에는 물리적 공간이라는 것도 없었지만 하나님은 존재하셨다는 사실을 생각하면, 하나님이 우리가 사는 3차원의 공간에 존재한다고 생각하는 것은 피조물적인 사고방식이라는 점을 이해할 수 있을 것이다.

그러므로 하나님은 우리가 '어느 곳'이라고 부를 수 있는 곳에 존재하는 것이 아니다. 하나님의 존재가 어떤 형태인지는 신비의 영역이지만, 우리처럼 3차원적인 몸을 가진 분이 아니므로 공간적인 개념으로 하나님이 여기저기에 계신다고 생각하는 것은 잘못된 것이다. 그냥 하나님은 완전한 존재 자체로 모든 곳에 계신다고 말하는 것으로 충분할 것이다.

3. 우리는 어디서나 하나님을 만날 수 있다

어느 한 곳을 정해서 그곳에서만 하나님을 만날 수 있다고 생각하는 것은 잘못된 것이다. 하나님은 만유에 충만하신 분이므로 어느 곳에서도 하나님을 예배하고 경배하고 기도하고 만날 수 있다.

솔로몬은 자신이 아무리 멋진 성전을 지었어도 그 장소가 하나님을 제한할 수 없다는 것을 잘 알았다. "그러나 하나님, 하나님께서 땅 위에 계시기를, 우리가 어찌 바라겠습니까? 저 하늘, 저 하늘 위의 하늘이라도

주님을 모시기에 부족할 터인데, 제가 지은 이 성전이야 더 말하여 무엇 하겠습니까?"왕상8:27

이처럼 하나님은 어떤 한 장소에 국한되는 분이 아니며 어떤 장소에서만 사람들을 만나는 것이 아니다. 에서를 피해 도망가던 야곱이 깨달은 것도 바로 이것이다. "야곱은 잠에서 깨어서, 혼자 생각하였다. '주님께서 분명히 이곳에 계시는데도, 내가 미처 그것을 몰랐구나.' 그는 두려워하면서 중얼거렸다. "이 얼마나 두려운 곳인가! 이곳은 다름 아닌 하나님의 집이다. 여기가 바로 하늘로 들어가는 문이다."창28:16-17 세상 어디에서도 하나님을 만날 수 있다는 것을 깨달은 것이다.

그러므로 우리가 어떤 장소만이 거룩하다고 하면서 그곳을 '성전'이라고 부르는 것은 잘못된 것이다. 하나님의 편재하심을 이해하지 못한 것이다. 우리는 어느 곳에서도 하나님을 예배하고 하나님께 기도할 수 있다. 그곳이 시장바닥이든 광장이든 화장실이든 상관없다. 하나님을 만나는 곳이 바로 거룩한 곳이 되는 것이다.

물론 하나님이 어떤 장소를 지정하시면서 그곳을 특별히 거룩한 곳이며 하나님의 임재의 장소라고 말하기도 한다. 그것은 하나님이 그곳에만 계신다는 의미가 아니라 그곳이 인간과 특별한 목적으로 특별한 방식으로 자신을 나타내 보이는 장소라는 의미다. 떨기나무(출3:5-6), 시내산(출19:10-13), 성막(출25:22)

그곳은 하나님이 자기 백성과 함께 하신다는 것을 가시적이고 예시적으로 보여주는 상징적인 장소이다. 하나님은 이스라엘 백성을 구원하신 후에 언약을 맺으시고 이제부터 영원히 그들 중에 거하겠다는 약속을 주셨다. 그리고 그 약속의 표시로 성막을 세우신 것이다. 이제 성막은 하나님이 그들 중에 함께 하신다는 것을 가시적으로 보여주는 상징이 된 것이다.

그러나 예수 그리스도의 속죄 사역 덕분에 **거룩의 보편화**가 이루어졌다. 이 말은, 이제는 어떤 물건이나 장소 그 자체가 거룩한 것이 아니고, 하나님과 관계를 할 때 거룩하다는 의미다. 그래서 이제는 성전이라는 특정한 장소는 사라지고 그리스도와 성령을 모신 곳이 거룩한 곳이 되었다. 우리 안에 성령이 거하시면 우리가 하나님의 성전이 되는 것도 같은 원리다. 고전6:19

그래서 우리가 예배드리려고 지정한 장소는 성도거룩한 사람들의 공동체인 교회가 함께 모이기 위한 편의적 공간으로서의 의미만 가질 뿐이다. 그러므로 오늘날 우리가 예배를 드리는 장소를 마치 구약 시대의 성전과 같은 의미가 있는 것처럼 주장하는 것, 그래서 하나님이 오직 그곳에서만 우리 예배를 받으시고 우리의 기도를 들으시는 것처럼 미화하는 것, 그래서 그곳을 옛날 이스라엘 백성이 온갖 금은보화로 치장했던 것처럼 우리도 그렇게 해야 진정으로 하나님을 섬기는 것인 양 주장하는 것은 하나님의 편재하심을 제한하는 매우 불경한 시도다.

4. 하나님의 임재를 의식하는 삶

하나님의 편재성은 우리 삶을 다른 모습으로 변화시킨다.

1) 우리는 어디서나 하나님을 만날 수 있다

그곳이 예배를 드리려고 지정한 예배당이든, 집 골방이든, 들판이든, 산중이든 상관없다. 우리가 겸손하게 하나님을 찾을 때 하나님은 그 어디에서든 우리를 만나주신다.

2) 하나님을 피해 도망갈 수 없다

하나님이 어디나 계시다는 것은 우리가 하나님을 피해 숨을 곳이 없다는 것을 의미한다. 요나가 결코 하나님을 피해 도망갈 수 없었던 것처럼 우리도 하나님의 눈을 피해 숨을 수 없다. 그러므로 우리가 죄를 짓는 현장에서 하나님이 모를 것이라고 생각해서는 안 된다.

3) 하나님은 언제나 우리와 함께 하신다

예수님은 이렇게 약속하셨다, "그러므로 너희는 가서, 모든 민족을 제자로 삼아서, 아버지와 아들과 성령의 이름으로 세례를 주고, 내가 너희에게 명령한 모든 것을 그들에게 가르쳐 지키게 하여라. 보아라, 내가 세상 끝 날까지 항상 너희와 함께 있을 것이다."마28:19-20

하나님은 결코 우리를 떠나 있지 않으신다. 고난의 현장에, 슬픔의 상황에, 소명의 길에 우리와 항상 동행하신다. 이 약속은 엄청난 재산과 가공할 권력과 충성된 종들을 무한히 소유하는 것보다 더 큰 축복과 위로가 될 것이다.

Ⅳ. 영 Spirituality

1. 영이신 하나님

우리는 눈에 보이는 것을 절대시하는 세계에 살고 있기 때문에 모든 것을 보이는 것으로 치환시키려는 경향이 있다. 그래서 눈에 보이지 않는 세계나 존재에 대해 어렵게 느낀다. 무신론자들이 물질주의자인 까닭이 여기에 있다. 그들은 눈에 보이는 물질이 이 세상의 전부라고 생각한다. 그 이상도 이하도 존재하지 않는다고 생각한다. 그러니 눈에 보이지 않는 하나님의 존재를 부정하는 것은 어쩌면 당연한 일이다.

그러나 눈에 보이지 않는 세계를 믿는다고 하는 그리스도인들마저도 종종 하나님의 존재를 오해할 때가 있다. 하나님을 눈에 보이는 어떤 존재로 변환시키거나, 인간과 유사한 존재인 것처럼 생각하는 경향이 있다. 그러나 하나님은 영적인 존재다.^{요4:24} 그분이 인간을 비롯한 모든 피조물과 구별되는 가장 핵심적인 부분은 그분의 존재 방식이다. 하나님은 물질적 존재가 아니라 영적 존재다.

2. 하나님은 물질적 존재가 아니다

하나님이 영이라는 것이 무엇을 의미하는지 성경은 구체적으로 설명하지 않는다. 다만, 육체를 가진 물질적 존재가 아니라는 점은 분명히 밝히고 있다. 그래서 성경에서는 하나님의 존재를 설명할 때 하나님은 "…이 아니다"라는 식으로 설명한다. 예를 들어, "하나님은 죽지 않으신다",^{롬 1:23, 딤전1:17} "하나님은 눈으로 볼 수 없는 분이다",^{딤전1:17, 히11:27} "하나님은 졸지도 않고 주무시지도 않는다",^{시121:4} "하나님은 피곤치 않고 곤비치 않으며 명철이 한이 없다."^{사40:28}

물론 성경에는 사람들이 볼 수 있는 물질적인 모습으로 하나님이 나타나는 경우들도 있다. 야곱이 브니엘에서 어떤 사람과 씨름을 했는데, 후에 그는 자신이 씨름한 상대가 하나님이라는 것을 인식했다.^{창32:30} 그 외에도 수많은 성경구절들에서 하나님은 자신을 피조물의 신체적 기관을 가진 존재인 것처럼 묘사하신다. 하나님의 얼굴,^{창19:13, 출33:20, 민12:8} 하나님의 눈,^{왕상8:29, 대하16:9} 하나님의 귀,^{느1:6, 사37:17} 하나님의 발,^{나1:3} 하나님의 팔^{출6:6, 신4:34}과 같은 표현들이다.

이것은 하나님이 원래 육체를 가진 존재라는 말이 아니라 어떤 특정한 목적이 있기 때문에 잠시 그러한 모습을 빌려서 우리 앞에 나타나시는 것을 보여주는 것이다. 하나님의 이러한 변신은 이해력이 부족한 우리를 위한 배려일 뿐 그 이상도 이하도 아니다. 영이신 하나님은 피조물과 같은 육체를 가지고 있지 않다. 그분은 우리와는 다른 영적 존재다.

3. 영이신 하나님은 인격적인 분이다

하나님이 영이라고 해서 아무런 실체도 없는 무기질이나 유령과 같은 존재라고 생각해서는 안 된다. 하나님은 인격적인 영이기 때문이다.

1) 인격적인 존재로서 하나님은 스스로 결정할 수 있는 능력이 있다

"우리 하나님은 하늘에 계셔서, 하고자 하시면 어떤 일이든 이루신다."시115:3 하나님은 자신의 생각으로 판단하고 상황에 따라 대응하는 분이다. 그러므로 우리가 하나님을 어떤 법칙에 따라 움직이는 자판기나 기계와 같은 존재로 생각하는 것은 큰 오류다. 금식기도나 백일기도, 풍성한 헌금이 자동으로 하나님의 마음을 움직여서 내가 바라는 바를 이루어주실 것으로 생각하는 것은 하나님을 비인격적 존재로 여기는 것이다.

2) 인격으로서 하나님은 다른 존재와 관계를 맺는 관계적 존재다

관계를 맺는다는 것은 다른 인격과 기쁨과 슬픔을 함께 나누고, 다른 존재에 관심을 기울이고 상대방의 상황에 개입한다는 뜻이다. 하나님은 인격적인 영이시기 때문에 우리의 기도를 들으시고 응답하시며,마7:7, 약5:16 고통당하고 슬퍼하는 자들의 상황으로 들어가서 함께 고통당하면서 위로하고 도움을 주신다.고후1:3-4

하나님이 우리와 인격적인 관계를 맺는다는 것을 알 때 하나님을 대하는 우리의 사세는 달라진다. 이제는 귀를 틀어막고 마치 돌들 앞에서 부르짖는 것과 같은 기도를 드리지 않게 될 것이다. 기도할 때에도 하나님의 음성에 귀를 기울이면서 세미한 소리 가운데서 우리에게 자신의 뜻을 알려주시는 하나님과 인격적인 관계를 맺게 될 것이다.왕상19:11-13

4. 십계명의 두 번째 계명은 "하나님이 영"이라는 전제 위에 서 있다

"너희는 너희가 섬기려고 위로 하늘에 있는 것이나, 아래로 땅에 있는 것이나, 땅 아래 물속에 있는 어떤 것이든지, 그 모양을 본떠서 우상을 만들지 못한다. 너희는 그것들에게 절하거나, 그것들을 섬기지 못한다. 나, 주 너희의 하나님은 질투하는 하나님이다. 나를 미워하는 사람에게는, 그 죗값으로, 본인뿐만 아니라 삼사 대 자손에게까지 벌을 내린다."
출20:4-5

이 계명의 기초에는 하나님이 이 세상에 존재하는 그 어떤 것과도 유사하지 않으며 하나님은 영이라는 사실이 전제되어 있다. 하나님은 "하늘에 있는 것이나 땅에 있는 것이나 땅 아래 물속에 있는 것" 그 어느 것으로도 표현할 수 없는 영적 존재라는 것이다.

이렇게 경고하는 이유가 무엇인가?

첫째, 하나님을 피조물로 표현하는 것은 하나님을 실제 모습보다 열등한 존재로 여기고, 하나님의 가치를 절하시키는 것이다. 그 결과 하나님의 참모습이 축소되거나 왜곡되기 때문이다.

둘째, 우리가 영인 하나님을 어떤 형상으로 만들게 되면 점차 우리 자신이 하나님을 통제할 수 있다고 생각하게 된다. 하나님을 어떤 형상으로 표현할 때 우리의 위대하신 하나님을 그 형상에 가두게 된다. 그러다가 이제는 그 형상을 소유한 자가 마치 하나님을 소유한 것처럼 착각하게 된다. 그래서 그 형상을 통해 자신의 욕구를 만족하려고 하거나, 자신의 목적을 위해 그 형상을 사용하려고 시도하게 된다. 하나님의 형상이 점점 부적화되는 것이다. 사울 왕과 이스라엘의 장로들이 하나님의 법궤를 전쟁터로 옮겨왔을 때 바로 이런 생각을 한 것이었다. 삼상4:3

5. 영이신 하나님은 '생명의 능력'이다

'영'을 의미하는 단어는 히브리어로 '루아흐',ruach 헬라어로 '프뉴마' pneuma이다. 이 두 단어는 공통으로 '숨과 생기'라는 뜻을 내포하고 있다. "주 하나님이 땅의 흙으로 사람을 지으시고, 그의 코에 생명의 기운을 불어넣으시니, 사람이 생명체가 되었다."창2:7

생기숨를 불어넣었다는 것은 생명을 주었다는 것이다. 그러므로 하나님이 영이라는 것은 하나님이 생명의 원천이라는 것을 의미한다. 첫 번째 사람에게 숨을 불어 넣어서 살아있는 생명체가 되게 하신 하나님은 지금도 모든 생명의 근원이다. 우리가 이 땅에서 생명력 있는 삶을 살려면 하나님의 생명의 능력을 부여받아야 한다. 우리 주님은 "양들이 생명을 얻고 또 더 넘치게 얻게 하시는"요10:10 분이기 때문이다.

10장 · 하나님의 성품

"지혜와 권능은 본래 하나님의 것이며, 슬기와 이해력도 그분의 것이다."
욥12:13

I. 지혜 Wisdom

1. 지혜란 무엇인가?

삶의 무게를 견디기 어려워하는 수많은 사람이 삶의 지침이 될 만한 지혜를 얻기를 구하면서 멘토를 찾아 나서고 있다. 멘토라 불리는 사람들은 자기 경험과 지식에 의존해서 다양한 조언들을 쏟아낸다. 과연 그들의 조언은 효과가 있을까? 삶의 나침반으로 삼기에 충분할까? 혹시 상충되는 조언이 있다면 어느 것이 가장 좋은 조언인가? 멘토들은 좋은 조언을 주기에 충분히 지혜로운 사람들인가?

과연 지혜란 무엇인가? 지혜는 이런 것이다. 가장 좋은 목적을 선택하고, 그 목적을 달성하기 위한 가장 좋은 방법을 선택할 수 있는 능력. 인생에 적용해본다면, 가장 좋은 삶이 무엇인지 알고, 그런 삶을 살기 위한 가장 좋은 방법이 무엇인지 아는 것이 참된 지혜다.

그렇다면, 세상의 멘토들은 지혜로운 사람들인가? 그들은 자신이 쌓은 경험과 지식을 통해서 조언한다. 그렇다면, 그들이 완전한 경험과 지식을 가지고 있지 않은 한, 그들의 지혜도 한계가 있다. 그들은 세상의 모든 일을 다 꿰뚫어 볼 수도 없고, 인생이 무엇이고 어디로 가는지도 잘 모른다. 더 심각한 것은 조언을 구하는 사람들이 처한 상황이나 기질들,

현재 능력이나 잠재력에 대해서 완벽하게 알지 못한다는 점이다. 그러므로 이들의 조언은 뚜렷한 한계를 드러낸다.

결국, 가장 지혜로운 자가 되려면 세상의 이치를 꿰뚫고 있어야 하고, 인생의 목적이 무엇인지 알아야 하며, 그 목적을 달성할 수 있는 방법을 알뿐만 아니라 그것을 성취할 능력이 있어야 한다. 그런 존재가 누구인가? 바로 세상의 창조자 되시는 하나님뿐이다.

2. 지혜로운 하나님

하나님은 가장 지혜로우신 분이며 세상에서 지혜롭다고 할 수 있는 유일한 분이다. "오직 한 분이신 지혜로우신 하나님께, 예수 그리스도로 말미암아 영광이 영원무궁 하도록 있기를 빕니다. 아멘."롬16:26

또한 하나님은 지혜의 원천이시다. 왜냐하면, 세상의 창조자이기 때문이다. "그러나 지혜와 권능은 본래 하나님의 것이며, 슬기와 이해력도 그분의 것이다."욥12:13 세상의 창조자는 세상의 목적, 운영 원리, 나아가는 방향과 같은 것들을 직접 만든 분이다. 그래서 그분에게서만 참된 지혜가 흘러나올 수 있다.

3. 하나님의 지혜가 어떻게 나타났는가?

1) 창조에 나타난 하나님의 지혜

"주님은 지혜로 땅의 기초를 놓으셨고, 명철로 하늘을 펼쳐 놓으셨다."잠3:19; 참고. 시104:24, 렘10:12 하나님은 지혜로 세상을 창조하셨다. 우주의 조화, 생태계의 균형, 생명의 경이로움을 바라보면서 우리는 하나님의 지혜에 경탄할 수밖에 없다. 우리는 이 창조의 신비를 다 이해하지 못한다. 우리의 지혜가 하나님의 것에 미치지 못하기 때문이다. 그러나 찬탄하면서 경축할 수는 있다.

2) 구원 계획에 나타난 지혜

죄로 죽을 수밖에 없는 인류를 구원하는 가장 좋은 방법이 무엇일까? 죄를 심판하여 정의를 만족시키면서도 동시에 세상을 향한 하나님의 사랑을 표현할 수 있는 방법이 무엇일까? 무조건 용서하면 정의에 어긋나게 될 것이고, 그렇다고 모든 죄인을 다 죽이는 것도 해결책은 아니다.

이때 하나님이 택하신 방법이 무죄한 자신의 아들이 죄인들을 대신해서 심판을 받고 죽는 것이었다. 그것은 공의와 사랑을 동시에 만족시킬 수 있는 방법이었다. 하나님은 사람들이 그리스도의 대속의 죽음을 믿고 그를 구세주요 주님으로 받아들이기를 원하셨다. 이것이 하나님의 지혜로부터 나오는 구원의 방법이다.

세상 사람들에게는 이 구원의 방법이 어리석게 보일지 모른다. 사람들은 자신의 노력으로 구원을 얻는다는 개념을 더 선호한다. 그래서 구원을 얻기 위해 온갖 노력을 다 한다. 그러나 얼마만큼 노력해야 할까? 얼마만큼 선행을 쌓아야 구원을 받을 수 있을까? 하나님은 인간의 노력의 한계를 아셨기 때문에 하나님의 방법으로 우리를 구원하기로 작정하신 것이다. 결국, 이것이 가장 지혜로운 방법이다.

"십자가의 말씀이 멸망할 자들에게는 어리석은 것이지만, 구원을 받는 사람인 우리에게는 하나님의 능력입니다…그러나 부르심을 받은 사람에게는, 유대 사람에게나 그리스 사람에게나, 이 그리스도는 하나님의 능력이요, 하나님의 지혜입니다."고전1:18, 24 바울은 이 구원의 비밀을 다 깨달은 후에 찬탄하지 않을 수 없었다. "하나님의 지혜와 지식은 어찌 그리 깊고 깊으십니까? 그 어느 누가 하나님의 판단을 헤아려 알 수 있으며, 그 어느 누가 하나님의 길을 더듬어 찾아낼 수 있겠습니까?"롬11:33

3) 우리의 삶에 나타난 하나님의 지혜

우리 삶에 일어나는 수많은 일들 속에도 하나님의 지혜가 담겨 있다. 바울은 육체의 가시가 큰 고민거리였다. 그래서 그것을 제거해 주시기를 여러 번에 걸쳐서 하나님께 간절히 구했다. 그러나 하나님은 가시를 제거해 주지 않았고, 그 속에 담긴 더 큰 목적을 알려주셨다. "내가 교만하게 되지 못하도록, 하나님께서 내 몸에 가시를 주셨습니다. 그것은 사탄의 하수인이라고 할 수 있는데, 그것으로 나를 치셔서 나로 하여금 교만해지지 못하게 하시려는 것이었습니다."고후12:7

이런 일을 겪은 바울은 우리의 삶을 향한 하나님의 지혜에 대해서 이렇게 말한다, "하나님을 사랑하는 사람들, 곧 하나님의 뜻대로 부르심을 받은 사람들에게는, 모든 일이 서로 협력해서 선을 이룬다는 것을 우리는 압니다."롬8:28

우리가 믿음의 삶을 살아갈 때에도 수많은 문제들을 만나게 된다. 이런 문제들이 무슨 의미가 있을까 생각하면서 때로는 원망의 마음이 들기도 한다. 그러나 문제 속에서도 우리는 하나님의 지혜를 신뢰해야 한다. 바울의 삶에 나타난 것처럼 하나님의 숨겨진 계획이 있을지 모르기 때문이다. 물론 우리 삶을 향한 하나님의 계획을 다 이해하거나 깨달을 수 있는 것은 아니다. 우리 삶은 여전히 신비적인 부분이 더 많기 때문이다. 그러므로 내가 이해되지 않는 일을 겪더라도 삶의 미스터리와 함께 살아가는 법을 배우면서 하나님의 지혜를 신뢰해야 한다.

4. 지혜로운 하나님 신뢰하기

1) 하나님께 순종하는 자가 지혜로운 자다

우리는 인생을 잘 모른다. 시작을 모르는 것처럼 끝도 모른다. 5분 후에 일어날 일도 잘 모르며, 현재 일어나고 있는 일들의 의미조차도 잘 모른다. 하나님은 천지만물을 창조하신 분이다. 그렇기에 우주의 존재 의미와 더불어 우리 인생의 의미도 가장 잘 아신다. 그러므로 지혜로운 하나님의 관점에서 인생을 바라보고 거기에 맞춰서 사는 것이 가장 지혜로운 삶이다.

시인은 이렇게 노래한다, "주님을 경외하는 것이 지혜의 근본이다. 주님의 계명을 지키는 사람은 바른 깨달음을 얻으니, 영원토록 주님을 찬양할 일이다."시111:10 하나님을 경외한다는 것과 그의 말씀에 순종한다는 것은 동격이다. 그럴 때 우리는 하나님의 지혜에 동참하게 되고 우리도 지혜로운 자가 된다.

"주님의 계명이 언제나 나와 함께 있으므로, 그 계명으로 주님께서는 나를 내 원수들보다 더 지혜롭게 해주십니다. 내가 주님의 증거를 늘 생각하므로, 내가 내 스승들보다도 더 지혜롭게 되었습니다. 내가 주님의 법도를 따르므로, 노인들보다도 더 슬기로워졌습니다."시119:98-100

2) 하나님은 지혜를 주신다

"여러분 가운데 누구든지 지혜가 부족하거든, 모든 사람에게 아낌없이 주시고 나무라지 않으시는 하나님께 구하십시오. 그리하면 받을 것입니다."약1:5 스스로 똑똑하다고 생각하면 다른 지혜를 구하지 않는다. 이런 사람은 실제로는 어리석은 사람이다. 우리는 분명한 한계를 가진 자들이다. 그러므로 부족함을 인정하고 하나님의 지혜를 구하는 것이 현명한 일이다.

인생의 의미와 목적, 관계 회복을 위한 지혜, 자녀교육을 위한 지침, 정치경제적 판단, 재정운용의 원리 등등, 우리 앞에 놓인 수많은 문제 앞에서 우리는 무력감을 느낄 때가 많다. 그럴 때 우리는 하나님의 지혜를 구해야 한다. 그러면 아낌없이 주시는 하나님이 자신의 지혜를 나눠주실 것이다. 그 지혜를 등불 삼아 살아가는 자들이 하나님의 자녀들이다.

"하나님의 지혜와 지식은 어찌 그리 깊고 깊으십니까?"롬11:33

II. 거룩 Holiness

1. '거룩'은 '구별됨'

거룩의 기본적인 개념은 구별된다는 것이다. 하나님이 거룩한 분이라는 것은 모든 피조물을 초월하여 그 존재와 영광에 있어서 본질적으로 구별된 존재라는 뜻이다. "거룩하십니다, 거룩하십니다, 거룩하십니다, 전능하신 분, 주 하나님!"계4:8

하나님의 거룩함은 두 가지 의미를 내포하고 있다. 첫째는 **존재론적** 의미로서, 하나님은 모든 피조물과 구별된 존재라는 뜻이고, 둘째는 **윤리적인 의미**로서, 하나님이 하시는 모든 행위는 흠이 없고 완전하다는 뜻이다. 그래서 하나님 자신이 윤리의 표준이 된다.

2. 피조물과 구별되는 하나님

1) 하나님은 피조물과 존재 자체가 다른 분이다

"주님, 신들 가운데서 주님과 같은 분이 어디에 있겠습니까? 주님과 같이 거룩하시며, 영광스러우시며, 찬양받을 만한 위엄이 있으시며, 놀라운 기적을 일으키시는, 그런 분이 어디에 있겠습니까?"출15:11

창조자와 피조물 사이에는 건널 수 없는 심연이 존재한다. 그것은 너무나 큰 차이이고 구별됨이다. 그것을 보여주는 것이 오직 하나님께만 있는 능력들전지전능, 무소부재, 영원하고, 불변하고, 완전하심이다. 그러므로 피조물이 아무리 노력한다 해도 결코 창조자의 수준으로 올라갈 수 없다. 참선을 통해 득도하여 신의 경지에 올라간다는 것은 상상할 수 없는 일이다.

2) 하나님은 피조물이 그 차이를 무시하거나 경계를 넘으려는 것을 허용하지 않으신다

그런 시도는 하나님을 하나님으로 인정하지 않는 것과 같은 것이기 때문이다. 그래서 하나님은 경계선을 넘는 자들에게 진노하시고 단호하게 징계하신다.

지성소는 하나님의 임재를 상징하는 장소였다. 이곳에는 아무나 들어갈 수 없었다. 오직 대제사장이 일 년에 한 번 속죄의 피를 가지고 들어갈 수 있을 뿐이다. 만약 그때를 제외하고 아무나 들어간다면 그 사람은 반드시 죽게 되어 있다. 이것은 피조물이 하나님의 영광의 존재를 침범하는 것이 얼마나 큰 과오인가를 상징적으로 보여주는 것이다.

3) 우리는 두려운 마음으로 하나님의 거룩하심을 인정하고, 찬양하고 경배하는 것이 마땅하다

"만백성아, 그 크고 두려운 주님의 이름을 찬양하여라. 주님은 거룩하시다!"시99:3 우리는 거룩한 하나님을 아무렇게나 대우해서는 안 된다. 두려워하고, 경외하고, 존경해야 한다. 왕과 대통령 같은 인간의 권력자보다 더 경외해야 마땅하다. 이것은 단순히 하나님 앞에 나아가는 예배 때에 경건한 마음을 갖는 것뿐만 아니라 하나님의 말씀과 그의 계획과 섭리 앞에서 옷깃을 여미는 태도를 취하는 것을 의미한다.

4) 그러나 피조물이 하나님께 돌아가야 할 영광을 가로챌 때 하나님은 격노하신다

그것은 자신이 마치 창조주인 것처럼 행동하는 것이며, 하나님의 거룩하심을 침범하는 것이기 때문이다. 우상이란 다른 것이 아니다. 하나님의 자리를 대신 차지하고 하나님께 돌아가야 할 영광을 가로채는 것이 바로 우상이요, 우상숭배다. 인간이 범하는 가장 최고의 죄가 바로 이것이다.

이 사실을 잘 알고 있었던 바울과 바나바는 루스드라 사람들이 그들을 신으로 여기면서 제사를 지내려고 할 때 정색을 하고 극구 말렸다.행14장 이와는 반대로, 헤롯왕은 하나님께 돌아갈 영광을 스스로 취했기 때문에 하나님의 징계를 받아 죽었다.행12:23 우리는 혹시 하나님께 돌아가야 할 영광을 스스로 차지하려는 유혹에 넘어가고 있는 것은 아닌지 점검해야 한다.

3. 순결하신 하나님

모든 피조물은 죄로 인해 영향을 받은 존재들이지만, **하나님은 완전히 의로운 분**이다. 그에게는 거짓이나 악한 것이나 불의가 전혀 존재하지 않는다. 이것이 바로 거룩함의 두 번째 측면, 즉 도덕적으로 다른 피조물들과 완전히 구별되는 분이라는 뜻이다. "전능하신 하나님은 악한 일이나 정의를 그르치는 일은 하지 않으십니다."욥34:12 "하나님은 빛이시요 하나님 안에는 어둠이 전혀 없다는 것입니다."요일1:5

하나님이 하는 행위는 모두 옳고 정의롭다.

하나님은 윤리와 도덕의 표준이 되신다. 하나님이 정하신 모든 규정은 의롭다. "주님의 말씀은 모두 진리이며, 주님의 의로운 규례들은 모두 영원합니다."시119:160

하나님 자신이 모든 윤리의 기준이 되시기 때문에 거룩하지 못한 피조물이 그 규정을 판단할 수 없다. 우리가 보기에 하나님이 제정하신 윤리적 규정이 마음에 들지 않는다 할지라도 그 모든 것은 선하다. 그러나 사람들은 죄의 욕구 때문에 하나님의 규정들을 못마땅하게 여기고 그것에 대해 문제를 제기하려고 한다. 결국, 이것은 하나님을 하나님으로 인정하느냐, 동시에 나를 거룩하신 하나님 앞에 선 작은 피조물로 인정하느냐 하는 싸움이다. 우리는 이런 태도를 취해야 한다, "내 눈을 열어 주십시오. 그래야 내가 주님의 법 안에 있는 놀라운 진리를 볼 것입니다."시119:18

Ⅲ. 신실함 Faithfulness

1. 언약의 하나님

1) 하나님은 아브라함을 불러서 언약을 맺었다창17:7

그 언약에는 쌍방이 지켜야 할 조항이 포함되어 있었다. 하나님은 "네가 지금 나그네로 사는 이 가나안 땅을, 너와 네 뒤에 오는 자손에게 영원한 소유로 모두 주고, 나는 그들의 하나님이 될 것이다"8절라는 약속을 주셨다. 아브라함은 그것에 응답하여 "순종하며, 흠 없이 살아라"1절는 약속을 지켜야 했다. 이 언약이 유효하려면 양쪽 모두 약속에 신실해야 한다.

하나님은 그 약속을 지켜서 아브라함과 그의 자손들에게 약속한 가나안 땅을 주셨고, 그들의 하나님이 되어 주셨다. 이처럼 하나님은 약속을 지키는 신실한 분이다. "당신들은 주 당신들의 하나님이 참 하나님이시

며 신실하신 하나님이심을 알아야 합니다."신7:9

2) '신실함'은 그의 언약 백성에 대한 하나님의 성실한 돌보심을 의미한다

세월이 흘러 이스라엘 백성이 이집트로 들어가 생활하다가 노예로 전락하여 고통 중에 부르짖을 때 하나님은 신실한 분이기 때문에 그들과 맺은 언약을 기억하셨다. "세월이 많이 흘러서, 이집트의 왕이 죽었다. 이스라엘 자손이 고된 일 때문에 탄식하며 부르짖으니, 고된 일 때문에 부르짖는 소리가 하나님께 이르렀다. 하나님이 그들의 탄식하는 소리를 들으시고, 아브라함과 이삭과 야곱에게 세우신 언약을 기억하시고, 이스라엘 자손의 종살이를 보시고, 그들의 처지를 생각하셨다."출2:23-25

하나님은 그들의 힘든 처지에 공감하시고 그들의 문제를 해결하려고 개입하셨다. 모세를 부르시고 10가지 재앙을 통해서 이집트왕 바로를 심판하고 이스라엘 백성을 해방시키신 것은 모두 언약을 성실하게 지켜야 한다는 신실함이라는 하나님의 성품 때문이었다.

2. 우리에게 신실하신 하나님

1) 우리 역시 하나님의 언약 백성이다

하나님은 그리스도의 죽음을 통해서 그를 믿는 자들과 새로운 언약을 맺으셨다. "그러므로 그리스도는 새 언약의 중재자이십니다. 그는 첫 번째 언약 아래에서 저지른 범죄에서 사람들을 구속하시기 위하여 죽으심으로써, 부르심을 받은 사람들로 하여금 약속된 영원한 유업을 차지하게 하셨습니다."히9:15 하나님은 이 언약에 대해서도 과거 이스라엘 백성과 맺었던 것처럼 신실할 것을 약속해 주셨다.

2) 하나님은 이스라엘 백성에게 신실하셨던 것처럼 우리에게도 신실함을 보여주신다

그러므로 하나님 편에서 먼저 약속을 깨거나 우리를 버리는 일은 일어나지 않을 것이다. "우리에게 약속하신 분은 신실하시니, 우리는 흔들리지 말고, 우리가 고백하는 그 소망을 굳게 지킵시다."히10:23

3) 우리의 구원과 믿음과 소망은 모두 하나님의 신실하심에 의존하고 있다

만약 하나님이 약속을 지키지 않는 분이라면, 그래서 한 번 죄를 용서했다가 다시 물리는 분이라면 우리는 계속해서 눈치를 보면서 불안한 삶을 살게 될 것이다. 그러나 하나님은 신실하시기 때문에 한번 용서한 죄를 다시 들먹이는 일이 결코 없을 것이다. "우리가 우리 죄를 자백하면, 하나님은 신실하시고 의로우신 분이셔서, 우리 죄를 용서하시고, 모든 불의에서 우리를 깨끗하게 해주실 것입니다."요일1:9

또한 우리가 하나님께 신실하다면 하나님은 우리를 계속해서 거룩하게 해주시고, 결국 우리의 구원을 이루실 것이다. "평화의 하나님께서 친히 여러분을 완전히 거룩하게 해 주시고 우리 주 예수 그리스도께서 오실 때에 여러분의 영과 혼과 몸을 흠이 없이 완전하게 지켜 주시기를 빕니다. 여러분을 부르시는 분은 신실하시니 이 일을 또한 이루실 것입니다." 살전5:23-24

우리의 믿음의 여정에서 하나님은 우리를 악한 자에게서 지켜주시고, 그 어떤 것도 우리를 그리스도의 사랑에서 끊지 못하도록 지켜주실 것이다. 이것 역시 약속에 신실하신 하나님의 성품 때문에 가능한 일이다.

"주님께서는 신실하신 분이시므로, 여러분을 굳세게 하시고, 악한 자에게서 지켜 주십니다."살후3:3 "나는 확신합니다. 죽음도, 삶도, 천사들도, 권세자들도, 현재 일도, 장래 일도, 능력도, 높음도, 깊음도, 그 밖에 어떤 피조물도, 우리를 우리 주 예수 그리스도 안에 있는 하나님의 사랑에서 끊을 수 없습니다."롬8:38-39

Ⅳ. 평화 Peace

1. 하나님은 평화

사랑이 하나님의 이름인 것처럼 평화 역시 하나님의 또 다른 이름이다. "사랑과 평화의 하나님께서 여러분과 함께 하실 것입니다."고후13:11; 참고. 롬15:33, 고전14:33, 빌4:9, 살전5:23, 히5:23

하나님이 평화 그 자체이기 때문에 세상의 모든 평화의 근원은 하나님이다. 그렇기에 평화의 하나님이 창조하신 세상은 모든 것이 균형과 질서가 잡혀있고 모든 피조물 사이에 갈등과 문제가 전혀 없는 상태였다.

2. 평화의 파괴

하나님이 평화 그 자체라면 하나님과의 관계 단절이나 하나님으로부터의 도피는 필연적으로 평화의 파괴를 가져온다. 에덴에서 사람이 지은 죄는 세상의 평화로운 조화를 파괴하는 것이었고, 그 결과 하나님과 인간, 인간과 인간, 인간과 자연의 관계가 비틀어져 버렸다. 그래서 사람은 하나님과 교제 나누는 것을 부담스러워 하면서 숨게 되고, 사람들끼리 다투고 갈등히면서 서로에게 해를 입히고, 인간은 자연을 착취하고 자연은 역습을 통해 인간의 삶을 힘겹게 만드는 악순환이 초래되었다.

세상의 모든 분열, 대립, 갈등은 평화의 하나님의 부재로 인한 필연적인 결과다. 그것은 조화, 협력, 통일과 같은 하나님이 세우신 평화의 원칙이 깨졌기 때문에 발생하는 비극이다.

3. 평화의 회복

1) 평화의 왕

하나님은 평화의 파괴를 그대로 내버려두지 않고 평화를 회복하는 일을 시작하셨다. 하나님 자신이 평화이기 때문에 불화와 부조화를 그대로 볼 수 없었기 때문이다. 하나님이 하는 모든 일은 평화를 이루어내고 평화를 회복한다. 그래서 그가 임재하는 곳마다 평화가 이루어지고, 그와 관계를 맺는 것마다 평화를 누리게 된다. 사55:12, 시29:11, 요14:27, 롬8:6, 살후3:16

하나님이 세상을 회복시키기 위해 보낸 메시아 또한 '평화의 왕'으로 불리는 것은 당연한 일이다. 사9:6 그의 사명은 세상에 평화를 회복하는 것이기 때문이다. "그분의 십자가의 피로 평화를 이루셔서, 그분으로 말미암아 만물을, 곧 땅에 있는 것들이나 하늘에 있는 것들이나 다, 자기와 기꺼이 화해시켰습니다."골1:20

"그리스도는 우리의 평화이십니다. 그리스도께서는 유대 사람과 이방 사람이 양쪽으로 갈라져 있는 것을 하나로 만드신 분이십니다. 그분은 유대 사람과 이방 사람 사이를 가르는 담을 자기 몸으로 허무셔서, 원수 된 것을 없애시고, 여러 가지 조문으로 된 계명의 율법을 폐하셨습니다. 그분은 이 둘을 자기 안에서 하나의 새 사람으로 만들어서 평화를 이루시고, 원수 된 것을 십자가로 소멸하시고 이 둘을 한 몸으로 만드셔서, 하나님과 화해시키셨습니다."엡2:14-16

2) 참된 평화

평화를 상실한 세상은 어떻게든 불화와 갈등과 파괴를 막아 보려 애써 보지만, 근본적인 해결책을 찾지 못한다. 이곳저곳에서 평화가 여기 있다고 부르는 소리가 들리지만, 그것은 평화의 흉내만 내는 '유사 평화'일뿐, 근본적인 평화를 이룰 수 없다. 오직 하나님, 그리고 그의 보내심을 받은 그리스도만이 이 세상에 참된 평화를 가져다줄 수 있다.

"나는 평화를 너희에게 남겨 준다. 나는 내 평화를 너희에게 준다. 내가 너희에게 주는 평화는 세상이 주는 것과 같지 않다."요14:27

3) 평화의 제물

그리스도는 세상에 참된 평화를 회복하기 위해서는 먼저 하나님과의 관계가 회복되어야 한다는 것을 아셨다. 그래서 세상을 하나님과 화목하게 만들기 위해 스스로 화목제물이 되셨다.롬3:25, 5:10-11 그 효과는 실로 놀라운 것이었다. 그리스도인들은 하나님과의 관계에서 평화를 회복하게 되었다. "그러므로 우리는 믿음으로 의롭다 하심을 받았으므로, 우리 주 예수 그리스도로 말미암아 하나님과 더불어 평화를 누리고 있습니다."롬5:1

그뿐만 아니라 인간들 사이에도 평화를 이룰 기초가 마련되었고, 인간과 모든 창조물 사이에도 평화가 찾아오게 되었다. "그리스도는 우리의 평화이십니다. 그리스도께서는 유대 사람과 이방 사람이 양쪽으로 갈라져 있는 것을 하나로 만드신 분이십니다."엡2:14 "유대 사람도 그리스 사람도 없으며, 종도 자유인도 없으며, 남자와 여자가 없습니다. 여러분 모두가 그리스도 예수 안에서 하나이기 때문입니다."갈3:28

4) 평화의 완성

평화의 복음은 불화의 세상 속으로 침투해 들어왔다. 그래서 그 복음을 받아들인 사람들을 통해서 그 영역을 확장해나가고 있다. 비록 우리가 아직은 평화의 충분한 은총을 경험하지 못하지만 지금 맛보고 있는 새로운 평화를 통해서 종말에 완성될 완전한 평화를 기대할 수 있다. "그 날이 오면…주님께서 민족들 사이의 분쟁을 판결하시고, 원근 각처에 있는 열강 사이의 갈등을 해결하실 것이니, 나라마다 칼을 쳐서 보습을 만들고 창을 쳐서 낫을 만들 것이며, 나라와 나라가 칼을 들고 서로를 치지 않을 것이며, 다시는 군사 훈련도 하지 않을 것이다. 사람마다 자기 포도나무와 무화과나무 아래 앉아서, 평화롭게 살 것이다. 사람마다 아무런 위협을 받지 않으면서 살 것이다. 이것은 만군의 주님께서 약속하신 것이다."미4:1-4

적과 싸워 무찌르는 것을 통해 평화를 얻는 것이 아니라 전쟁과 같은 불화와 갈등이 근본적으로 제거되는 것을 통해 완전한 평화가 이루어진다. 그 결과 사람들은 참된 번영을 누리게 될 것이다.

4. 평화의 사도

하나님은 우리를 그리스도로 말미암아 화목하게 하신 후에, 그 평화를 혼자 누리기를 원치 않으시고 우리에게 '평화의 직분'을 맡기셨다. 그러므로 그리스도를 따르는 자들은 평화의 사도다. "이 모든 것은 하나님에게서 났습니다. 하나님께서는 그리스도를 내세우셔서, 우리를 자기와 화해하게 하시고, 또 우리에게 화해의 직분을 맡겨 주셨습니다. 곧 하나님께서 사람들의 죄과를 따지지 않으시고, 화해의 말씀을 우리에게 맡겨 주심으로써, 세상을 그리스도 안에서 자기와 화해하게 하신 것입니다."
고후5:18-19

이 평화는 먼저 경험한 자들에 의해 세상으로, 온 우주로 전파되어야 한다. 하나님의 이름이 평화인 것처럼 평화의 복음을 선포하는 자들도 평화의 하나님의 아들이라 불릴 것이다. "평화를 이루는 사람은 복이 있다. 하나님이 그들을 자기의 자녀라고 부르실 것이다."마5:9

11장 · 초월성과 내재성

"지극히 높으신 분, 영원히 살아 계시며, 거룩한 이름을 가지신 분께서, 이렇게 말씀하신다. 내가 비록 높고 거룩한 곳에 있으나, 겸손한 사람과도 함께 있고, 잘못을 뉘우치고 회개하는 사람과도 함께 있다. 겸손한 사람과 함께 있으면서 그들에게 용기를 북돋우어 주고, 회개하는 사람과 같이 있으면서 그들의 상한 마음을 아물게 하여 준다." 사 57:15

I. 하나님의 상반되는 모습

하나님은 어디 계실까? 예수님은 주기도문에서 하나님을 "하늘에 계신 우리 아버지"라고 고백한다. 저 높은 하늘에 계시다는 것이다. 그러나 또 다른 곳에서는 하나님이 우리 안에 계시고 우리와 함께 계시다고 말한다. "여러분은 하나님의 성전이며, 하나님의 성령이 여러분 안에 거하신다는 것을 알지 못합니까?"고전3:16 이 두 가지를 종합하면, 하나님은 하늘에 계시기도 하고 땅에 계시기도 하다는 것이다.

또 다른 질문을 해보자. 하나님은 친근한 분인가, 아니면 접근하기 어려운 무서운 분인가?

성경은 하나님을 만왕의 왕이요, 엄위하신 주라고 말한다. 어느 누가 왕에게 쉽게 다가갈 수 있겠는가? 그래서 하나님의 보좌 앞에 서게 된 이사야는 엎드려져서 눈을 들 수조차 없었다. 사6:1-5 그러나 또 다른 한편으로, 하나님은 우리의 아버지라는 것을 안다. 하나님은 탕자와 같은 우리가 죄로부터 돌아올 때 버선발로 달려 나가 맞이하는 너무나 자상하고 친근한 아버지와 같은 분이다.

이처럼 하나님은 두 가지 상반되는 모습을 동시에 지닌 분이다. 하나님은 우주를 창조하고 다스리시는, 그래서 다른 피조물과는 존재 자체가 다른 위대한 신이면서 동시에 이 세상 가운데 거하며 우리의 탄식과 기도를 듣고 우리를 위로하고 인도하는 친근한 분이기도 하다. 이렇게 상반되는 두 모습을 초월성transcendence과 내재성immanence이라고 한다. 이것은 성경에 나오는 단어는 아니지만 성경에 묘사된 하나님의 모습을 잘 보여주는 표현이다.

하나님은 우리와 관계하실 때 이 두 가지 측면을 모두 보여주신다. 하나님은 최고의 권위를 지닌 대단한 분이지만 우리와 관계를 맺을 때에는 아버지처럼 친근하게 다가오시는 분이다. 우리는 하나님의 이러한 두 가지 모습을 균형 있게 생각해야 한다. 그것이 하나님을 잘 이해하는 비결이다.

Ⅱ. 초월성 transcendence

1. 하나님은 높은 곳에 계시는 분이다

하나님은 피조물과 본질적으로 구별된 존재이며 우월한 존재다. 하나님은 높은 하늘에 계시고, 자신의 영광을 높은 곳에 두신 분이다. "주 우리 하나님, 주님의 이름이 온 땅에서 어찌 그리 위엄이 넘치는지요? 저 하늘 높이까지 주님의 위엄 가득합니다."시8:1 "주님, 주님은 온 땅을 다스리는 가장 높으신 분이시고, 어느 신들보다 더 높으신 분이십니다."시97:9

하나님은 피조물보다 높고 위대한 분이며, 어떤 존재와도 비견될 수 없는 초월적 존재다. 그래서 우리는 감히 하나님을 함부로 대하지 않도록 조심해야 한다. "하나님 앞에서 말을 꺼낼 때에, 함부로 입을 열지 말아라. 마음을 조급하게 가져서도 안 된다. 하나님은 하늘에 계시고, 너는 땅 위에 있으니, 말을 많이 하지 않도록 하여라."전5:2

초월자 하나님은 높은 곳에 계신다. 하나님이 계시는 곳으로 묘사되는 '높은 곳' '하늘'이라는 것은 어떤 장소나 방향을 지칭하는 것이 아니다. 솔로몬이 언급했듯이 "저 하늘, 저 하늘 위의 하늘이라도 주님을 모시기에 부족할"왕상8:27 것이기 때문이다. 이 표현은 하나님이 높은 분이고, 존귀하며, 최고의 주권을 가진 분이라는 것을 비유적으로 표현한 것이다.

2. 피조물과 관련한 하나님의 초월성의 특징

1) 독립성출3:14

하나님은 스스로 존재하지만, 피조물은 스스로 존재할 수 없다. 이것은 자족의 개념과도 연결되는데, 하나님은 피조물이 없어도 부족할 것이 없지만, 피조물은 하나님 없이는 존재할 수도, 살아갈 수도 없다. 이렇게 하나님은 피조물과 완전히 구별되는 존재다.

2) 다름

하나님은 이사야의 입을 통해서 하나님과 피조물의 차이를 분명하게 말씀하신다, "나의 생각은 너희의 생각과 다르며, 너희의 길은 나의 길과 다르다. 주님께서 하신 말씀이다. 하늘이 땅보다 높듯이, 나의 길은 너희의 길보다 높으며, 나의 생각은 너희의 생각보다 높다."사55:8-9 하나님은 생각, 판단, 지혜, 능력 등 모든 면에서 피조물보다 높은 분이다. 이 차이는 좁혀질 수 없고 극복될 수 없는 심연이다.

3) 분리

"예수께서 그들에게 말씀하셨다. 너희는 아래에서 왔고, 나는 위에서 왔다. 너희는 이 세상에 속하여 있지만, 나는 이 세상에 속하여 있지 않다."요8:23; 참고. 사6:1, 40:12-26, 전5:2

피조물은 아래 세상에 존재하지만 하나님은 위 세상에 존재하는 분이다. 피조물은 이 땅에 발을 디딜 공간이 필요하며 그 공간에 제한되는 존재지만, 하나님은 그런 공간이 필요 없는 분이다. 아니, 아예 공간 자체를 초월하는 분이다. 모든 공간도 그의 창조물이기 때문이다. 이처럼 하나님은 피조물로부터 분리되어 존재하는 분이다.

3. 하나님의 초월성이 의미하는 것

1) 인간의 지혜로는 하나님을 결코 완전히 이해할 수 없다

창조자는 자신이 만든 것을 속속들이 다 알지만 피조물은 자신의 창조자를 이해한다는 것이 불가능하다. 그렇다고 해서 하나님이 우리에게 완전히 감추어져 있다는 말은 아니다. 하나님은 우리에게 자신을 알려주신다. 다만, 알려주고자 하는 만큼만 알려주신다. 그러므로 우리가 이해하는 하나님, 우리가 설명하는 하나님은 그에 대한 지극히 일부분일 뿐이다. 하나님을 묘사하려는 그 어떤 표현신학, 음악, 건축, 예술, 예배도 완전하지 않고 부분적일 뿐이다.

2) 우리의 구원은 하나님께 의존할 수밖에 없다

인간이 완전한 하나님과 달리 매우 불완전하고 제한적인 존재라는 것은 우리의 구원이 결코 자신에게서 나올 수 없고, 초월자이신 하나님께 의존할 수밖에 없다는 것을 시사해 준다. 구원은 수동적일 수밖에 없다는 것이다. 우리는 자신의 힘으로 우리 내부에 있는 신적 속성을 개발함으로써 구원의 길로 나아갈 수 없다. 우리는 그렇게 대단한 존재가 아니다. 어디로 갈지도 모르고, 5분 앞도 내다보지 못하며, 자신의 욕망조차도 제대로 관리하지 못하는 자가 어떻게 스스로 구원할 수 있겠는가? 우리는 외부에 초월해 계시는 하나님의 도움의 손길에 의해서만 구원받을 수 있다. 만약 하나님이 우리와 다를 바 없는 존재라면 결코 우리를 구원할 수 없었을 것이다. 그러나 하나님은 우리와 다르게 능력과 권세에서 초월적인 하나님이기 때문에 우리에게 구원의 줄을 내려 복된 세계로 이끌어줄 수 있다.

3) 하나님과 인간 사이에는 언제나 심대한 차이가 존재한다

창조 때에도, 타락 이후에도, 종말에 영화롭게 되었을 때에도 하나님과 우리 사이에는 분명한 구별이 있다. 하나님이 우리를 사랑하셔서 친근하게 다가오시더라도 하나님과 우리 사이에 존재하는 근본적인 차이가 사라지는 것은 아니다. 그러므로 우리는 유한한 피조물이고 하나님은 무한한 창조자라는 사실이 무시되어서는 안 된다. 하나님은 언제나 하나님으로 존재하신다.

그러므로 구원은 인간이 신처럼 되는 것이 아니다. 우리 안에 신적인 속성이 있어서 그것이 발현되어 우리가 하나님과 동등한 존재로 변화되는 것이 아니다. 우리가 아무리 죄로부터 해방되어도, 그리하여 영화로운 모습으로 변화되어도, 우리와 하나님 사이에 존재하는 차이는 결코 사라지지 않는다. 우리의 구원은 우리가 하나님처럼 되는 것이 아니라 하나님이 의도하는 온전한 피조물의 모습으로 회복되는 것이다.

4) 인간은 최고의 표준이 아니다

선과 진리와 가치는 변하기 쉬운 이 세상과 인간에 의해 결정되는 것이 아니다. 이 세상과 인간은 계속 변하는 존재이기 때문에 기준이 될 수가 없다. 또한, 어떤 표준을 설정할 만한 권한이나 능력도 부여받지 않았다.

오직 초월자이신 하나님이 진리와 거짓, 선과 악을 규정하고 구분하며, 무엇이 가장 가치 있는 것인지 결정할 권위를 가지고 있다. 그래서 심지어 인간의 존엄성조차도 단순히 인간이기 때문에 자연적으로 생겨난 것이 아니다. 그것은 하나님이 존귀한 자신의 형상을 인간에게 부여하셨기에 얻게 된 것이다.

4. 초월성만을 지나치게 강조할 때 초래되는 위험

우리는 하나님의 초월성을 강조해야겠지만, 그것만을 지나치게 강조해서는 안 된다. 하나님이 우리와 다르고, 구별되는 존재로 계시고, 이 세상이 아니라 다른 곳에 존재하는 분이라고 생각하면, 하나님을 마치 자식을 고아원에 맡겨 놓고 타국으로 멀리 가 버린 부모처럼 여기게 된다. 이런 부모와는 연락도 취할 수 없고, 친근하고 인격적인 관계를 맺을 수도 없다. 우리는 혼자 남겨진 것이다. 이제는 모든 것을 스스로 헤쳐 나가야 한다. 하나님과는 대화도 할 수 없고, 도움도 받을 수 없다. 이러한 신학을 일컬어서 이신론^{Deism}이라고 한다. 하나님은 역사에서 떨어져 계신다. 그러므로 세상이 움직이는 기본적인 원리^{자연법}만 제시하실 뿐 인간사에 개입하지는 않는다는 것이다.

이런 생각의 결과가 무엇인가? 인간의 자율성을 강조하면서 인간이 하나님의 위치로 올라가버린다. 인간 이성이 모든 것을 결정하고 움직이는 최종 권위자가 된다. 하나님 없이 살아가는 것이다. 더 나아가서 하나님이 더는 필요 없어진다. 이것은 하나님의 초월성을 강조하려다가 우리의 삶에서 하나님을 완전히 배제시켜버리는 어리석은 결과를 초래하는 것이다. 이런 위험을 피하기 위해서 우리는 또 다른 축인 하나님의 내재성을 동시에 강조해야 한다.

Ⅲ. 하나님의 내재성

1. 하나님은 이 세상과 내재자로서 관계를 맺으신다

1) 하나님의 초월성이 강조되는 곳에서 동시에 그의 내재성도 강조되고 있다 신4:39, 10:14-15, 수2:11, 사57:15

"지극히 높으신 분, 영원히 살아 계시며, 거룩한 이름을 가지신 분께서, 이렇게 말씀하신다. 내가 비록 높고 거룩한 곳에 있으나, 겸손한 사람과도 함께 있고, 잘못을 뉘우치고 회개하는 사람과도 함께 있다. 겸손한 사람과 함께 있으면서 그들에게 용기를 북돋우어 주고, 회개하는 사람과 같이 있으면서 그들의 상한 마음을 아물게 하여 준다." 사57:15

2) 하나님은 세상 속에 계신다

하나님은 멀리 떠나 계시지 않고 피조 세계에 현존하신다. "하나님은 우리 각 사람에게서 멀리 떠나 계시지 아니하므로, 우리는 그를 힘입어 살며 기동한다." 행17:27-28 세상에 있는 모든 것들이 하나님께 의존하고 있고, 하나님은 그것들을 보호하고 힘을 주신다는 말이다.

3) 하나님은 우주 안에서 활동하시며, 역사와 인간의 삶 모두에

관여하신다

세상의 창조, 이스라엘의 역사, 구속사역, 성령의 역사, 심판 등등의 모든 사역에서 하나님의 내재성이 나타난다.^시19, 롬1:20 하나님은 저 먼 곳에서 세상과 무관하게 계시는 것이 아니라 이 세상에 들어오셔서 자신의 일을 하신다.

또한 하나님은 피조세계가 생존할 수 있도록 필요한 것을 공급해 주시면서 이 땅에 내재하신다. "이 모든 피조물이 주님만 바라보며, 때를 따라서 먹이 주시기를 기다립니다. 주님께서 그들에게 먹이를 주시면, 그들은 받아먹고, 주님께서 손을 펴 먹을 것을 주시면 그들은 만족해합니다. 그러나 주님께서 얼굴을 숨기시면 그들은 떨면서 두려워하고, 주님께서 호흡을 거두어들이시면 그들은 죽어서 본래의 흙으로 돌아갑니다."^시104:27-29

하나님의 관심의 대상은 세상의 모든 피조물이다. 그래서 하나님은 그들의 삶에 필요한 것들을 공급해 주시고, 그들이 창조 세계에서 자신의 역할을 잘 수행할 수 있도록 지혜와 능력을 제공해 주시며, 때로는 세상사에 직접 개입하는 것을 통해서 다스리신다.

2. 하나님의 내재성이 의미하는 것

1) 하나님은 세상 모든 것에 관심을 가지고 보존하고 유지하고 보호하신다

하나님이 이 세상에 내재하신다는 것은 자연과 모든 인간을 포함하여 이 세상에 있는 모든 것이 하나님의 관심의 대상이며, 하나님의 목적에 따라 그것들을 보존하고 유지하고 보호하신다는 것을 의미한다.

다시 한 번 강조하자면, 하나님의 관심 대상은 기독교인에게만 국한되지 않는다. 비기독교인 역시 하나님이 자기 형상으로 창조하신 그의 피조물이고, 세세하게 관심을 가지고 돌보신다. 그러므로 기독교인들이 마치 자신들만 특권적 지위를 얻은 것처럼 비기독교인들을 무시하거나 차별하거나 핍박하는 것은 매우 잘못된 것이다. 하나님은 모든 인간들이 인간다운 삶을 살기를 원하고, 그에 필요한 것을 공급해 주신다.행14:17

또한, 인간의 가치만을 중시하면서 인간의 편의를 위해 자연을 파괴하는 것도 잘못된 것이다. 하나님은 자연도 번성하고 아름다움을 유지할 수 있도록 필요한 것들을 계속 공급해 주시기 때문이다.마6:26-29 그러므로 인간이 자연을 파괴하는 것은 하나님의 계획을 방해하는 것이나 다를 바 없다.

2) 하나님은 세상 안에서, 세상 내적인 요소들을 통해서 일하신다

우리가 병에 걸렸을 때 하나님이 그것을 치유해 주시는 방법은 무엇인가? 우리의 간절한 기도에 응답해서 기적적으로 치유해 주시기도 한다. 하지만, 그것만을 하나님이 일하는 방식이라고 생각해서는 안 된다. 하나님은 의사를 통해 우리를 치료하는 방식을 사용하기도 하신다. 의사의 모든 치료 행위도 하나님이 이 세상 속에서 일하시는 한 가지 방법인 것이다.

우리에게 돈이 절실히 필요할 때 하나님은 어떻게 공급해 주시는가? 기도의 사람 죠지 뮬러의 경험처럼 예상치 못한 방법으로 필요한 돈이 생길 때도 있다. 나의 사정을 알지 못하던 어떤 사람이 성령의 음성을 듣고 돈을 가져다 준다거나, 예상치 못하게 경품에 당첨된다든지 하는 방식으로 필요가 채워질 때도 있다. 우리는 이럴 때 하나님이 역사하셨다고 생각한다. 그러나 직업을 통해서 돈을 얻게 되는 것도 하나님이 우리 삶에 개입하셔서 필요한 것을 제공하시는 방법이다. 우리가 일할 수 있는 능력과 기회와 협력하는 사람들을 얻게 되는 것도 이 세상 속에서 일하시는 하나님의 도움 결과이기 때문이다.

하나님이 기독교와 상관이 없는 사람들이나 조직들을 사용해서 자신의 목적을 이루실 때도 있다. 그들 역시 하나님의 주권 아래 있기 때문에 그것들을 활용하는 것도 하나님의 일하는 방법의 하나다. 그러므로 기독교인들이나 교회는 하나님의 일을 위해서 불신자들이나 비기독교 단체들로부터 도움을 받는 것을 꺼릴 필요가 없고, 필요하다면 얼마든지 공동의 목적을 위하여 그들과 협력할 수 있다. 물론 기독교적 정체성을 지키고 우리의 목적이 훼손되지 않는 한도 내에서지만.

이처럼 하나님은 특별하고 직접적인 개입뿐만 아니라, 이 세상에 존재하는 모든 것들을 이용해서 일을 하고 계신다. 하나님은 이 세상에 내재하는 분이기 때문이다.

3) 하나님은 우리의 형편과 사정을 모두 헤아리고 공감하는 분이다

하나님은 그 어느 대통령이나 왕들보다 위엄 있는 우주의 주권자이다. 그러므로 우리가 그 앞에 서는 것은 두렵고 떨리는 일이다. 아니, 그래야 마땅하다. 그러나 하나님은 높은 곳에 근엄하게 앉아서 위엄을 뽐내고만 있는 분이 아니다. 접근하기 어렵고, 우리에게 내려오지도 않는, 너무 멀리 계신 분이 아니다. 하나님은 우리에게 친근하게 다가오고, 우리의 사정을 듣기를 원하고, 우리의 슬픔에 공감하기를 원하고, 우리의 고민을 해결해 주기를 원하는 분이기도 하다.

3. 내재성만 지나치게 강조할 때 초래되는 위험

1) 간섭하고 통제하는 하나님?

하나님이 이 세상에 내재하시고 세상의 일에 관여한다고 하면, 하나님을 마치 모든 일에 일일이 간섭하고 조종하고 결정하는, 과욕이 넘치는 부모처럼 생각할 위험이 있다. 그런 부모는 자식들의 자율성을 인정하지 않는다. 자식들은 오직 부모가 시키는 것만 수동적으로 할 뿐이다. 자신의 판단력과 동력을 잃어버린 꼭두각시로 전락하는 것이다. 하나님을 이렇게 생각하면 세상에서 일어나는 모든 일을 하나님이 직접 행하는 것으로 여기게 된다. 그러면 세상에서 일어나는 모든 일에 대한 책임도 하나님이 다 지는 것이 마땅하다. 전쟁, 폭동, 자연재해, 자살, 폭력, 마약, 가정불화로 인한 고통 등, 그 모든 일이 하나님이 하신 것이고 하나님의 책임으로 간주된다.

그러나 하나님은 자식의 자율성을 존중하는 부모처럼 행동하신다. 그래서 기본적으로 사람들이 자율적으로 행동할 수 있는 자유를 주신다. 그러나 무관심한 것이 아니라 매우 세세하게 관심을 가지고 지켜보며, 필요하다고 판단될 때 개입한다. 그러나 그런 개입도 인간의 자율성을 파괴하는 방식으로 하는 것은 아니다. 하나님은 인간이 자율성을 가지고 스스로 판단해서 행동하는 존재로 창조하셨기 때문에, 그 자율성을 망치는 방식으로 개입하지 않는다. 그러므로 인간의 행동의 일차적인 책임은 인간 자신에게 있다. 하나님의 내재성이 그것을 무효화시키는 것은 아니다.

2) 하나님을 가볍게 여기는 것

하나님의 내재성을 지나치게 강조하게 되면 하나님을 너무 친근하게 여기는 나머지 지켜야 할 예의, 존경, 경외심을 잃어버리고 하나님을 무례하게 대하게 된다. 하나님께 드리는 예배도 가볍게 여겨서 아무런 마음의 준비도 없이 그냥 자리를 지키거나 자신의 감정을 발산하고 욕구를 채우는 도구로 사용하게 된다. 예배의 중심이 하나님이라는 사실을 잊어버리고 인간 중심적인 예배로 전락시키는 것이다.

하나님이 우리와 함께 하는 친근한 분이라는 것을 오해하면 자신의 욕구대로 거리낌 없이 행동하면서 "하나님은 사랑이시니까 모든 것을 다 용납해 주실 거야"라고 뻔뻔한 태도를 취할 위험이 생긴다. 이들은 우리가 지켜야 할 삶의 '규정들'을 하나님의 사랑과 대립되는 것으로 생각하고, 하나님의 사랑은 오직 우리의 자유를 지켜주는 것으로 오판한다. 이것은 하나님의 내재성을 지나치게 강조하다가 하나님의 초월성을 무시해 버리는 오류를 범하는 것이다.

Ⅳ. 균형의 중요성

1. 하나님은 이 두 가지 모습을 모두 가지고 있다

하나님은 피조물과 달리 독립적이고 자존하며, 피조물이 범접할 수 없을 만큼 거룩하고 엄위하고 영광 가운데 계신 분이다. 이런 모습은 그분이 피조물과 관계를 맺으려고 다가오실 때에도 사라지는 것이 아니다. 동시에 하나님은 멀리 떨어져 계시지 않고 우리 가운데 계시면서 우리를 사랑하고 우리의 삶 속에서 밀접한 관계를 맺기 원하는 분이다. 우리의 아픔을 공감하고, 우리가 걷는 십자가의 길을 동행하고, 하나님나라의 복음을 들고 땅끝까지 나아갈 때 항상 함께 하는 분이다.

우리는 하나님의 초월성과 내재성이라는 양면성을 동시에 붙잡아야 한다. 우리가 편한 대로 어느 한쪽만을 강조하면 그것은 하나님을 왜곡하는 것이다. 하나님이 완전한 분이라는 것은 이런 양면성의 완벽한 균형까지 의미하는 것이다.

2. 적용

하나님의 초월성과 내재성에 대한 균형 있는 강조는 우리의 신앙에 영향을 미친다.

1) 예배

예배란 엄위하고 영광스러운 만유의 주재 앞에 나아가 그의 성호를 경배하고 그의 업적을 찬양하는 것이다. 그러므로 예배자에게 기본적으로 요구되는 것은 경외의 마음이다. 아무 준비도 없이, 마치 저잣거리에서 아무나 만나는 것처럼 하나님 앞으로 나아오는 것은 예배자의 태도로 합당치 않은 모습이다. 우리는 예배의 자리에 나아올 때, 그리고 예배의 매 순서마다 경외심으로 임해야 한다. 최근 현대적인 예배를 강조하는 경박한 인간중심적 예배가 유행처럼 부상하기 전까지 전통적으로 한국 교회는 예배에 대한 이런 태도를 올바르게 강조해왔다.

그러나 하나님의 초월성과 더불어 내재성을 염두에 둔다면 우리의 예배가 흔히 생각하듯이 딱딱하고 숨도 못 쉴 정도로 굳어 있고, 매우 형식적인 절차만 따라가는 예배일 필요는 없다는 것을 알게 된다. 하나님은 예배 가운데서 우리를 만나주고, 우리의 기도를 듣고, 우리의 마음을 어루만져 주는 분이다. 사랑과 은혜, 돌봄과 공감의 모습도 하나님의 매우 중요한 성품들이기 때문이다. 그래서 우리는 예배 가운데 사랑의 하나님을 찬양하면서 감격 속에 젖어들 수 있고, 그 은혜를 마음껏 감사하면서 표출할 수 있다. 이것은 마치 벌서듯 기계적으로 드리는 예배와는 전혀 다른 분위기를 만들어내기도 한다.

우리의 예배가 하나님의 멋진 두 가지 모습을 모두 담아낼 때 일상에서의 예배의 삶도 균형 잡힌 모습을 드러낼 것이다.

2) 기도

기도는 내용에 따라 몇 가지 종류로 구분할 수 있다. 찬양, 감사, 죄용서, 간구, 다른 사람을 위한 기도 등등. 이렇게 다양한 종류들에는 하나님의 초월성과 내재성에 대한 인식이 이미 담겨 있다.

우리는 하나님과 교제하기 위해 기도의 무릎을 꿇을 때 경망스럽게 나의 요구 조건을 담은 목록을 불쑥 제시하면서 하나님 앞으로 달려 나갈 수 없다. 그것보다 먼저 우리는 찬양과 경배, 감사, 자백의 기도를 드리는 것이 마땅하다. 이것은 세상의 창조자, 섭리자, 그리고 심판자이신 거룩한 초월자 하나님 앞에 우리가 겸손하게 서 있다는 것을 인식하는 고백과 같은 것이다.

그러나 동시에 우리와 함께 하는(내재하는) 하나님 앞에 솔직하게 이웃과 나 자신의 안타까운 마음과 상황을 얼마든지 털어놓을 수 있다. 마치 우리를 사랑하는 어머니에게 자신의 사정을 털어놓듯이. 때로는 하나님께 탄식을 늘어놓는 것도 가능하고 심지어는 시편의 기도를 따라 이해하지 못하는 상황에 대해 불평을 늘어놓는 것도 가능하다. 우리의 하나님은 우리의 연약함을 동정하고 제때에 필요한 도움을 주는 분이기 때문이다.
히4:14-16

그럼에도 우리는 내가 원하는 것을 하나님께 강요할 수 없다. 우리는 예수님처럼 "내 원대로 하지 마시고 하나님의 뜻대로 해 주십시오"라는 기도를 드리는 것이 마땅하다. 이것은 하나님의 지혜와 능력의 무한함을 인정하고 신뢰하는 태도에서 비롯되는 것이다. 즉 하나님의 초월성과 나의 나약함을 인정하는 태도다.

　이런 식으로 우리의 기도는 균형을 잡아야 한다. 초월자이신 하나님 앞에 옷깃을 여미면서 나아가되, 우리의 삶이 그분을 의지할 수밖에 없다는 것을 인식하기에 우리의 사정을 숨김없이 털어놓는 것이며, 그럼에도 하나님의 사랑과 지혜가 내 생각보다 훨씬 더 크다는 것을 인식하면서 겸손히 인도를 기다리는 것이다.

12장 · 삼위일체

"주 예수 그리스도의 은혜와 하나님의 사랑과 성령의 사귐이 여러분 모두와 함께 하기를 빕니다." 고후 13:13

I. 골치 아픈 삼위일체?

1. 삼위일체 교리는 필요한 것인가?

우리는 알게 모르게 삼위일체적인 신앙고백 속에 둘러싸여 있다. 찬송가 1장도 삼위일체를 찬양하고, 사도신경도 삼위일체에 대한 신앙고백으로 시작하며, 세례식에서도 삼위일체의 이름이 계속 울려 퍼진다.

이렇게 친근한 삼위일체지만 기독교 역사상 가장 논란이 많고 가장 이해하기 어려운 주제도 삼위일체 교리다. 그 결과 삼위일체 교리를 둘러싼 논쟁 끝에 교회가 분열하기도 하고, 다양한 이단들이 출현하기도 했다. 기독교를 비판하는 사람들은 삼위일체 교리가 기독교의 비합리성을 보여주는 대표적인 교리라고 비웃기도 한다. 실제로 셋이 하나이고 하나가 셋이라는 삼위일체 교리는 그런 오해와 논쟁을 불러일으키기에 충분한 것 같다.

그럼에도 불구하고 2천년 동안 기독교는 삼위일체 교리가 기독교 신앙에서 가장 핵심적인 교리라는 것을 지속적으로 강조해왔다. 그 이유가 무엇인가? 앞으로 좀 더 자세하게 살펴보겠지만, 기독교회는 이 교리 안에 기독교의 핵심적인 교리들이 모두 연관되어 있다고 본 것이다. 성부 하나님, 성자 예수님, 그리고 성령 하나님의 본질과 상호 관계에 대한 것, 그들의 사역창조와 구속에 관한 것, 교회와 그리스도인의 삶에 관한 핵심적 요소들이 모두 삼위일체 교리와 긴밀한 관계를 가진다는 것을 알고 있었다. 또한, 인간을 포함해서 하나님이 창조하신 온 세상에도 삼위일체와 관련된 하나님의 본질적 속성들이 담겨 있다는 것을 알았기에 인간과 세상을 이해하기 위한 기초로서 삼위일체를 중시한 것이다.

2. 용어

'삼위일체' Trinity는 두 가지 용어가 합쳐진 것이다. '삼위' Three Persons는 인격체위격가 셋이 있다는 뜻이며, '일체' 한 본체, One Substance는 본체본성는 하나라는 것을 뜻한다. '삼위일체' 라틴어 trinitas=tri+unity라는 용어는 성경에 없는 단어다. 그래서 어떤 사람들은 성경에 나오지도 않는 단어 때문에 시간을 낭비할 필요가 없다고 주장하기도 한다. 그러나 단어 자체는 성경에 나오지 않지만 성경에 있는 개념을 잘 표현하는 적절한 용어인 것은 분명하다. 그러므로 용어를 가지고 시비를 따질 필요는 없다. 개념이 중요한 것일 뿐, 용어는 개념을 담는 그릇에 불과한 것이기 때문이다.

삼위일체 교리는 단순히 성경에 있는 사실을 설명하면서 시작된 것이다. 성경을 보니 예수님도 하나님이라고 하고, 성령도 하나님이라고 한다. 그런데 다른 곳에서는 하나님은 오직 한 분이라고 한다. 다른 말로 하면, 하나님은 한 분이라고 말하면서도 동시에 하나님이 세 분인 것처럼 표현하기도 한다. 이것을 어떻게 이해하면 좋을까? 이런 의문에서부터 출발하여 모순처럼 보이는 구도를 한 마디로 표현할 수 있는 용어로 '삼위일체'라는 단어가 사용된 것이다.

Ⅱ. 삼위일체 구도

삼위일체 교리는 세 가지를 말하고 있다.

1. 하나님은 한 분이다

고대에는 대부분의 사람들이 신은 여럿이라는 다신론 신앙을 가지고 있었다. 그러나 그런 세상 속에서 여호와 하나님은 자신이 유일하게 참된 신이라는 것을 분명하게 선언하신다. "나는 주다. 나 밖에 다른 이가 없다. 나 밖에 다른 신은 없다."사45:5-6 "이스라엘은 들으십시오. 주님은 우리의 하나님이시요, 주님은 오직 한 분뿐이십니다."신6:4

예수님도 여러 차례에 걸쳐서 하나님만이 참된 신이라고 가르쳤고, 그 가르침을 이어받은 사도들도 "우리에게는 아버지가 되시는 하나님 한 분이 계실 뿐입니다"고전8:6라고 분명하게 선언하였다. 참고. 딤전2:5, 약2:19 이것은 사람들이 생각하는 많은 신들은 모두 인간들이 만들어낸 것이거나, 사탄의 하수인으로서 하나님에 필적할 수 없는 존재라는 것을 의미한다. 그래서 유대 기독교 신앙에서 가장 중요한 것이 하나님은 유일하고 참된 신이라는 고백이었다.

이처럼 삼위일체 교리는 참된 하나님은 오직 한 분뿐이라고 고백하는 것이다.

2. 하나님은 세 분이다

성경은 유일한 하나님을 매우 강조하지만, 그럼에도 여러 곳에서 하나님이 세 분이라는 암시나 표현들이 나타나고 있다.

1) 구약

구약 성경에는 신약처럼 분명하게 삼위 하나님을 언급하지는 않지만, 하나님이 세 분이라는 것을 암시하는 구절이 많이 나타난다. 먼저, 하나님을 복수로 표현한 경우들이 있다. 하나님이 분명 한 분이라면 단수를 써야 맞지만 하나님은 종종 자신을 지칭할 때 복수형을 사용한다. "하나님이 말씀하시기를 '우리가 우리의 형상을 따라서, 우리의 모양대로 사람을 만들자.'"창1:26; 참고. 사6:8

또한, 복수의 하나님을 동시에 언급하는 경우도 나타난다. "주님께서 내 주님께 말씀하시기를"시110:1 첫 번째 '주님'은 누구이고, 두 번째 '주님'은 또 누구인가? 첫 번째 '주님'은 '야웨' 아도나이, 여호와, 주님라는 단어를 사용하고, 두 번째 '내 주님'은 '아도니' 내 주님라는 단어를 사용하고 있다. 둘 모두 하나님을 지칭하는 단어다. 사63:10, 말3:1-2, 사48:16

2) 신약

신약에 오면 세 분의 하나님이 좀 더 분명하게 나타난다. 먼저, 예수님이 이 땅에서 사역하시거나 말씀하실 때 삼위 하나님의 존재가 분명하게 나타난다. 그 대표적인 예로, 예수님이 세례 받을 때 삼위가 동시에 나타난 사건이다. "예수께서 세례를 받으시고, 곧 물에서 올라오셨다. 그때에 하늘이 열렸다. 그는 하나님의 영이 비둘기 같이 내려와 자기 위에 오는 것을 보셨다. 그리고 하늘에서 소리가 나기를 "이는 내가 사랑하는 아들이다. 내가 그를 좋아한다" 하였다"마3:16-17; 참고. 마28:19

사도들도 다양한 방식으로 삼위 하나님의 존재를 언급하였다. "하나님 아버지께서 여러분을 미리 아시고 성령으로 거룩하게 해 주셔서, 여러분은 순종하게 되고, 예수 그리스도의 피 뿌림을 받게 되었습니다."벧전1:2; 참고. 고전12:4-6, 고후13:13, 엡4:4-6, 유20-21

3) 세 분의 하나님 각각은 모두 독립된 인격체이다

앞에서는 분명히 하나님이 한 분이라고 주장했는데, 지금은 다시 하나님이 세 분이라고 말하는 것이다. 이것은 모순된 것이 아닌가? 그래서 어떤 사람들은 하나님은 한 분인데 외관상으로만 셋으로 나타나는 것이라고 생각한다. 그들은 성부, 성자, 성령은 한 분 하나님이 수행하시는 세 가지 역할을 의미한다고 말한다. 마치 아버지가 집에서는 아버지이지만, 교회에서는 집사고, 직장에서는 부장이기도 한 것과 같다는 것이다. 하나님이 때로는 성부로, 때로는 성자로, 때로는 성령으로 나타난다고 말한다. 이것은 삼위 하나님 각각이 별개의 진정한 '인격'person이 아니라 한 존재의 다양한 존재 양식에 불과하다고 주장하는 것이다.

그러나 성경은 삼위가 서로 교제하고 대화하는 별개의 인격적 존재라고 말한다. 예수님이 성부에게 기도한다.요17장 예수님이 세례를 받는 장면에서는 삼위가 동시에 등장한다.마3:17 성부와 성자가 함께 성령을 세상으로 보낸다.요14:16

이처럼 세 분의 하나님은 분명하게 서로 다른 인격체이다. 성부와 성자는 다르며, 성자와 성령도 다르다. 이것이 세 번째 명제로 연결된다.

3. 삼위는 모두 동등하고 완전한 하나님이다

세 분의 하나님은 모두 동등하고 완전한 하나님이다. 성자가 하나님이라는 사실은 신약 여러 곳에서 분명하게 고백되고 있다. "그리스도도 육신으로는 그들에게서 태어나셨습니다. 그는 만물 위에 계시며 영원토록 찬송을 받으실 하나님이십니다. 아멘."롬9:5; 참고. 딛2:13, 요20:28, 30-31, 요1:1-4, 히1:8, 벧후1:1, 사9:6, 40:3, 골2:9

베드로는 아나니아와 삽비라 부부를 책망하면서 성령 역시 하나님이라는 사실을 주저 없이 언급하고 있다. "그대가 성령을 속이고 땅 값의 얼마를 몰래 떼어놓았소?…그대는 사람을 속인 것이 아니라 하나님을 속인 것이오."행5:3-4; 참고. 시139:7-8, 고전2:10-11, 3:16 이처럼 성자와 성령도 성부와 동등한 완전한 하나님이라는 것이 성경의 분명한 고백이다.

삼위일체 교리는 성경에서 삼위 하나님에 대해서 설명하고 있는 것들을 단순히 종합한 것으로, 다음의 세 가지 명제를 동시에 설명하고 있는 것이다.

하나님은 한 분이시다.

하나님은 세 분이시다.

세 하나님은 모두 동등하고 완전한 하나님이다.

Ⅲ. 삼위일체 이해하기

이제 삼위일체의 신비 속으로 좀 더 깊이 들어가 보자.

1. 삼위의 관계

먼저 우리는 하나님이 세 분이라면 그들이 서로 어떤 관계를 맺고 있는지 궁금하다. 신학자들도 똑같은 관심을 가지고 성경을 연구한 결과, 삼위 하나님의 관계를 세 가지 방식으로 이해할 수 있다는 점을 발견했다.

1) 존재적 삼위일체 Ontological Trinity

먼저 존재적인 측면에서 생각할 때 삼위 하나님 사이에는 어떤 서열이 없다. 왜냐하면, 존재적으로는 세 분이 완전히 동등하기 때문이다. 이것을 '존재적 삼위일체' 라고 한다. 삼위 하나님은 신적 속성이나 성품에 있어서 어떤 차이도 없이 동등하다. 세 분 모두 완전한 하나님이기 때문이다.

2) 경륜적 삼위일체 Economic Trinity

그러나 세상과의 관계에서는 삼위 하나님이 각기 다른 역할을 수행하신다. 특별히 창조사역과 구원사역에서 삼위 하나님의 다른 역할이 두드러지게 나타난다. 세상을 창조하실 때 성부는 창조를 계획하고 말씀으로 명령하셨고, 성자는 이 말씀이 이루어지도록 하셨고, 성령은 수면 위를 운행하시면서 창조에 일조하는 한편, 창조의 질서를 잡고 계신다.^{요1:3, 창1:2}

세상을 구원하기 위한 사역에서 성부는 구원을 계획하셔서 성자를 세상에 보내셨고,^{요3:16, 갈4:4, 엡1:9-10} 성자는 성부에 순종하여 이 세상에 오셔서 구속 계획을 실행에 옮겼으며,^{요6:38, 히10:5-7} 성령은 성취된 구속의 은혜를 사람들에게 적용한다.^{요14:26, 3:5-8, 고전12:7-11}

이렇게 역할적인 측면에서 볼 때 우리는 성부가 주도적인 역할을 하고, 성자와 성령이 종속적이고 보조적인 역할을 한다는 것을 발견한다. 어떤 위계질서가 있는 것이다. 이처럼 세상과 관련된 삼위 하나님 사이의 위계질서를 '경륜적 삼위일체'라고 한다.

존재적 삼위일체와 경륜적 삼위일체를 종합하면, 삼위의 하나님은 각기 완전한 신으로서 모든 본성과 성품에 있어서는 동등하지만 세상에 대한 관계와 역할에 있어서는 차이가 있다고 요약할 수 있다.

3) 상호내주 Perichoresis, περιχωρησις

삼위 하나님은 서로서로 어떤 관계를 맺고 있을까? 이 관계를 잘 보여주는 개념을 '페리코레시스', 즉 상호내주^{상호공재, 상호침투, 상호의존}라고 한다. 세 분의 하나님은 독립된 인격이고 각각 완전한 하나님이지만 그렇다고 완전히 분리된 존재는 아니다.

  1) 예수님은 자신이 하나님 안에 있으며, 성부가 자신 안에 있다고 말씀하신다.요10:37-38, 14:20, 17:21 "내가 아버지 안에 있고, 아버지께서 내 안에 계시다는 것을 믿어라."요14:11

  2) 성령은 하나님 안에 계시면서 하나님의 모든 것을 다 아신다. "오직 하나님이 성령으로 이것을 우리에게 보이셨으니 성령은 모든 것 곧 하나님의 깊은 것까지도 통달하시느니라."고전2:10

  3) 우리는 그리스도 안에 있고 그리스도가 우리 안에 거하신다. 동시에 성령께서도 우리 안에 계신다. 이것은 그리스도와 성령이 서로 안에 함께 거한다는 것을 의미한다. "그날에 너희는, 내가 내 아버지 안에 있고, 너희가 내 안에 있으며, 또 내가 너희 안에 있음을 알게 될 것이다."요14:20 "너희는 너희가 하나님의 성전인 것과 하나님의 성령이 너희 안에 계시는 것을 알지 못하느냐?"고전3:16

이것을 종합하면, 삼위의 세 하나님은 서로 안에 내주하신다고 말할 수 있다. 이것을 '상호내주', 헬라어로 '페리코레시스' perichoresis라고 한다. '페리'는 '원을 돈다'는 뜻이고 '코레시스'는 '춤'을 뜻하는데, 그래서 이 단어는 강강수월래처럼 여러 사람이 원을 만들어 춤추면서 빙빙 도는 것을 표현하는 단어다. 더 정확히 말한다면, 그냥 원형으로 도는 것이 아니라 각 사람들이 자유롭게 원 안에 들어갔다가 다시 밖으로 나오면서 계속 춤을 추면서 도는 과정을 반복하는 것을 의미한다 성부가 성자와 성령 안에, 성자는 성부와 성령 안에, 그리고 성령 역시 성부와 성자 안에 완전하고 총체적으로 내주한다는 것을 표현하기 위해서 이 단어를 사용한 것이다.

'상호내주'한다는 것은 존재가 서로 얽혀 있다는 것을 의미함과 동시에 서로 의존하고 서로 협력한다는 것도 내포한다.mutual dependence 세 위격은 서로에게 자신의 존재를 의탁하고 있다. 또한, 어떤 일을 할 때에도 혼자 하지 않고 항상 협력한다.공동 사역 우리는 삼위 하나님이 협력해서 일하는 것을 이미 창조와 구원사역에서 확인할 수 있었다.

2. 삼위일체를 이해할 수 있는가?

앞에서도 언급했듯이 셋이 하나이며, 하나가 셋이라는 삼위일체 교리는 쉽게 이해되지 않는다. 그럼에도 성경에서 하나님에 대해 설명하고 있는 것이 그렇기 때문에 우리는 그것을 받아들이는 것이다. 이런 수동적 답답함을 견디지 못한 사람들이 삼위일체를 좀 더 쉽게 이해하고 설명할 수 있는 방법을 찾기 위해서 노력해왔다.

1) 모델을 통해서 이해하려는 시도들

어떤 사람들은 삼위일체를 이해할 수 있는 어떤 모델이나 유비, 또는 상징을 찾아보려고 시도했다. 대표적인 것이 자연 속에서 유사한 모델을 찾는 것이다.^{자연적 모델} 세 잎 클로버, 세 부분으로 된 나무,^{뿌리, 줄기, 가지} 물의 세 가지 형태,^{증기, 물, 얼음} 사람이 맡고 있는 다양한 역할^{아버지, 농부, 장로} 같은 것들이다.

어거스틴과 같은 사람은 삼위일체를 위대한 마음과 같다고 생각했다. ^{심리적 모델} 마음은 지성과 기억과 의지로 구성되어 있으나 이 세 가지는 모두 하나라는 점이 삼위일체와 유사하다고 생각한 것이다.^{지, 정, 의 세 가지도 이와 유사한 유비다}

또 다른 사람들은 아버지와 두 아들의 관계가 이와 비슷한 것이라고 주장하기도 한다.^{사회적 모델}

2) 모델들의 한계

그러나 이런 모델들은 모두 한계와 약점을 가지고 있다. 자연적 모델과 심리적 모델은 삼위일체 중에서 '하나' oneness에 대해서는 설명이 가능하나 완전히 분리된 독립적 존재인 '셋' three persons에 대해서는 설명하지 못한다. 사회적 모델은 그 반대다. 각기 다른 '셋'은 설명이 되지만 똑같은 '하나'를 설명하지 못한다. 자연 속에서 유추한 모델들은 시초부터 한계를 내포할 수밖에 없다. 초자연적인 하나님을 자연적인 것들로 설명하려는 시도이기 때문이다. 그러므로 이해가 안 돼서 답답하더라도 어떤 유비를 찾으려는 시도는 하지 않는 것이 하나님을 하나님으로 인정하는 태도일 것이다.

3) 삼위일체가 이해하기 어렵다고 해서 '모순'이라고 할 수 있는가?

어떤 사람들은 그렇게 주장한다. 그러나 피조물인 우리가 하나님의 존재의 차원인 삼위일체가 이해되지 않는다고 해서 그 교리는 모순이라거나 비논리적이라고 주장하는 것은 교만한 태도다. 이것은 마치 이차원 세계에 살고 있는 자가 삼차원 세계를 이해하지 못하면서 그것이 불가능하다고 주장하는 것과 같다. 결국, '인간의 이성'을 신으로 만들고 하나님을 비이성적인 존재라고 선언하는 것과 같다.

삼위일체는 '모순' contradiction이 아니라 '신비' mystery에 속하는 영역이다. 만약 '3=1'이라고 한다면 모순이지만, '3x=1y'라고 하면 그 등식은 얼마든지 성립할 수 있다. 삼위일체에는 우리가 이해할 수 없고 설명되지 않은 무엇인가가 빠져있을 것이다. '신비'라는 것은 우리가 이해하지 못하는 어떤 것이 담겨 있다는 것을 의미한다. 그러므로 하나님이 허락하는 때가 되면 x, y가 무엇인지 알게 될 것이고 그러면 삼위일체도 이해할 수 있을지 모른다. Roger E. Olson, *The Mosaic of Christian Belief: Twenty Centuries of Unity and & Diversity* (InterVarsity Press, 2002), 145

4) 삼위일체를 완전히 이해하지 못하는 것은 정상이다

삼위일체는 하나님의 존재의 가장 본질적인 면을 나타내는 것이다. 그러므로 인간이 그것을 완전히 이해한다는 것 자체가 실은 어불성설이다. 상대성이론과 양자역학을 모든 사람들이 이해할 수 없고, 우주 생성의 비밀을 그 누구도 다 이해하지 못한다면, 하나님의 존재의 본질을 이해하지 못하는 것은 지극히 당연한 일이다. 그러므로 삼위일체의 난해성은 전혀 신앙에 장애가 될 수 없다.

Ⅳ. 삼위일체 교리의 신학적 의미

1. 삼위일체는 하나님의 존재 신비를 나타낸다

삼위일체는 하나님이 피조물과 근본적으로 다른 존재라는 것을 드러낸다. 하나님의 존재 방식은 피조물인 인간과 다르다. 하나님이 삼위일체로 존재한다는 것은 우리가 이해하기 힘들지만, 바로 그것 때문에 하나님과 우리의 근본적인 차이를 좀 더 명확하게 인식하게 된다.

또한 삼위일체는 하나님의 독립성을 잘 드러낸다. 하나님은 스스로 존재하는 분이고 스스로 충분히 만족하는 분이다. 하나님은 삼위로 존재하기 때문에 이미 그 안에서 충분한 교제를 즐기고 있었고, 따라서 다른 교제 상대가 굳이 필요치 않았다. 이것은 천지창조가 필연이 아니라는 것을 보여준다. 우리 인간의 창조도 하나님이 반드시 해야만 하는 필수적인 것이 아니었기 때문에 우리의 존재도 하나님께 꼭 필요한 것이 아니었다. 이것은 하나님의 독립성과 자존성을 충분히 설명해 주는 동시에 피조물의 하나님에 대한 의존성을 확실하게 설명해 준다.

2. 삼위일체는 그리스도의 대속을 가능하게 한다

1) 성자가 완전한 하나님이 아니라면 그가 우리의 죄를 담당한다는 것은 불가능하다

피조물은 다른 피조물의 죄를 담당할 수 없다. 자신도 죄에서 자유롭지 못하기 때문이다. 오직 죄가 없는 완전한 존재만이 다른 죄인을 대신할 수 있다. 그러므로 성자의 완전한 신성을 믿지 않는 아리우스주의나, 성자의 신성을 부인하는 이슬람과 같은 종교는 인간의 죄 문제를 해결하지 못한다. 바로 이런 이유 때문에 삼위일체 교리가 기독교 신앙에서 핵심이 되었고, 이 교리를 수호하기 위해 수많은 신학자들이 애써왔던 것이다.

2) 성자에 대한 예배

성자가 하나님이 아니라면 그를 예배하는 것은 우상숭배가 될 것이다. 그러나 성경은 성자에게 영광을 돌리고 있다. "죽임을 당하신 어린 양은 권세와 부와 지혜와 힘과 존귀와 영광과 찬양을 받으시기에 합당하십니다."계5:12; 참고. 빌2:9-11, 계5:12-14

그러므로 우리는 성부 하나님께 찬양과 경배를 돌리는 것과 마찬가지로 성자 예수님에게도 똑같은 찬양과 경배를 돌릴 수 있다. 성자도 완전한 하나님이기 때문이다.

V. 삼위일체 교리와 우리의 삶

삼위일체 교리는 단순히 이론적인 것만이 아니다. 그것은 하나님의 본질적 속성이기 때문에 하나님의 피조물인 이 세상과 우리 삶에도 깊은 영향을 미치고 있다.

1. 삼위 하나님의 풍성함을 누릴 수 있다

하나님이 세 분이라는 것은 우리에게 하나님의 다양한 모습을 보여준다는 장점이 있다. 그 결과 우리는 하나님을 더 다양한 각도에서 이해할 수 있을 뿐만 아니라, 우리의 상황에 따라 다른 위격의 하나님을 부르며 기도할 수 있다.

성부 하나님은 모든 것을 주관하고 책임을 지는 아버지와 같은 이미지를 제공해 주고, 인간이 되어서 우리와 똑같은 경험을 한 성자 예수님은 우리의 친구 같은 모습으로 다가오며, 성령은 위로하고 격려하고 인도하는 보혜사로 우리와 함께 한다. 그래서 우리는 고통당할 때 우리와 똑같이 고통을 당하신 성자 예수님을 부를 수 있고, 현실의 무게를 버틸 힘이 필요할 때 보혜사 성령에게 간절히 매달릴 수 있다. 이것은 하나님과 우리와의 관계를 풍성하게 만들어준다. 우리 삶의 다양한 측면이 모두 하나님과 연결된다는 것을 알기 때문이다.

이처럼 삼위 모두가 하나님이므로 우리는 어느 하나님을 찾고 경배해도 상관이 없고, 삼위 하나님 모두에게 기도할 수도 있다. 우리의 상황과 필요에 따라 더 깊은 관련이 있을 것 같은 하나님을 찾고 기도할 수 있다.

2. 삼위일체의 통일성과 다양성의 반영

1) 우주 만물의 통일성과 다양성의 기초

하나님은 분명히 한 분이다. 삼위가 존재하지만 본성은 똑같다. 통일성이 있다는 말이다. 그러나 동시에 세 위격의 다양성이 그대로 유지된다. 이것은 완전한 형태의 '공동체'라고 할 수 있다. 즉 삼위일체 하나님은 통일성과 다양성을 완벽하게 구현하는 공동체의 완벽한 모델이다.

하나님은 우주 만물도 조화로운 공동체성 위에 만드셨다. 그래서 모든 피조물은 피조물 전체의 공생이라는 통일적인 목표를 가지고 있고, 통일성 동시에 각기 부여받은 독특한 역할을 가지고 있다. 다양성 하나님은 생물을 다양하게 만드셨다. 그래서 생물종의 다양성은 그 자체로 축복이다. 그러나 인간의 욕심을 채우기 위해 환경을 파괴하면서 다양한 생물종을 멸종시키는 것은 재앙과 같은 일을 저지르는 것이다. 창조물이 자신의 위치에서 다양한 삶을 영위할 때 그 전체로 하나님의 영광을 드러낸다.

2) 인간 사회의 통일성과 다양성의 기초

인간 사회도 마찬가지다. 비록 사람들은 개성, 문화, 취향이 모두 다르지만, 하나님의 형상으로 창조된 존귀한 존재라는 공통점을 가지고 있다. 통일성 이와 동시에 인간은 모두 독특하게 창조되었다. 인종이 다르고, 문화가 다르고, 성격도 다르고, 취향도 다르다. 모든 종류의 다름은 그 자체로 축복이다. 다양한 인간들은 각기 자기만의 방식으로 세상에 기여하기 때문이다. 백인의 독특함이 있고, 흑인의 고유한 특성이 있다. 서양인이 잘하는 것이 있고 동양인이 잘하는 것이 있다. 남자와 여자도 마찬가지다. 이런 다양성을 무시하면서 획일화를 시도하거나 나와 다른 사람들을 무시하고 밀어내는 것은 삼위일체 하나님의 다양성에 대한 도전과 같다. 그러므로 다양성이 분열과 대립을 초래하는 것으로 오용되어서는 안 된다. 다양성을 인정하고 그것이 주는 혜택을 누리면서, 질서를 유지하고 공생을 모색하는 통일성을 견지하려는 노력이 필요하다.

3) 통일성과 다양성을 담아내는 삼위일체적 교회

하나님이 세우신 교회에도 삼위일체 정신이 담겨 있다. 교회는 한 몸이다.고전12:12, 엡4:4-6 같은 성령에 의해 같은 마음과 뜻으로 하나된 통일된 연합체다. 그러므로 교회는 하나됨을 유지하기 위해 힘써야 한다. 그러려면 각 지체들이 겸손하게 양보하면서 서로서로 생각을 맞춰나가도록 노력해야 한다. 빌2:1-4

그러나 각 지체들의 은사는 다양하다.롬12:4-8 삼위 하나님이 하나이면서도 각기 역할을 나눠서 맡은 것처럼 교회의 지체들이 통일성을 유지하면서 각기 받은 은사대로 자신의 역할을 감당한다. 교회는 모든 지체가 자신의 은사를 잘 발휘할 때 온전한 몸을 이루게 된다. 세 위격인 하나님이 각기 맡은 역할을 잘 감당할 때 하나님의 창조와 구원사역이 열매를 맺은 것처럼, 교회의 모든 지체가 자신의 역할을 신실하게 감당할 때 교회의 사명이 성취될 수 있다. 이것이 삼위일체적인 교회의 아름다운 모습이다.

3. 상호내주 관계|Perichoresis

1) 페리코레시스 관계상호내주, 상호의존, 상호협력

삼위 하나님은 각각 완전한 신이지만 결코 독립적으로 존재하지 않는다. 언제나 상호내주하면서 상호의존 관계로 존재한다. 또한, 언제나 함께 협력하면서 일한다. 이것은 삼위 하나님 관계의 본질이면서, 또한 이 세상 모든 피조물 관계의 본질이기도 하다.

2) 페리코레시스적 관계는 그대로 세상 속에 반영되어 있다

우리는 개별적인 인격이지만 완전히 분리된 존재는 아니다. 우리는 그렇게 만들어지지 않았다. 우리는 하나님의 상호내주를 닮아서 상호의존 관계로 만들어졌다. 이 세상 만물이 모두 그런 관계로 엮어져 있다.

인간은 자연과 사회 속에서 관계를 맺는 존재로 만들어졌다. persons-in-community 존재는 이미 관계를 내포하고 있기 때문이다. 그러므로 관계를 벗어나서 홀로 존재하려는 것, 개인의 독립성과 자율성을 지나치게 강조하는 삶의 방식, 또는 타인의 존재에 무관심한 채 자신만을 위해 살아가는 것은 우리의 삶의 모형이신 하나님의 존재 방식에 어긋난다. 인간은 근본적으로 다른 존재와 사랑의 관계삼위 관계의 본질를 맺으며 살아야 한다.

그러므로 다른 사람들은 궁핍한데 혼자만 경제적으로 번영을 누리는 것이나, 다른 계층이나 인종의 사람들과의 접촉을 차단하는 구별된 장소를 만들어 사는 것, 그리고 인간의 번영만을 추구하면서 자연의 안녕을 무시하는 것 모두 바람직하지 않은 모습이다.

3) 페리코레시스적 교회

페리코레시스의 원리가 하나님의 교회에도 그대로 녹아들어 있다. 하나님은 타락한 세상에서 페리코레시스적 관계를 회복하기 위한 모델로 교회를 세우셨다. 신약 성경에서 그려지고 있는 참된 교회의 모습은 서로 의존하고, 책임져주고, 간섭하고, 협력하는 상호내주와 상호의존의 페리코레시스적 삶을 실천하는 것이다. 그런 모습을 통해서 우리의 창조자요 구원자인 하나님을 증거한나. 행2:44-45, 4:32-35, 고전12:14-26, 요일3:18, 약2:15-16, 5:16

성경은 교회 공동체의 페리코레시스적 삶을 묘사하는 한 단어를 유달리 강조한다. 그것은 '서로' 라는 단어다. 서로 사랑하라, 요13:34, 히13:1 서로 쓸 것을 공급하라, 롬12:13 서로 권면하라, 롬15:14 서로 섬기라, 갈5:13 서로 순종하라,^{엡5:21} 서로 다른 사람의 일을 돌봐주라,^{빌2:4, 히10:24-25} 서로 짐을 지라.^{갈6:2} 이것이 우리 교회의 모습이 된다면 우리는 그리스도의 제자들로 알려질 것이고,^{요13:35} 하나님의 영광이 드러나게 될 것이며,^{마5:16} 삼위일체 하나님의 모습을 반영하는 참된 교회를 이루어가게 될 것이다.

　삼위일체는 하나님 존재의 본질이지만, 하나님의 속성을 담아 창조된 이 세상의 본질이기도 하다. 비록 죄로 인한 반역은 창조물과 인간관계 속에서 하나님의 삼위일체적 관계를 파괴하고 있지만, 하나님의 은혜로 구원받은 우리는 세상 속에서 이 삼위일체적 모습을 다시 복원하는 사명을 받았다. 우리의 삶과 교회 안에서부터 이 모습이 회복될 때 세상은 다시 하나님이 의도하신 아름다운 모습으로 돌아갈 소망을 가질 것이다.

13장 · 창조

"만물이 그분 안에서 창조되었습니다. 하늘에 있는 것들과 땅에 있는 것들, 보이는 것들과 보이지 않는 것들, 왕권이나 주권이나 권력이나 권세나 할 것 없이, 모든 것이 그분으로 말미암아 창조되었고, 그분을 위하여 창조되었습니다." 골1:16

I. 창조 교리의 중요성

1. 기독교와 다른 종교의 가장 큰 차이

기독교와 다른 종교가 가장 두드러지게 차이를 보이는 점은 무엇일까? 우리가 쉽게 떠올릴 수 있는 내용은 아마도 예수 그리스도의 십자가 죽음을 통한 속죄와 구원일 것이다. 이는 매우 독특한 기독교만의 특징이다. 스스로의 수양이나 노력에 의해서가 아니라 자기 외부의 다른 존재가 대신 형벌을 받아 구원의 조건을 충족시킨다는 개념은 다른 종교에서는 찾아보기 어렵다. 그러나 다른 종교와 큰 차이를 보이는 또 다른 내용이 있는데, 그것이 바로 '창조'이다. 기독교는 눈에 보이는 이 세상과 인간이 어떻게, 또한 어떤 목적으로 생겨났는지에 대한 이야기를 하고 있다. 좀 더 특별하다고 할 수 있는 것은, 이 창조 이야기를 그저 세상의 기원을 설명해 주는 것에 머무르게 두지 않고, 모든 가르침의 근거로 삼는다는 것이다.

2. 창조, 기독교 신앙의 핵심

창조 이야기는 성경의 첫머리에서부터 시작된다. "태초에 하나님이 천지를 창조하셨다."창1:1 그리고 이것은 뒤이은 모든 성경 이야기의 배경이 된다. 그렇기에 기독교인들의 신앙의 핵심을 잘 요약해놓은 대표적 신앙고백인 사도신경은 "전능하사 천지를 만드신 하나님 아버지를 내가 믿습니다"라는 고백으로 시작한다. 이것은 무엇을 말하는가? 기독교는 하나님이 창조자라는 것을 믿는 것에서 시작된다는 것이다. 세상을 창조하신 하나님, 하나님이 창조하신 세상이라는 주제는 기독교 신앙의 근원적 출발점이다. 따라서 창조신앙은 기독교 신앙의 핵심 중 핵심이라고 말할 수 있다.

II. 창조와 과학

1. 현대 과학과 창조신앙의 충돌

그러나 창조신앙은 현대 사회 속에서 가장 난감한 주제가 되고 있다. 창조는 비과학이며, 현대 사회의 과학적 세계관과 양립하거나 공존하기 어렵다는 생각이 폭넓게 자리잡고 있다. 이러한 분위기가 형성된 데에는 기독교인들의 주장이 범한 오류가 결정적인 한 몫을 담당하고 있다. 과거에 무리하게 시도된 성경 해석의 결과를 마치 과학적 사실인 양 과도한 주장을 펼친 사례가 많았기 때문이다. 예를 들어, 성경에 '땅 끝'이라는 표현이 등장한다는 이유로, 땅 끝이 있으려면 지구는 평평해야 한다고 주장하면서 지구가 둥글다고 주장하는 사람들을 이단시했던 것, 또는 성경에 나오는 족보를 연결해보니 아담의 창조 연대가 BC 4004년이라고 주장하는 것과 같은 사례들이 그것이다. 과학의 발전에 따라 이 주장들이 신빙성이 없다는 것이 밝혀지면서 기독교가 주장하는 창조신앙 전체가 거짓이라는 공격을 받게 된 것이다.

그러나 우리는 구분을 해야 한다. 어떤 기독교인들이 성경을 잘못 해석해서 잘못된 주장을 하는 것과 그것 때문에 성경 전체를 믿을 수 없다고 생각하는 것은 별개의 문제라는 것이다. 이것은 한 때 어떤 기독교인들이 흑인을 노예로 삼는 것이 성경적이라고 주장했던 것과 유사하다. 그때나 지금이나 정통 신학자 다수는 그런 견해가 옳다고 생각하지 않는다. 그것은 성경을 잘못 해석한 결과였다. 특정한 이들이 흑인차별을 성경적이라고 주장했다고 해서 성경 자체, 기독교 전체가 불신을 받을 근거가 될 수는 없는 것처럼, 어느 시대의 몇몇 사람들이 성경을 잘못 해석한 것이 과학적 증거와 맞지 않는다고 해서 성경 전체가 틀린 것이라고 주장하는 것은 과도하고 섣부른 판단이다. 이런 오류를 피하기 위해서는 성경과 과학의 관계를 논하기에 앞서 먼저 성경의 속성에 대해 이해해야 한다.

2. 성경은 과학서적이 아니다

과학자들이 궁금해 하는 것들은 창조 연대, 창조 방식, 창조 기간과 같은 문제다. 이런 문제들에 대해 성경이 과연 답을 주고 있을까? 우리가 먼저 유념해야 할 것은, 성경은 과학책이 아니라 신학책이라는 사실이다. 성경은 과학적 지식을 주려는 목적으로 저술된 책이 아니다. 또한, 다양한 문학적 장르가 등장하기 때문에, 과학적 진리에 대해 명확하게 말하는 부분도 있고, 우리의 일상적인 관점에서 표현하는 부분도 있으며, 우리가 궁금해 하는 과학적 질문에 대해 침묵하는 부분도 있다. 예를 들어 출애굽 여정을 말할 때에는 매우 자세하게 지명을 설명한다. 이것은 역사적 기술 방식을 사용하는 것이기 때문에 사실적인 설명이라고 볼 수 있다. 그러나 다른 한편으로, 성경에서 태양이 지구를 돈다고 말한다고 해서 실제로 태양이 돈다고 주장하는 것은 잘못이다. 그것은 단지 일상적인 인간의 관찰을 중심으로 표현한 것일 뿐이다. 그러므로 그런 표현에서 엄밀한 과학적 진리를 도출하려고 해서는 안 된다.

이런 관점에서 볼 때, 창조 이야기를 담고 있는 창세기 1장은 만물의 기원에 대한 과학적인 지식을 주려는 목적으로 기술된 것이 아니다. 물론 창세기 1장에도 사실적인 설명이 일부 들어 있으나, 창세기 1장의 일차적인 목적은, 창조자의 실체, 하나님과 창조물의 관계, 창조의 목적, 만물의 의미와 같은 신학적 설명을 주기 위한 것이다. 성경은 우주 생성의 과학적 원리를 설명하는 것이 아니라, 이 세상을 누가, 왜 만들었는가 하는 문제에 더 집중되어 있다. 그러므로 창조 연대, 창조 방식, 창조 기간 등 우리가 궁금하게 여기는 주제들에 대한 답을 찾으려고 성경을 뒤지면 잘못된 결론을 도출할 위험이 있다. 성경은 그런 주제들에 대해 명확하게 말하고 있지 않으므로, 다양한 추정을 할 수는 있지만 그것이 절대적으로 옳다고 주장할 수는 없다. 따라서 우리는 그런 문제들에 대해서 겸손해야 한다. 그리고 알게 될 때를 기다려야 한다. 그것이 우리가 가져야 할 바른 태도다. 그러나 성경이 창조에 대하여 확실하게 말하는 것이 있으니, 이제 그것들을 살펴보고자 한다.

Ⅲ. 성경이 말하는 창조

1. 하나님은 무無로부터 모든 것을 창조하셨다

창조에 대한 대표적인 성경구절 둘을 살펴보자.

"모든 것이 그로 말미암아 창조되었으니, 그가 없이 창조된 것은 하나도 없다." 요1:3

"만물이 그분 안에서 창조되었습니다. 하늘에 있는 것들과 땅에 있는 것들, 보이는 것들과 보이지 않는 것들, 왕권이나 주권이나 권력이나 권세나 할 것 없이, 모든 것이 그분으로 말미암아 창조되었고, 그분을 위하여 창조되었습니다."골1:16

이 구절들이 의미하는 바는 무엇일까? 첫째로, 하나님은 **아무 것도 없는 상태**에서 이 세상을 창조하셨다는 것이다. 이것을 신학적인 용어로 '**무로부터의 창조**' creatio ex nihilo라고 한다. 하나님이 우주를 창조할 때에는 하나님 외에 아무 것도 존재하지 않았다는 뜻이며, 따라서 성경에서 말하는 하나님의 창조는 플라톤이 주장하는 것처럼 기존에 존재하던 어떤 형태를 갖추지 못한 물질에 질서를 부여해 주는 행위가 아니었다는 말이다.그렌츠, 166-67 물론 어떤 것은 하나님이 이미 만드신 것을 사용해서 만들어진 것도 있다.사람과 짐승 그러나 그 재료조차도 하나님이 만드신 것이다.

이 구절들을 통해 알 수 있는 두 번째 의미는, 하나님은 말 그대로 '**모든 것**'을 창조하셨다는 것이다. 이 세상에 존재하는 것은 무엇이든지 예외 없이 하나님에 의해 창조된 것이다. 골로새서 1장 16절이 말하는 것처럼 "하늘에 있는 것들과 땅에 있는 것들, 보이는 것들과 보이지 않는 것들, 왕권이나 주권이나 권력이나 권세나 할 것 없이, 모든 것이 그분으로 말미암아 창조되었다." 이 우주 공간과 그 안에 존재하는 모든 것들뿐만 아니라, 천사와 같은 보이지 않는 영적인 존재들까지 모두 하나님에 의해 창조되었다는 것이다.

우리가 "하나님이 친지를 창조하셨다"고 고백할 때 의미하는 것이 바로 지금 살펴본 두 가지, 즉 하나님은 무無로부터 창조하셨으며, 또한 모든 것을 창조하셨다는 것이다. 이런 의미에서 생각해 볼 때 하나님은 정말로 대단한 창조자다. 아무 것도 없는 데서 모든 것을 만드셨기 때문이다.

2. 하나님은 자기 영광을 위하여 만물을 창조하셨다

　창조에 대해 성경이 명확히 말하고 있는 두 번째 내용은, 하나님은 자신의 영광을 위해 만물을 창조하셨다는 것이다. 이것을 이해하기 위해 먼저 우리는 하나님은 무엇이 부족하거나 필요해서 세상을 창조하신 것이 아니라는 사실을 알아야 한다. 하나님은 독립적인 분이고 삼위일체로서 완전한 분이기 때문에 부족한 것이 없다. 그래서 피조물이 필요했던 것이 아니다. 도리어 하나님은 순전히 자신의 자유로운 의사로 무언가를 창조하기로 결정한 것이다. 그래서 그 창조는 하나님의 완전성을 반영한다고 보는 것이 합당하다. 창조 후에 하나님이 '보기에 좋았다'고 평가하는 것은 바로 이것을 증명한다.

　그리고 하나님은 자신이 만든 피조물이 자신에게 영광을 돌릴 수 있도록 하였다. 이것은 하나님이 피조물과 어떤 관계를 맺기로 했다는 의미다. "'나의 이름을 부르는 나의 백성, 나에게 영광을 돌리라고 창조한 사람들, 내가 빚어 만든 사람들을 모두 오게 하여라' 하고 말하겠다",사43:7 "하늘은 하나님의 영광을 드러내고, 창공은 그의 솜씨를 알려 준다. 낮은 낮에게 말씀을 전해 주고, 밤은 밤에게 지식을 알려 준다",시19:1-2 "'우리의 주님이신 하나님, 주님은 영광과 존귀와 권능을 받으시기에 합당하신 분이십니다. 주님께서 만물을 창조하셨으며, 만물은 주님의 뜻을 따라 생겨났고, 또 창조되었기 때문입니다' 하고 외쳤습니다"계4:11 등의 구절은 창조의 목적이 무엇이었는지를 명확히 이야기한다. 이것을 잘 생각해 보면 피조물의 입장에서는 매우 영광스러운 일임을 알 수 있다. 먼저 하나님이 관계를 맺기로 했다는 것 자체가 영광스러운 일이고, 또한 하나님이 피조물을 통해서 영광을 받기로 하였다는 것 역시 영광스러운 일이다.

　따라서 하나님의 영광을 위해 지음 받은 피조물은 자신을 창조한 하나님의 위대한 능력과 지혜를 증거한다.렘10:12 또한 피조물은 자신을 창조한 하나님의 다양한 속성, 즉 질서와 조화, 아름다움, 선, 자연법칙의 인과관계 등을 드러낸다. 그리고 무엇보다도 피조물은 자신의 것을 내어주는 하나님의 사랑, 굳이 그렇게 할 필요가 없음에도 완전한 분이 피조물과 관계를 맺는 것으로 나타난 하나님의 사랑을 드러낸다.

Ⅳ. 창조 교리의 의미

1. 세상에 대한 하나님의 권위

이제 창조 교리가 가지는 의미에 대해 생각해보자.

1) 하나님의 권위

하나님이 모든 것을 창조한 분이라는 것은 곧 그가 **모든 피조물 위에 권위를 가지고 있다는** 의미가 된다. 창조의 과정 속에서도 하나님은 권위를 가지고 명령하였고, 그 말씀대로 창조가 이루어진다.창1:3 모든 피조물은 그의 명령에 순종하여 존재하였다. 즉, 모든 피조물은 존재 자체부터 하나님의 주권을 인정한 것이다.

따라서 하나님은 세상의 모든 것을 마음대로 움직일 수 있는 권위와 능력이 있다. 좀 더 구체적으로 말해 하나님은 세상의 모든 것, 즉 생태계를 배열하고, 각 생물들이 생태계에서 차지할 위치를 지정해 주고, 살아야 할 곳을 지정하고, 무엇을 먹고 살아야 하는지, 무엇을 하면서 살아야 하는지와 같은 삶의 방식을 규정하는 권위를 가지고 있다. 예를 들어 물소는 '나는 왜 사자를 잡아먹지 못하는가?' 하고 항변할 수 없다. 하나님이 생태계에서 물소의 위치를 그렇게 지정하신 것이다. 시베리아에 사는 사람, 적도 부근 열대지방에 사는 사람 역시 우리가 왜 여기서 살아야 하느냐고 하나님께 항의하거나 불평할 수 없다. 그곳이 그들의 삶의 터전으로 주어진 것이기 때문이다. 이것은 어디까지나 전적으로 창조주 하나님의 마음과 의지에 따른 것이기 때문이다. 도리어 우리는 그 속에 하나님의 지혜가 숨어 있다는 것을 인정해야 하며, 감사하는 마음으로 받아들여야 한다.

2) 하나님의 주권

하나님이 만물의 창조자라는 것은, 만든 자가 피조물에 대해 마음대로 할 수 있는 권한이 있다는 것을 의미한다. 어떤 사람이 진흙으로 그릇을 만들고 그 그릇을 화병으로 쓰든, 연필꽂이로 쓰든, 아니면 그냥 장식용으로 쓰든 어떤 용도로 쓰느냐는 전적으로 만든 사람 마음대로이듯, 하나님도 자신이 만든 것을 자기 마음대로 할 수 있는 권한이 있다. "오, 사람아, 그대가 무엇이기에 하나님께 감히 말대답을 합니까? 만들어진 것이 만드신 분에게 "어찌하여 나를 이렇게 만들었습니까?"하고 말할 수 있습니까? 토기장이에게, 흙 한 덩이를 둘로 나누어서, 하나는 귀한 데 쓸 그릇을 만들고, 하나는 천한 데 쓸 그릇을 만들 권리가 없겠습니까?" 롬9:20-21 이렇게 생각한다면, 자신의 외모 · 능력 · 재능 · 성격에 대해 하나님께 원망할 수 없다. 그것은 창조자 하나님의 고유권한이기 때문이다. 외모와 능력은 현대 사회에서 사람을 차별하는 중요한 수단이 되고 있는데, 이것은 사람을 지으신 하나님의 뜻을 거스르는 행태이다. 사람의 외모와 능력, 성격 등을 가지고 차별하는 것은 하나님의 책임이 아니라 타락한 인간들과 그들이 만든 사회의 책임이다.

3) 하나님 주권을 인정한다는 것

오늘날 사회 속에서 하나님의 창조와 피조세계에 대한 하나님의 주권을 인정한다는 신앙고백은 첫째, 다름을 인정하는 것으로 드러나야 한다. 내가 다르게 만들어졌다는 것을 인정해야 한다. 내가 어떻게 생겨먹었든 그 속에 하나님의 주권적 손길이 담겨 있다. 개성은 귀한 것이며, 다양성은 아름다운 것이라고 생각할 수 있어야 한다. 하나님은 세상을 다양하게 만들었고, 우리도 다양하게 만들어진 것이다.

둘째, 다름을 이유로 차별하는 잘못된 행태를 교정하려는 노력을 하는 것으로 드러나야 한다. 사회적으로도 그러한 노력을 해야 하며, 공동체 내에서도 그런 노력을 해야 한다. 예루살렘 교회가 자발적으로 경제 공동체를 이룬 이유가 여기에 있다. 그들 간에 존재하는 사회경제적 차이에도 불구하고, 자발적인 드림을 통해서 평균케 하려는 원리를 실천하려고 했던 것이다. 더 많이 벌수록 더 많이 드리려고 노력하고 실행하는 것은 창조신앙의 중요한 고백이다.

2. 모든 창조는 선하다

1) 보시기에 좋았더라

창조 교리의 또 다른 의미는 하나님이 창조한 모든 것은 본질적으로 선하다는 것이다. 여러 가지 것들을 만드신 후에 "보시기에 좋았더라"고 반복적으로 말씀하시는 것을 보라.^{창1:4, 10, 12, 18, 21, 25, 31} 세상의 모든 창조물은 하나님께도 좋은 것이고 우리에게도 좋은 것이다. 모든 인종의 사람, 모든 종류의 동물, 모든 종류의 식물이 다 아름다운 것들이다. 그러므로 하나님의 창조물 중 어떤 것이라도 그것이 본질적으로 악하다고 주장하는 것은 잘못된 것이다. 영적인 것, 정신적인 것은 선하고 물질적이고 육체적인 것은 악하거나 열등하다고 보는 태도, 남성/여성을 그와 같이 구분하는 태도는 잘못된 이원론적 사고방식이다. 인종이나 외모에 따른 무시나 기피도 하나님의 피조물을 대하는 대단히 잘못된 일이다.

초대 교회 당시에도 이러한 주장을 펼치는 이원론자들이 있었다. 이를 경계한 바울은 디모데에게 다음과 같은 지침을 주었다, "이런 자들은 혼인을 금하고, 어떤 음식물을 먹지 말라고 할 것입니다. 그러나 그 음식물은, 하나님께서, 믿는 사람과 진리를 아는 사람이 감사하는 마음으로 먹게 하시려고 만드신 것입니다."딤전4:3 기본적으로 우리가 먹을 수 없는 음식은 없다는 것이다. 기독교는 원칙적으로 채식주의를 가르치고 있지 않다. 하나님은 식물이든 동물이든 우리의 양식으로 삼을 수 있도록 허락하셨다. 또한, 가톨릭에서 주장하는 것처럼 결혼의 삶이 독신의 삶보다 열등하지 않다. 육체노동이 결코 정신노동보다 열등하지 않으며, 목사가 하는 영적 활동이 그 자체로 결코 직장생활이나 일상생활보다 더 거룩한 것이 아니다.

2) 오용

물론 죄의 영향으로 하나님의 선한 창조물을 오용하거나 남용하는 위험이 발생한다. 우리는 이 역시 경계해야 한다. 과식, 과음, 과도하게 사치스런 식도락, 동물을 학대하는 방식으로 키운 고기를 먹으면서 환경을 파괴하는 육식문화 등, 음식 자체로는 선한 것이지만 죄로 인해 그것을 오용하는 사례들이 빈번히 발생한다. 하나님이 정해 주신 범위를 넘어서서 누리는 성 역시 이러한 사례에 속한다. 또한, 피조세계를 누리는 일상생활 그 자체에 너무 매몰되어서 "모든 것을 하나님의 영광을 위하여 하라"는 명령을 잊어버리는 것 역시 우리는 경계해야 한다. 우리가 가져야 할 바른 태도는 "하나님께서 지으신 것은 모두 다 좋은 것이요, 감사하는 마음으로 받으면, 버릴 것이 하나도 없습니다"딤전4:4-5라는 말씀 속에 담겨 있다. 죄의 영향을 경계하면서 하나님 안에서 감사하고, 즐기고, 누리는 것이다.

3. 모든 만물은 한 창조자를 모신 가족이다

1) 모든 피조물은 하나님의 자녀

창조 교리의 세 번째 의미는 하나님은 만물의 아버지요 모든 피조물들은 그 자식들이라는 것이다. 창조는 세상 만물이 하나님 아버지에게서 생명을 받은 사건이다. 따라서 모든 피조물은 일종의 형제 관계를 맺고 있으며, 만물은 원래 형제로서 가족처럼 공존하고 상호의존하는 존재들로 만들어진 것이다. 따라서 하나님은 우리를 돌보시는 것과 마찬가지로 다른 사람이나 자연까지도 자신의 자식처럼 돌보고 계신다. "공중의 새를 보아라. 씨를 뿌리지도 않고, 거두지도 않고, 곳간에 모아들이지도 않으나, 너희의 하늘 아버지께서 그것들을 먹이신다."마6:26; 참고: 마10:29 "열 손가락 깨물어 아프지 않은 손가락 없다"는 속담과 같이, 우리가 하나님께 중요한 것처럼 다른 피조물들도 똑같이 하나님께 중요하다. 그러므로 우리는 자신만을 중요한 존재로 여기며 다른 사람과 자연을 무시하는 태도를 취해서는 안 된다.

2) 가족애의 책임

또한 우리는 다른 피조물들을 한 가족으로서 돌보아야 할 형제의 책임이 있다. 비록 지금은 죄로 인해 세상 만물이 하나님으로부터 떠나 있는 탕자와 같은 상태지만, 하나님은 그들을 완전히 버리거나 포기하지 않고 여전히 그들을 기다리고 있는 것이다. 그래서 하나님은 먼저 아버지 품으로 돌아온 우리들에게 다른 자식들을 회복시키는 사명을 주셨다. 하나님은 우리에게 마치 가인에게 물은 것처럼 "네 형제가 어디 있느냐?"고 묻고 있는 것이다. 날로 늘어가는 독거 어르신을 돕는 일들, 빈곤지역이나 분쟁지역의 사람들 모두가 평화롭게 살 수 있는 세상을 만들기 위해 노력하는 일들에 기독교인들이 힘을 모아야 한다. 그들도 하나님이 창조하신 우리의 가족과 같은 존재들이기 때문이다.

아울러 인간과 다른 피조세계, 즉 자연이 평화롭게 공존하는 세상을 만들려는 노력도 기울여야 한다. 우리는 그들의 존재로 인해 감사하고 하나님을 찬양하는 것이 마땅하다. 동물이든 식물이든 하나님의 생명을 부여받았기 때문에, 우리는 그것을 존귀하게 여기고 그렇게 대우해야 하며, 물질만능주의, 개발 지상주의로 인한 환경 파괴와 같이 인간의 욕심을 채우기 위해 자연을 남용하거나 학대하는 만행을 저지르지 말아야 한다. 그것은 형제를 대하는 태도가 아니다.

골로새서 1장 16절에서 바울이 말하는 바와 같이 만물은 하나님의 창조물이며, 그것은 모두 하나님의 영광을 드러내기 위해 창조되었다. 그렇다면, 우리도 그냥 우연히 아무 목적 없이 만들어진 존재가 아니다. '하나님을 위하여' 창조된 것이다. "'나의 이름을 부르는 나의 백성, 나에게 영광을 돌리라고 창조한 사람들, 내가 빚어 만든 사람들을 모두 오게 하여라' 하고 말하겠다."사43:7 이것을 믿는 사람이라면, 실제로 하나님의 영광을 드러내는 삶을 살아야 한다.

14장 · 천사와 사탄

"자녀된 이 여러분, 여러분은 하나님에게서 난 사람들이며, 여러분은 그 거짓 예언자들을 이겼습니다. 여러분 안에 계신 분이 세상에 있는 자보다 크시기 때문입니다." 요일 4:4

I. 궁금한 영적 세계

인간이 아닌 다른 영적 존재들에 대한 이야기는 어느 문화권에나 존재한다. 귀신, 천사 등은 어린 시절 호기심을 불러일으키는 이야기에서 빠지지 않는 소재다. 실제로 성경 속에도 천사와 사탄 이야기가 적잖이 등장한다. 이런 이야기는 기독교인뿐만 아니라 모든 사람에게 친숙하고, 사람들은 실제로 이런 영적 세계에 상당한 관심을 가지고 있다. 물론, 그런 만큼 미신적이고 잘못된 이야기들이 만연하기도 한다.

그렇다면 성경은 이러한 존재들에 대해 무어라 말하고 있을까? 정말로 천사나 마귀와 같은 존재가 있는가? 있다면 그들은 어떤 모습이고 무슨 일을 하는가? 물론 성경이 우리가 궁금해 하는 요소들에 대해 일일이 답을 해주고 있지는 않다. 그러나 성경은 분명 눈에 보이지 않는 영적 세계에 대해 많은 것을 말해 준다. 그러므로 우리는 전설처럼 전해 내려오는 이야기들이 아니라 성경의 이야기에 귀를 기울이고 그것을 기초로 바른 견해를 정립해야 한다.

II. 천사

1. 어떤 존재인가?

1) 천사도 하나님의 피조물이다

천사의 존재에 대해 성경이 말해 주는 사실 하나는, 천사 역시 하나님이 창조한 피조물이라는 것이다. "주님의 모든 천사들아, 주님을 찬양하여라…너희가 주님의 명을 따라서 창조되었으니."시148:2, 5 하나님은 천지를 창조하실 때 눈에 보이는 세상뿐만 아니라 눈에 보이지 않는 영적 존재인 천사들도 창조하셨다. 그러한 천사들은 성경 속에서 다양한 명칭들로 일컬어진다. '하나님의 아들들', 욥1:6, 2:1 '거룩한 자들', 시89:5, 7 '영들', 히1:14 '거룩한 감시자', 단4:13, 17, 23 '보좌들, 주관들, 권세들, 능력들' 골1:16, 엡1:21 등이 그것이다.

2) 천사는 영적 존재이다

천사는 우리와 같은 피조물이긴 하지만 영적 존재로서, 인간과 같은 물질로 구성되어 있지 않다. "천사들은 모두 구원의 상속자가 될 사람들을 섬기도록 보내심을 받은 영들이 아닙니까?"히1:14 천사는 영적 존재이므로 육적 존재인 우리 눈에 보이지 않는다. 다만, 종종 사람들 앞에 모습을 드러내는 경우가 있다. 마28:5, 히13:2 그렇다면, 천사는 물질적 존재들처럼 물리적 시공간의 제약을 받는 것은 아니지만, 더러 가시적인 형태를 취하는 것이 가능하다고 추정해볼 수 있다.

또한 다수로 표현되기도 하고히12:22, 계5:11, 천사 · 그룹 · 스랍 등 다양한 부류가 등장하며, 미가엘 천사를 '천사장'이라 부르는 것으로 볼 때 천사들 사이에도 위계질서가 있는 것으로 보인다. 유9, 살전4:16, 계12:7-8

그밖에도 천사는 인격적 존재로 성경에 묘사된다. 천사는 스스로 판단하여 선과 악을 행할 능력이 있는 도덕적 존재이고^{벧후2:4}, 의지와 이성도 소유하고 있으며^{마28:5}, 자발적으로 하나님께 찬양을 드릴 수도 있는 존재다.^{계4:11}

3) 천사는 인격적 존재이다

인간과 비교해 보았을 때 천사와 인간은 모두 이성적 판단력, 도덕적으로 선악을 구별하여 행할 능력을 가진 인격적 존재이다. 그러나 이 세상에서는 천사가 인간들보다 더 나은 존재다.^{히2:7}. 천사는 인간들보다 더 큰 능력을 지니고 있고, 물리적 시공간의 제약도 받지 않는다. 그렇다고 해서 천사의 능력이 무한한 것은 아니다.

다른 한편으로 천사와 달리 인간만이 고유하게 가지고 있는 특성도 있다. 성경은 인간이 '하나님의 형상'으로 창조되었다고 선언^{창1:26-27}하지만, 천사는 그렇지 않다. 또한, 천사는 인간처럼 결혼을 하거나 가족을 형성하지 않는다.^{마22:30} 따라서 자녀를 낳을 수도 없다. 궁극적으로 하늘나라에서는 인간이 천사들을 판단할 정도로 더 높은 위치를 차지하게 될 것이다.^{고전6:30}

2. 천사의 역할

1) 하나님의 계획을 수행한다

성경 속에서 천사들의 역할은 매우 다양한데, 우리는 이를 크게 세 가지 정도로 구분해볼 수 있다. 천사는 우선 하나님의 대리자가 되어 그의 계획을 수행한다. 천사는 하나님의 메시지를 전하고,^{눅1:11-19 수태고지, 행8:26} 하나님의 심판을 수행하며,^{삼하24:16-17, 대하32:21 앗시리아 군대를 무찌름,}

행 12:23 교만한 헤롯을 죽임, 계 16:1 악의 세력과 전쟁을 한다.단10:13, 계12:7-8 또한, 천사는 예수님의 재림 때 그를 호위한다.마16:27, 살후1:7

2) 하나님을 찬양한다

또한, 천사는 하나님께 찬양으로 영광을 돌린다. 천사들이 직접 찬양하는 대목이 성경 속에 등장한다. "그들은 큰소리로 노래를 부르며 화답하였다. '거룩하시다, 거룩하시다, 거룩하시다. 만군의 주님! 온 땅에 그의 영광이 가득하다.'"사6:2-3 "나는 또 그 보좌와 생물들과 장로들을 둘러선 많은 천사를 보고, 그들의 음성도 들었습니다. 그들의 수는 수천 수만이었습니다. 그들은 큰 소리로 '죽임을 당하신 어린 양은 권세와 부와 지혜와 힘과 존귀와 영광과 찬양을 받으시기에 합당하십니다' 하고 외치고 있었습니다."계5:11-12

3) 하나님의 자녀들을 보호하고 돕는다

마지막으로 천사는 하나님의 자녀들을 보호하고 돕는다. 성경은 이러한 천사의 역할에 대해 언급하고 있다. "그가 천사들에게 명하셔서 네가 가는 길마다 너를 지키게 하실 것이니, 너의 발이 돌부리에 부딪히지 않게 천사들이 그들의 손으로 너를 붙들어 줄 것이다."시91:11-12 "천사들은 모두 구원의 상속자가 될 사람들을 섬기도록 보내심을 받은 영들이 아닙니까?"히1:14 그리고 사자굴에 빠진 다니엘을 보호한다던가단6:22 또는 옥에 갇힌 베드로를 구해 주는행12:7-11 등, 실제로 천사들이 하나님의 사람들을 보호했던 내용들이 성경에 기록되어 있다.

3. 천사에 대한 우리의 태도

천사의 존재와 역할에 대한 성경의 진술들을 토대로 천사에 대해 가져야 할 우리의 합당한 태도에 대해 생각해보자.

1) 천사는 예배의 대상이 아니다

우선 천사는 우리와 같은 피조물이므로 예배의 대상이 될 수 없다. 우리는 천사들에게 예배할 수 없다.^{골2:18, 계19:10} 천사들은 분명 인간보다 능력이 많은 존재이기 때문에 사람들이 천사를 숭배할 위험이 있으며, 초대 교회에도 이런 가르침이 성행했었다. 그래서 바울도 천사숭배를 금지했던 것이다.^{골2:18} 천사가 아무리 능력이 있다고 해도 그는 하나님이 아니다. 그러므로 우리의 경배를 받을 존재가 아니다. 그렇게 하는 것은 우상숭배와 같다. 또한, 천사는 하나님의 지시에 의해 움직이는 존재이기 때문에 혹시 천사의 도움을 받았다면 그것에 대해 천사에게 감사하는 마음을 가질 수는 있지만, 궁극적으로 영광을 받아야 할 분은 하나님이신 것이다.

2) 거짓 가르침을 경계해야 한다

아울러 우리는 천사로부터 잘못된 가르침을 받지 않도록 조심해야 한다. "사탄도 빛의 천사로 가장"^{고후11:14}하기 때문이다. 천사 모로니가 조셉 스미스에게 나타나서 몰몬경을 주었다는 것이 바로 이런 경우라고 볼 수 있다. 그가 받았다는 계시는 성경의 가르침과 어긋난다. 그러므로 하나님이 보내신 천사라고 볼 수 없다. 우리는 바울이 가르쳐준 대로 하나님의 말씀을 근거로 모든 것을 판단해야 한다. 심지어 천사처럼 보이는 존재도 말씀을 기준으로 판단해야 한다. 바울이 갈라디아 교인들에게 말하는 것이 바로 이것이다. "우리들이나, 또는 하늘에서 온 천사일지라도, 우리가 여러분에게 전한 것과 다른 복음을 여러분에게 전한다면, 마땅히 저주를 받아야 합니다."^{갈1:8} 그러니 혹시 천사를 만난다고 할지라도 무조건 순종하지 말고, 그들이 무슨 말을 하는지 잘 판단해야 한다.

3) 천사의 도움을 받을 수는 있다

다른 한편으로 우리는 천사의 도움을 받을 가능성에 대해 열려 있어야 한다. 여기서 한 가지 정리하고 넘어가야 할 것이 '수호천사'라는 개념이다. 어떤 사람들은 모든 사람에게 각기 한 명씩의 수호천사가 있다고 생각한다. 그러나 그렇게 해석할 만한 성경구절은 없다. 마태복음 18장 10절이 근거구절로 인용되곤 하지만, 그것이 천사들이 이 땅에서 모든 사람들을 일대일로 돕는다고 말해 주는 결정적 증거는 아니다. 하지만, 하나님이 때때로 천사를 보내서 우리를 보호해 주신다는 것은 사실이다. 우리가 긴급한 상황에서 이해할 수 없는 방식으로 안전하게 살아났다면 그것은 단순한 우연이 아니라 하나님이 보내주신 천사가 도와준 것일 가능성이 있다. 그러나 그 천사는 하나님이 우리를 위해 보내주신 것이기 때문에 우리는 천사가 아니라 하나님께 도움을 청하고 하나님께 감사해야 한다.

Ⅲ. 사탄

과학을 신봉하는 현대인은 귀신의 존재를 무시한다. 사탄이나 귀신은 신화시대에나 성행하던 미신이며, 허구라고 생각한다. 그러나 다른 한편으로 이와 관련한 도서, 주술적 문화, 음악, 사탄숭배, 점술술과 신 내림, 무당에게 점치는 정치인들과 같이 사탄과 귀신에 대한 믿음이나 관심은 여전하다. 그렇다면, 성경은 귀신과 사탄에 대해 무어라 말하고 있는가?

사탄과 귀신은 성경에 자주 등장하는 존재들이다. 욥을 시험한 사탄, 예수님을 시험한 마귀, 거라사인에게 들어간 귀신 등은 우리가 쉽게 떠올릴 수 있는 사례들이며, 요한계시록은 종말에 벌어질 사탄과의 싸움을 길게 묘사한다. 그리고 성경은 사탄과 마귀를 허상이라고 보지 않고 실체가 있는 인격체라고 본다.

따라서, 우리는 귀신에 대해서 두 가지 잘못된 태도를 피해야 한다. 첫째는 **귀신이 없다고 생각하는** 태도이다. 과장되고 허황된 귀신 이야기는 사람들로 하여금 귀신의 존재를 유아기적인 꾸며낸 이야기의 산물로 여기게 한다. 그러나 사탄의 존재를 부정하게 만드는 것이 바로 사탄이 쓰는 전략 중 하나다. 무지는 파멸에 이르는 지름길이다. 적의 실체를 알아야 제대로 대응할 수 있다.

다른 하나는 이와 반대로 **사탄을 과대하게 생각하는** 태도이다. 이러한 태도는 양면으로 나타나는데, 과도하게 두려워하면서 공포 속에 사는 사람들이 있고, 반대로 사탄과 너무 친하게 지내는 사람들도 있다. 따라서 귀신과 사탄의 정체에 대해 성경적으로 이해하는 것이 매우 필요하다.

1. 어떤 존재인가?

1) 사탄은 타락한 천사이다

하나님은 천지를 창조하시고 "보시기에 참 좋았다"창1:31고 말씀하셨다. 따라서 창조 때에는 아직 마귀나 사탄이 없었다고 볼 수 있다. 그러나 창세기 3장에 사탄이 뱀의 형태로 인간을 유혹하러 나타난다. 결국, 사탄은 창세기 1장과 3장 사이 그 어느 시점엔가 출현했다고 생각해볼 수 있다.

성경은 그 시점에 대해서는 정확히 언급하지 않고, 어떤 천사들이 타락해서 사탄이 되었다고 말한다. "하나님께서는 죄를 지은 천사들을 아끼지 않으시고, 지옥에 던져서, 사슬로 묶어, 심판 때까지 어두움 속에 있게 하셨습니다."벧후2:4 "또 그는 자기들의 통치 영역에 머물지 않고 그 거처를 떠난 천사들을 그 큰 날의 심판에 붙이시려고, 영원한 사슬로 매어서 어둠에 가두어 두셨습니다."유6 이 구절을 볼 때 타락한 천사들은 하나님의 명령을 거역한 것처럼 보인다. 하나님이 지정하신 어떤 자리와 영역을 벗어난 것이다. 참고. 사14:12-14

그 결과 하나님은 그들을 사슬로 매어 어둠에 가두었다. 그러나 지금도 여전히 사탄과 마귀들이 이 세상에서 활동하고 있는 것으로 볼 때, 이 말은 물리적으로 가두었다는 의미이기보다는 원칙적으로 그들은 하나님께 완전히 버림받아서 영원토록 어둠 속에 머물게 되었다는 의미일 것이다.

2) 사탄은 인격적 존재이다

사탄은 타락한 천사이기 때문에 천사처럼 **스스로 판단하고 행동할 수 있는 인격적인 존재**다. 또한, 천사처럼 상당한 능력이 있다. 모세와 대결했던 이집트의 술사들도 지팡이로 뱀을 만들고, 물을 피로 바꾸며, 물속에서 수많은 개구리들을 끌어올릴 수 있었고, 출7-8장 신약에 등장하는 거라사의 광인은 아무도 제어하지 못하는 대단한 힘을 가지고 있었다. 마8:28 또한, 빌립보의 귀신들린 여자아이는 점을 치는 능력이 있었다. 행16장

그러나 **사탄의 능력은 무한하지 않다**. 사탄은 천사의 유한성을 그대로 가진 존재로서, 하나님과 같은 능력을 가지지는 못했다. 따라서, 모든 일을 다 행할 수는 없으며, 하나님의 권세 앞에서는 무력해진다. 이집트의 술사들은 먼지를 이로 변하게 하는 세 번째 재앙부터는 손을 들고 말

앉으며, 빌립보의 아이 속에 있던 귀신도 바울의 명령으로 쫓겨났다.

2. 사탄의 과거 활동

성경에 기록된 사탄의 활동들은 다양한 시대에 걸쳐 나타난다. 우선 에덴에서 하와를 꾀어 죄를 짓게 한 것창3으로 시작해, 다윗을 꾀어 인구조사를 하게 한다던가,대상21:1 하나님을 배반하게 하려고 욥을 시험하고 고난과 시련을 준다.

사탄의 활동이 가장 극심한 것으로 기록된 시기는 예수님 당시와 초대 교회 시절이다. 이 시기 사탄은 **하나님의 구원사역을 파괴**하려고 온갖 노력을 다한다. 우선 예수님을 시험해서 구원사역을 좌절시키려고 하였고,마4:1-11 가룟 유다를 유혹해서 예수님을 죽이려고 하였다.눅22:3 또한, 성경에는 예수님 당시 수많은 사람에게 귀신이 들어가 삶을 괴롭게 하는 모습이 상당히 여러 차례 기록되어 있다.마9:32, 12:22, 15:22, 17:18, 행16:16 초대 교회 시절에는 아나니아와 삽비라를 꾀어서 하나님께 거짓말을 하게 했으며,행5:3 바울의 전도여행을 방해하기도 했다.살전2:18

3. 사탄의 현재 활동

1) 사탄은 현재도 활발히 활동하고 있다

사탄과 마귀는 지금도 활동하고 있는가? 이 질문에 대해 어떤 사람들은 시탄과 마귀는 신화적인 시대에나 통했던 허구 속의 존재라고 일축한다. 과학문명시대에는 이런 무지몽매함에서 깨어나야 한다고 말한다. 그러나 예수님이나 사도들도 그 실체를 인정하고 맞서 싸웠다면 그것들이 모두 허구일 리가 없고, 성경시대에도 그렇게 적극적으로 활동했다면 그 이후에 갑자기 활동을 멈췄다고 생각할 이유도 없다.

또한 성경은 사탄이 **세상 종말까지 악한 활동을 멈추지 않을 것**이라고 분명히 말하고 있다. "그들은 귀신의 영으로서, 기이한 일을 행하면서 온 세계의 왕들을 찾아 돌아다니는데, 그것은 전능하신 하나님의 큰 날에 일어날 전쟁에 대비하여 왕들을 모으려고 하는 것입니다."계16:14

2) 사탄은 복음의 진리를 깨닫지 못하도록 방해한다

특별히 우리는 사탄의 현재 활동을 불신자를 대상으로 하는 활동과 신자와 교회를 대상으로 하는 활동으로 구분해서 살펴보고자 한다.

먼저 불신자를 대상으로 사탄은 **사람들의 눈을 가려서 복음의 진리를 보지 못하도록 방해한다.** "이 세상의 신이 믿지 않는 자들의 마음을 어둡게 하여서, 하나님의 형상이신 그리스도의 영광을 선포하는 복음의 빛을 보지 못하게 한 것입니다."고후4:4 따라서 복음을 거부하고 하나님을 믿지 않는 것도 사탄의 영향을 받은 결과다.

사탄은 이를 위해 사람들을 **잘못된 종교에 빠지게 한다.**살후2:11, 요일4:6 또한 미신에 빠지게 하여살후2:9, 갈5:20, 계9:21 하나님이 아니라 귀신을 섬기도록 이끈다. 그들은 사람들이 하나님과 관계를 맺는 것을 방해하기 위해 온갖 초자연적인 능력으로 유혹하고, 사람들의 불행과 욕심을 이용해서 그들을 사로잡는다. 사탄의 목적은 사람들에게 복을 주려는 것이 아니다. 사람들을 유혹하여 참된 복이신 하나님께 나가지 못하게 방해하려는 것이다.

또한 사탄은 **이 세상 풍조를 이용한다.**엡2:2 이 세상 풍조를 따라 사는 것은 결국 공중 권세 잡은 자의 영을 따라 사는 것과 같다. 하나님을 거역하는 이 세상 풍조의 배후에 악한 영이 자리 잡고 있기 때문이다. 이 세상의 풍조 속에는 과학만능주의를 기초로 한 무신론, 영적 관심을 막고 육체적 쾌락만을 추구하는 쾌락주의, 이 세상만이 전부라고 생각하고 이 땅에 유토피아를 건설하려는 현세 유토피아주의 등이 포함된다. 이런 방법들을 통해 사탄은 사람들의 눈을 가려서 영적 세계에 무관심하게 만들고, 결국 복음을 받아들이지 못하게 한다.

3) 사탄은 교회를 통한 하나님의 사역을 방해한다

사탄은 신자와 교회를 향해서도 여전히 악한 활동을 일삼고 있다. 먼저 신자들을 유혹하여 **하나님께 불순종하여 죄를 짓게 한다.**^{창3장} 아나니아와 삽비라는 "사탄에 홀려서" 욕심을 냈고, 그 결과 성령을 속이게 되었다.^{행5:3}

또한 사탄은 신자들로 하여금 **거짓 가르침을 따르게 한다.**^{딤전4:1, 계2:20} 기독교인들이 이단에 넘어가거나, 기복 신앙과 같은 비성경적인 가르침에 빠지는 것은 왜일까? 그 사람 속에 있는 탐욕을 사탄이 이용하는 것이다.

사탄은 하나님의 사역을 방해한다.^{살전2:18} **복음이 전해지는 것을 방해하는 것이다.**

마지막으로 사탄은 교회를 무너뜨리려고 애쓴다. 이를 위해 교회를 핍박하기도 하고^{계2:10}, 다른 한편으로는 **교회 내에 문제를 일으키고 분열을 조장한다.**^{요삼1:9-10, 딤전6:4} 교회 내에 파벌을 만들거나 교인들 사이에 갈등을 조장하고, 서로 비방하거나 악감정을 갖게 하며, 하나님의 말씀에 무관심하거나 무시하게 만든다.

4. 사탄에 대한 대응

1) 주님의 권세

이러한 사탄의 존재와 활동에 대해 우리는 어떻게 대응해야 할 것인가? 우리는 사탄과 맞서 대결할 수 있는가? 지금도 사탄은 예수님 당시처럼 사람들을 사로잡아 자신의 노예로 부린다. 귀신들린 사람들, 악한 영에 사로잡힌 사람들이 여전히 많이 있다. 이것은 실제이지만, 우리가 마치 영화 〈맨 인 블랙〉이나 〈고스트 버스터즈〉의 주인공들처럼 이들을 하나하나 쫓아다닐 필요는 없다. 예수님도 그렇게 하지 않으셨다. 그러나 그들이 우리를 방해하거나 주님의 사역을 방해하면 우리는 예수님이나 바울처럼 그들과 맞서야 한다. 이렇게 대결이 이루어진다면 승자는 누가 될 것인가?

　우리는 전적으로 예수 그리스도께 의지해야 한다. 예수님의 십자가와 부활은 사탄의 가장 큰 능력인 죽음의 권세를 이긴 사건이다. "담대하라 내가 세상을 이기었노라."요16:33 우리에게 있는 예수님이 사탄을 이긴 분이기 때문에 우리가 예수님을 의지해서 사탄에 맞선다면 이기게 되어 있다. 사탄과 맞닥뜨리게 되더라도 두려워하지 말라. 주 예수의 이름의 권세를 의지해서 맞서라. 그러면 사탄은 쫓겨나갈 것이다.고전15:57

2) 사탄이 모든 불행의 원인은 아니다

　여기서 우리가 주의해야 할 것이 있다. 사탄이 모든 불행한 일의 원인이라고 생각해서는 안 된다는 것이다. 어떤 사람들은 우리가 겪는 어려움, 질병, 죄의 유혹과 같은 것이 모두 마귀의 짓이라고 생각하는 경향이 있다. '감기 사탄', '분열의 귀신', '가난의 영'과 같은 용어를 사용하면서 시시때때로 "사탄아 물러가라!"고 외치며 축사의식을 행하기도 한다. 이것이 옳은 생각인가?

　물론 사탄은 거짓의 영이고, 유혹의 영이기 때문에 우리에게 영향을 행사해서 잘못된 길로 가게 하거나 힘든 상황 속에 빠뜨리기도 한다. 그러나 그런 일들이 모두 사탄의 장난이라고 생각할 근거는 없다. 우리가 무언가를 잘못했기 때문에 나쁜 일이 생기기도 한다. 추운 날 몸 관리를 잘못하면 감기에 걸린다. 몸에 해로운 음식을 계속 먹으면 병에 걸린다. 사업을 태만하게 운영하면 망한다. 자연을 파괴한 결과로 홍수가 자주 일어난다.

또한 세상이 죄로 타락했기 때문에 그 여파로 일어나는 일들도 많다. 마구잡이로 자연을 파괴한 결과 나타나게 된 전 지구적인 환경문제·태풍,·홍수 등과 같은 극심한 자연재해라던가, 사기·폭행·비방·무고 등과 같이 파괴된 인간관계에서 나타나는 현상들이 그것이다. 그러므로 그 모든 일의 원인을 사탄에게 돌리기보다는 이 세상을 이렇게 만든 죄와 타락에 대해 더 안타까워하고 그 영향력을 줄이도록 노력하는 것이 필요하다.

더 나아가, 우리가 겪는 많은 불행한 일들이 하나님의 은혜로운 섭리 가운데 있을 때가 많이 있다. 예수님의 고난의 잔은 하나님의 계획 속에 있는 것이었고, 바울의 육체의 가시도 하나님이 허락하신 것이었다. 그리고 바울이 매를 맞고 빌립보 감옥에 갇힌 일, 로마에 가는 길에 유라굴로 광풍을 만나 죽을 뻔 했던 일 등의 상황 속에서 "사탄아 물러가라!"고 외치며 축사의식을 행하는 것은 우스운 일이다. 그런 상황 속에서는 사탄에게 집중하는 부정적인 접근보다는 하나님의 뜻을 분별하려는 노력을 기울이는 긍정적이고 적극적인 접근이 더 필요하다.

또한, 우리가 겪는 많은 어려움의 원인이 우리 자신의 죄 때문인 경우도 있다. 예를 들어, 고린도교회의 분쟁의 원인은 사탄이 아니라 분열된 마음이며,^{고전1:10} 아나니아와 삽비라도 그들의 욕심으로 서로 공모하여 하나님의 영을 속였기 때문에 심판을 받은 것이었고, ^{행5:9} 복음을 거부하는 것도 사람들의 교만한 마음에 달려 있다. ^{행17:5} 여기에는 물론 그 모든 악한 상황을 조장하고 이용하고 그런 방향으로 사람들을 유혹하는 사탄의 공작이 작용하고 있는 것은 분명하다. 그러나 사탄의 능력만으로는 우리를 넘어뜨릴 수 없다. 우리가 그리스도 안에 있기 때문에 사탄이 마음대로 우리를 조정하고 통제할 수는 없기 때문이다. 우리가 그 유혹과 공격에 넘어가는 주된 원인은 우리 안에 도사리고 있는 죄의 정욕이 맞장구를 치기 때문이다. 신자의 삶에서 더 중요한 것은 사탄의 유혹이 아니라 죄의 영향력이다. 죄가 있기에 그것을 이용해서 마귀가 우리를 타락케 하는 것이다. 그러므로 우리의 잘못을 모두 사탄의 탓으로 전가해 버리기보다는, 내 안의 잘못된 욕구와 교만과 탐욕이 주된 원인이라는 것을 직시해야 한다.

결국 우리는 사탄을 물리치는 데 우리의 힘을 집중하기보다, 내 안에 있는 **죄악된 욕심을 제어하고 좀 더 적극적으로 거룩한 삶을 살기 위해 노력해야 한다.** 갈5:16-26, 엡4:15 그렇게 하지 않을 때 마귀가 우리를 공격할 틈을 내주게 된다. "화를 내더라도, 죄를 짓는 데까지 이르지 않도록 하십시오. 해가 지도록 노여움을 품고 있지 마십시오. 악마에게 틈을 주지 마십시오." 엡4:26-27

5. 사탄의 능력은 제한적이다 단2:27-28

사탄과 맞서 싸울 때 분명하게 기억하고 있어야 할 사실은 **사탄은 하나님과 대등한 힘을 가진 존재가 아니라는 것이다.** 사탄은 타락한 천사이기 때문에 하나님과 필적할 만한 능력을 가지고 있지 않다. 그러므로 사탄은 하나님이 허락하시는 한도 내에서만 활동할 수 있다. 욥1:12, 2:6 사탄은 마치 사슬에 매여 있는 맹견과 같다. 사람을 물려고 달려들지만 사슬의 길이만큼만 움직일 수 있을 뿐이다. 우리가 그 곁에 가까이 가면 물리지만, 멀리 떨어져 있으면 안전하다. 사탄이 우리를 유혹하지만 그는 이미 정복자 그리스도에 의해 파멸된 자이다. 골2:15 그는 우리를 마음대로 지배할 수 없다.

그리스도가 사탄을 이기셨다. 그것이 우리의 승리의 기초가 된다.^{히 2:14, 골2:15, 계12:11, 요일4:4} 그러므로 우리가 하나님의 전신갑주를 입고 예수 이름의 능력으로 싸우면 우리가 승리할 것이다.^{엡6:11-18} 우리가 담대하게 대항하면 마귀가 물러가게 될 것이다.^{약4:7, 마4:1-11, 벧전5:8-9} 그러므로 귀신을 두려워하거나 사탄에 끌려갈까 두려워할 필요는 전혀 없다.

Ⅳ. 우리가 힘써야 할 것

사탄은 지금도 우리를 공격한다. 영적 전쟁은 실제다. 사탄은 여전히 사람들을 사로잡고, 유혹하여 죄를 짓게 하고, 하나님을 거역하는 삶을 살도록 부추긴다. 우리는 이러한 **사탄의 공격에 맞서야 한다.** 그들이 유혹할 때, 영적인 공격을 해 올 때, 우리 안에 탐욕을 불러 일으켜서 죄에 빠지게 할 때, 우리는 주님의 능력을 의지해서 사탄을 대적해야 한다.

그러나 마귀와 대적하는 것은 소극적이고 작은 부분에 불과하다. 우리가 더 힘을 쏟아야 할 것은 말씀대로 **하나님께 순종하는 거룩한 삶을 살려고 노력하는 것이다.** 우리는 하나님의 전신갑주를 입고 예수 그리스도를 본받아 성장해야 한다. 그럴 때 사탄은 함부로 우리를 유혹하지 못하고 공격하지도 못할 것이다.

15장 · 하나님의 섭리

"사람이 마음으로 자기의 앞길을 계획하지만, 그 발걸음을 인도하시는 분은 주님이시다." 잠16:9

I. 세상은 어떻게 움직이는가?

1. 다양한 생각들

세상은 매우 복잡하지만 그 가운데서도 우리는 세상이 작동하고 움직이는 원리나 법칙들을 찾아내고 이야기한다. '사필귀정', '뿌린 대로 거둔다' 등과 같은 수많은 격언이나 속담들은 인간이 복잡하고 어지러운 세상살이 가운데서도 일관성 있게 작용하고 있는 원리들을 찾아내고, 또 그 원리를 거스르지 않고 자신의 삶을 살아가고자 애쓴 흔적들이라고 볼 수 있다. 세상이 움직이는 원리에 대한 다양한 생각들이 존재하지만, 크게 나누어본다면 다음의 두 가지 부류로 정리해볼 수 있을 것이다.

먼저 세상은 이미 정해진 법칙에 따라 움직인다고 생각하는 사람들이 있다. 그것이 자연법칙대로든, 아니면 인과응보의 원리대로든, 이미 존재하는 원리에 의해 세상이 움직인다는 것이다. 기독교의 옷을 입은 전통 속에도 이와 비슷한 생각들이 있다. 하나님은 세상을 창조하시면서 일정한 법칙에 따라 우주가 움직이도록 정해놓으셨을 뿐, 거기에 간섭하거나 자신의 계획을 강요하지 않는다는 것인데 이것을 이신론^{Deism}이라고 한다. 이러한 생각 속에는, 세상의 움직임에 하나님이 개입할 여지는 없다.

이와는 반대로, 세상의 미래는 이미 필연적으로 결정되어 있다는 식의 운명론적 태도가 존재한다. 기독교 안에서도 하나님의 결정권을 지나치게 강조하는 사람들은 우리 삶의 모든 것을 하나님이 미리 다 정해놓으셨다고 주장한다. 이것을 '숙명론' 혹은 '결정론'이라고 한다.

그렇다면 성경은 세상이 돌아가는 원리에 대해 어떻게 말하고 있는가? "주권은 주님께 있으며, 주님은 만국을 다스리시는 분이시다."시22:18 성경에 따르면, 하나님은 세상을 창조한 분으로 세상의 주권자이다. 또한, 하나님은 천지를 창조하신 후에 그냥 내버려두는 분이 아니라 세상을 통치하고 이끌어가는 분이다. 그렇다고 해서 세상의 모든 것을 로봇처럼 움직이게 한다는 것이 아니다. 각 주체들은 각기 자신의 역할이 있고, 그 역할을 자신의 의지로 감당하고 있으며, 하나님은 이러한 모든 자율적 행동을 통해서 자신의 뜻을 이루어간다.

2. 하나님의 '섭리'란?

이러한 하나님의 일하심을 '섭리' Providence라고 한다. 섭리란 하나님이 자신의 창조물과 협력하면서 창조세계를 보존하고, 자신의 목적대로 통치하는 지속적인 행동을 의미한다.

섭리의 범위는 전우주적이다. 무생물, 생물, 자연의 움직임, 역사, 인간의 생명과 움직임 등, 하나님의 섭리가 미치지 않는 영역은 없다. 하나님은 이 모든 것들을 창조 이후 지금까지도 다스리고 계신다. 전우주적인 섭리의 범위에는 불신자들도 배제되지 않는다. 불신자도 하나님의 섭리 하에 있다.마5:45 그들이 아무리 하나님을 부인하고 거부해도 하나님의 다스리심에서 벗어나서 살 수 없다는 것이다.

이러한 하나님의 섭리는 애초에 세상을 창조하신 그 목적을 이루기 위한 것이다. 하나님은 당신의 계획을 실현하고, 그것을 통해서 당신의 영광을 드러내기 위해 세상을 섭리하신다.

Ⅱ. 섭리의 세 가지 요소

1. 하나님은 세상을 보존한다preservation

1) 만물의 보존

하나님의 섭리는 피조 세계에 대한 보존과 당신의 목적을 향한 인도하심이다. 따라서, 그 섭리 가운데는 피조물이 계속 존재하도록 만물을 보존하시는 행동이 포함되어 있다. "그분은 만물보다 먼저 계시고, 만물은 그분 안에서 존속합니다."골1:17 만물이 계속 존재하는 것은 하나님이 보존하고 있기 때문이다. 만일 하나님의 보존의 손이 사라진다면 만물은 소멸되고 말 것이다. "만일 하나님이 결심하시고, 생명을 주는 영을 거두어 가시면, 육체를 가진 모든 것은 일시에 죽어, 모두 흙으로 돌아가고 맙니다."욥34:15

따라서 인간의 탄생만이 아니라 현재의 삶도 하나님의 손에 달려 있다. 우리의 힘으로 이 인생을 유지하는 것이 아니라는 것을 기억해야 한다. 우리가 아무리 잘났어도 하나님의 보호의 손길이 아니면 연기처럼 사라질 것이다. 아무리 조심하며 산다고 해도 인간은 자신을 완전하게 보호할 수 없는 존재들이다. 작은 병균 하나, 갑작스런 사고 하나가 언제든 인간의 생명을 앗아갈 수 있다는 사실이 이것을 잘 보여주지 않는가?

2) 타락 이후의 보존

심지어 하나님은 죄가 세상에 들어와 모든 것이 망쳐졌어도, 타락하고 오염된 세상을 바로 심판하여 소멸시키지 않고 회복의 날까지 보존하신다. 비록 하나님은 "그것을 먹는 날에는, 너는 반드시 죽는다"창2:17라고 선언하셨지만, 이 형벌을 바로 집행하지 않으셨다. 죄의 결과로 죽음과 고통과 저주가 인류 역사에 들어오기는 했지만 하나님의 은혜로 죽음은 연기되었다.

또한 사람들의 죄가 극에 달해서 하나님이 홍수로 심판하실 때에도 완전히 멸망시키지 않고 한 가족을 남겨두셨다. 이것도 종말 때까지 세상을 보존하시려는 하나님 은혜의 섭리였다. 지금도 많은 사람이 죄와 악을 행해도 하나님은 즉각 멸망시키지 않고 심판의 날까지 삶을 보존해 주신다. 그 사람들이 회개하고 다시 돌아올 기회를 주려는 것이다.

3) 세상은 멸망하지 않는다

이 세상은 하나님의 손에 들려 있는 한 멸망하지 않을 것이다. 환경이 파괴되고, 전쟁의 소문이 극심하고, 가난과 질병으로 삶을 유지하기가 힘들어도, 하나님은 세상이 멸망하지 않도록 붙들고 계신다. 그러므로 세상이 망할까 너무 두려워할 필요가 없다. 하나님의 허락이 없으면 세상은 결코 망하지 않는다. 죄악에도 불구하고 하나님이 아직 붙들고 있기 때문이다.

물론 인간들이 계속해서 악행을 일삼으면 세상이 점점 더 살기 힘들어진다는 것은 분명하다. 그것은 고통스러운 일이다. 그러니까 멸망하지 않는다고 해서 마음대로 해도 된다는 논리는 성립할 수 없다. 또한, 하나님은 세상을 수동적으로 붙들고만 있는 것은 아니다. 선을 행하는 수많은 사람을 보내시는 것을 통해 세상이 멸망의 길로 치닫는 것을 막고 계신다. 그러므로 우리는 멸망의 두려움 때문이 아니라 피조물들이 고통 속에서 삶을 영위하는 불행한 상황을 막기 위해서 하나님의 도구가 되어야 한다. 하나님은 단순히 세상을 보존하는 것을 넘어서, 세상을 아름다운 모양으로 보존하기를 원하기 때문이다.

2. 하나님은 세상을 통치한다 government

하나님 섭리의 두 번째 차원은, 하나님은 이 세상을 향한 자신의 목적을 성취하기 위하여 모든 것을 주관하고 다스리신다는 것이다.

1) 우주와 자연

우주와 자연이 어떤 질서와 법칙대로 움직이는 것도 다른 관점에서 보면 하나님의 통치를 받고 있는 것이다. 즉 하나님이 세우신 원리에 순종하고 있는 것이다. 그러나 하나님은 종종 자신의 목적을 위해서 그 법칙이 기계적으로 적용되는 것을 바꾸실 때가 있다. 엘리야의 기도로 3년 6개월 동안 비가 내리지 않게 하였던 것이나, 폭풍우를 잠잠케 한 사건 등이 그러한 예라고 볼 수 있다. 자연 역시 하나님의 피조물이기에, 하나님은 필요하다고 생각하면 얼마든지 자연을 뜻대로 움직일 수 있다.

2) 역사

인간 역사의 흐름과 국가의 흥망성쇠도 하나님의 통치 아래 있다. 그는 "때와 계절을 바뀌게 하시고, 왕들을 폐하기도 하시고, 세우기도 하신다."단2:21 통치자의 능력이 아무리 대단하다고 해도 하나님의 권능 앞에서는 아무 것도 아니다. 하나님은 필요하다면 얼마든지 왕권을 폐할 수도 있고 다른 왕을 세울 수도 있다. 우리는 사울왕의 폐위와 다윗왕의 등극, 헤롯왕의 갑작스런 죽음 등 성경에 기록된 사례들뿐 아니라, 히틀러의 패망, 소비에트 연방의 해체, 남북의 분단 등과 같은 현대의 사건 속에도 하나님의 손길이 미치고 있다고 생각할 수 있다.

우리는 역사의 흐름과 사건들의 원인에 대해 다양한 분석을 시도하지만, 역사의 거대한 흐름은커녕 개별 사건들의 궁극적인 인과관계도 정확하게 알지 못한다. 우리는 왜 한반도가 아직 통일이 안 되고 있는지 정확히 알지 못한다. 다양한 사회과학적 분석이 존재하지만 궁극적인 해답을 주는 것은 아니다. 우리는 이 상황 속에 담긴 하나님의 섭리와 뜻이 무엇인지도 정확히 알지 못한다. 하지만, 창조주 하나님이 세상의 주권자이기에, 역사 또한 하나님의 손에서 벗어나 있지 않다는 것을 믿는다.

그렇다고 해서 하나님이 모든 역사적 사건을 승인하고 인정했다는 뜻은 아니다. 히틀러의 유태인 학살, 일제의 만행, 전 세계 수많은 독재 정권의 무자비한 압제와 같은 일들은 하나님이 세우신 정의와 평화의 원리에 정면으로 배치된다. 하나님이 역사의 섭리자라는 것은 그 어떤 일도 하나님의 통제 범위에서 벗어난 것이 없다는 뜻이지, 하나님의 뜻에 어긋나는 일들이 일어날 수 없다는 의미는 아니다. 하지만, 인간이 악마적 죄성을 발휘하여 하나님의 선한 뜻을 거역하면서 스스로 악행을 선택해도, 하나님의 손아귀를 벗어날 수는 없다. 그 거역이 많은 사람을 불행하게 만들고 하나님을 슬프게 할 수는 있지만, 하나님의 세상 계획과 거대한 목적을 완전히 파괴할 수는 없다. 하나님은 여전히 역사에 대한 통치권을 쥐고 있다. 인간들의 그런 악행에도 불구하고 하나님은 자신의 목적을 성취해나간다.

예수님 당시에도 종교 지도자들은 예수님을 부당하게 대우하고 재판하고 고문하고 죽였다. 그것은 분명히 그들이 잘못한 것이다. 하나님은 그런 불의를 결코 승인하지 않으시고 그들을 심판하신다. 그러나 하나님이 섭리한다는 것은, 그런 악행마저도 활용해서 자신의 구원 계획을 성취해나간 것을 의미한다.

3) 인간의 삶

하나님의 섭리의 손길 아래에는 인간들의 삶 역시 포함된다. "누가 뭐라고 해도 나는 주님만 의지하며, 주님이 나의 하나님이라고 말할 것입니다. 내 앞날은 주님의 손에 달렸으니"시34:14-15 살고 죽는 것, 성공하고 실패하는 것, 행복하고 불행한 것, 이 모든 것이 하나님의 손에 달려 있다. 인간이 하나님의 피조물이기 때문에 하나님의 통치 아래 있는 것이다.

4) 오해

하나님이 세상을 통치하신다는 말은 피조물들은 아무 것도 하지 않고 하나님이 모든 것을 마음대로 하신다는 뜻은 아니다. 피조물의 어떤 선택이나 행동에도 불구하고 하나님이 모든 것을 자기 마음대로 행하신다는 것도 아니다. 만일 그렇다면 피조물은 완전히 수동적인 로봇에 불과한 존재일 것이다. 또한, 우리에게 일어나는 모든 불행한 일은 하나님 탓일 수밖에 없다. 그러나 인간은 그런 존재로 만들어지지 않았다. 인간은 스스로 판단하고 결정할 수 있는 존재다. 자신의 선택에 대해 책임을 지는 존재다. 잘못된 선택을 하면 불행한 결과를 감수해야 하는 것이 마땅하다. 그것조차 하나님의 책임으로 돌릴 수는 없다. 그것이 하나님이 만드신 자연과 인생의 법칙이다.

일반적으로 하나님은 자신이 정하신 법칙대로 세상이 움직이도록 놔두신다. 그렇다고 해서 하나님의 손이 사라지는 것은 아니다. 그 법칙 속에 이미 하나님의 손이 작용하고 있다. 이것이 세상을 움직이는 하나님의 섭리다. 물론 하나님이 전격적으로 개입하셔서 전적으로 자신의 뜻대로 통치하고 행하실 때가 있다. 엘리야 시대에 3년 6개월 동안 비를 내리지 않게 한 것이 그런 경우라 할 것이다. 그러나 일반적으로 하나님은 독재자처럼 자기 마음대로 통치권을 휘두르는 것이 아니라, 피조물의 움직임에 적절히 반응하면서 그들의 행동을 활용하고 그들과 협력하면서 통치한다.

그래서 우리는 성공이나 실패 모두에서 하나님의 섭리의 손길을 볼 수 있고, 더 나아가서는 성공과 실패를 넘어서는 하나님의 더 큰 우주와 인생 계획을 바라볼 수 있다. 그러므로 내 삶이 하나님의 섭리의 손길 안에 있다고 믿는 사람은 살고 죽는 것을 두려워하지 않는다. 또한, 성공하고 실패하는 것에 인생의 모든 것이 달려 있는 것처럼 일희일비하지 않는다. 물론 하나님의 뜻대로 생각하고 판단하고 행동하려고 애를 쓰겠지만, 그 이후에 어떤 결과가 나오더라도 하나님의 섭리를 신뢰하면서 살아간다. 이것은 하나님의 섭리의 세 번째 차원으로 연결된다.

3. 하나님은 피조물과 협력한다concurrence

하나님은 세상의 모든 일을 통치하는 과정에서 사람들과 협력한다. 한쪽 측면에서 보면 인간들이 주관하는 것 같지만 다른 측면에서 보면 하나님이 궁극적으로 행하신다는 것이다.

1) 우리 삶에 필요한 것

우리가 먹는 양식은 누구로부터 오는 것인가? 농부가 애써서 농사를 지었기 때문에 양식을 얻게 된 것이고, 그것이 우리에게 전달되어 먹게 된 것이다. 그러나 성경은 하나님이 "우리에게 필요한 양식을 내려주신다"마6:11고 말한다. 이것이 어떻게 조화되는가? 인간이 농사를 지어서 먹을 것을 마련하는 것처럼 보이지만 궁극적으로는 하나님이 농부들의 수고와 땀을 이용해서 우리에게 양식을 공급해 주신다는 것이다. 즉 하나님과 인간이 협력해서 하나님의 계획이 이루어지는 것이다.

마찬가지로 바울은 이렇게 말한다, "나의 하나님께서 자기의 풍성하심을 따라 그리스도 예수 안에 있는 영광으로 여러분에게 필요한 것을 모두 채워 주실 것입니다."빌4:19 실제적인 공급은 사람에 의한 것이지만 하나님은 자신이 주는 것이라고 말씀하신다. 즉 하나님은 일상적인 수단을 사용해서 우리의 필요를 공급하신다. 그러므로 우리는 수고하여 양식을 제공하는 사람들에게 고마워할 뿐만 아니라 그런 방식을 통해서 우리를 먹이는 하나님께도 감사해야 한다.

2) 성공적인 인생

그렇다면 우리의 삶으로 이야기를 끌고 와 보자. 예를 들면, 어떻게 해야 성공적인 인생을 살게 되는가? 우리는 지혜와 지식을 총동원해서 가장 좋은 목표를 선택하고 그 목표를 이루기 위해 노력해야 한다. 이것은 필요하다. 이것이 없이 순간의 요행을 누릴 수 있을지는 모르지만, 성공적인 삶을 살 수는 없다. 그러나 그것만으로 과연 충분한가? 내가 노력하면 다 이룰 수 있는가? 많은 사람이 그렇게 생각한다. 그래서 성공한 사람은 자신의 힘으로 모든 것을 다 이루었다고 자만하게 된다. 그러나 아무리 재능이 있다고 해도, 아무리 최선의 노력을 기울인다고 해도, 반드시 성공하는 것은 아니다.

성경은 이렇게 말한다. "사람이 마음으로 자기의 앞길을 계획하지만, 그 발걸음을 인도하시는 분은 주님이시다."잠16:9 하나님의 인도하심이 필요하다는 것이다. 우리가 하나님이 주신 재능을 잘 사용하면서 노력하고 애쓰면 성공의 기초를 마련할 수 있을 것이다. 그러나 그것만으로 항상 성공하는 것은 아니다. 하나님의 도움의 손길이 더해져야 한다.

또한 사람들이 흔히 잊어버리는 것이 있다. 그것은, 우리의 모든 재능과 능력도 궁극적으로 하나님으로부터 온다는 사실이다. "그대가 가지고 있는 것 가운데서 받아서 가지지 않은 것이 무엇이 있습니까? 모두가 받은 것이라면, 왜 받지 않은 것처럼 자랑합니까?"고전4:7 물론, 우리가 받은 재능을 잘 개발하고 활용해야 하는 책임이 있지만, 재능의 원천이나 재능을 개발할 수 있는 능력조차도 하나님으로부터 온 것이다. 따라서 우리는 겸손해야 한다. 이 사실을 기억한다면, 우리는 빚진 자의 심정을 가질 수밖에 없다. 내가 다른 사람보다 더 나은 것이 있다면, 그 모든 것들은 다 빚진 것이다. 하나님과 그것을 갖지 못한 사람들에게 원래부터 내 것은 없었기 때문이다. 그러므로 그것을 통해서 얻은 이익을 나 혼자 누려서는 안 된다. 그것으로 다른 사람들을 섬겨야 마땅하다. 그것이 하나님의 뜻이다.

이와는 정반대되는 경우를 생각해보자. 하나님이 아무 노력도 하지 않는 사람에게 무조건적인 성공을 주실까? 물론 매우 특별한 경우에 우리의 노력 여부와는 무관하게 성공을 맛보게 하실 수도 있다. 그러나 일반적으로 그런 일은 일어나지 않는다. 하나님은 기본적으로 우리의 노력을 사용하기 때문이다. 우리는 하나님이 주신 지혜와 판단력으로 내게 가장 적합한 길을 택해야 할 책임이 있다. 우리의 그런 노력에 하나님의 인도하심이 더해져서 일이 이루어진다. 결국, 하나님과 우리가 협력하는 것이다.

아말렉과의 전투에서 하나님은 승리를 약속했다. 그러나 그 승리를 얻기 위해 모세는 손을 들고 하루 종일 기도해야 했고, 여호수아는 직접 나가서 싸워야 했다. 또한, 사사기 4장에서 바락과 드보라가 전쟁에 임할 때 하나님은 가나안 왕 야빈을 물리쳐 주겠다고 약속하셨다. 그래서 드보라는 바락에게 나가서 싸우라고 요청했다. 그러나 바락은 두려워서 혼자 가지 못하겠다고 했다. 그 결과 전쟁은 이겼지만 바락은 승리의 영광을 누리지 못했다. 이처럼 인간과 협력하는 하나님의 섭리를 잘 이해한다면, 우리는 마치 모든 것이 내게 달려 있는 것처럼 최선의 노력을 다하고, 동시에 마치 오직 하나님의 능력으로만 이루어질 것처럼 하나님을 의뢰하고 도움을 청하는 자세를 가져야 한다.

Ⅲ. 우리 인생은 하나님의 손에 있다

1. 인생의 날줄과 씨줄이 하나님의 손에서 직조되고 있다

이제껏 살펴본 것처럼, 우리 인생은 하나님의 섭리 아래 존재한다. 하나님은 당신의 목적대로 우리를 만들고 계신다. 하나님이 우리 인생을 섭리하면서 사용하는 재료에는 성공뿐만 아니라 실패도 들어있고, 행복했던 날들뿐만 아니라 불행했던 날들 역시 포함되어 있다. 그 모든 것들을 사용해서 나를 만들고 계신다.롬8:28 그러므로 우리는 어떤 일이 일어나더라도 나를 사랑하고 선을 이루는 하나님을 신뢰해야 한다. "참새 두 마리가 한 냥에 팔리지 않느냐? 그러나 그 가운데서 하나라도 너희 아버지께서 허락하지 않으시면, 땅에 떨어지지 않을 것이다. 아버지께서는 너희의 머리카락까지도 다 세어 놓고 계신다. 그러니 두려워하지 말아라. 너희는 많은 참새보다 더 귀하다."마10:29-31

그래서 우리는 죽는 상황까지도 두려워할 필요가 없다. 그 상황도 하나님의 손에 있기 때문이다. 죽음이 가져오는 이별의 고통과 슬픔은 별개의 문제이지만, 하나님의 섭리를 믿는 그리스도인들은 죽음을 두려워할 이유가 없다. 어떤 순간에도 하나님의 도움을 기대할 수 있고, 혹시 죽어야 한다면 하나님의 섭리 안에서 그것이 우리에게 더 좋은 일이라는 믿음을 가질 수 있기 때문이다.

2. 하나님의 섭리를 믿는 사람들

이러한 섭리를 믿는 우리는 어떠한 자세로 삶을 살아가야 할까?

첫째, 현혹되지 말아야 한다. 어떤 일이 일어나도 그 일이 하나님의 손에서 벗어나 있다고 생각하지 말아야 한다. 혹 그렇게 보일지라도 보이는 것에 현혹되어서는 안 된다.

둘째, **인내해야 한다.** 혹시 힘든 상황에 빠지게 되더라도 하나님의 더 큰 목적을 믿으며 인내하라.

셋째, **눈을 크게 뜨고 살펴봐야 한다.** 주어진 상황 속에서 하나님이 어떻게 인도하는지, 무엇을 의도하는지 살펴보고 깨달으려고 노력하는 자세가 필요하다.

넷째, **앞으로 나아가야 한다.** 하나님이 주신 소명과 비전을 붙들고 하나님의 나라를 위해 하나님이 주신 것들을 최대한 활용해서 적극적으로 살아가야 한다.

다섯째, **하나님께 맡기라.** 자신에게 주어진 소명의 삶을 살면서 그 이후는 모두 하나님께 맡겨야 한다. '죽으면 죽으리라'는 믿음으로 하나님을 의지하는 자녀들을 그가 무관심하게 내버려두는 일은 없을 것이다. 그런 사람들은 '죽으면 살리라'는 진리를 체험하게 될 것이다.

하나님은 세상을 창조하셨을 뿐만 아니라 지금도 다스리신다. 우리의 삶도 하나님의 손에 있다. 그래서 우리는 삶의 위세에 눌려 두려워하지 않고, 담대하게 맞서서 살아갈 수 있으며, 미래가 불확실해도 하나님의 나라와 의를 위해서 담대하게 믿음으로 나아갈 수 있는 것이다. 우리의 삶이 하나님의 손에 달려 있으니, 참새 한 마리도 그냥 지나치지 않는 하나님이 자신의 사랑하는 자녀인 우리를 아무렇게나 내버려두실 리가 없기 때문이다.

16장 · 왜 세상에 악이 존재하는가?

"그뿐만 아니라, 우리는 환난을 자랑합니다. 우리가 알기로, 환난은 인내력을 낳고, 인내력은 단련된 인격을 낳고, 단련된 인격은 희망을 낳는 줄을 알고 있기 때문입니다." 롬5:3-4

I. 문제

2008년 중국 쓰촨성에서 일어난 대지진으로 일평생 농사만 지으며 살아온 수많은 사람이 목숨과 삶의 터전을 잃었다. 2013년 보스턴 마라톤 대회에서 일어난 폭탄 테러 사건으로 죽은 사람들 가운데는 여덟 살의 어린 사내아이도 있었다. 팔레스타인에서, 이집트에서, 터키에서, 아프리카에서, 우크라이나에서, 민족 간, 정파 간, 민간과 정부 간, 국가 간의 분쟁이 끊임없이 일어나고 있고 그 와중에 평범하고 무고한 사람들이 고통당하고 있다.

이런 사례들은 수없이 발생한다. 세상은 유토피아가 아니다. 좋은 일보다는 오히려 파괴적이고 불행한 일들이 더 많이 일어나는 것 같다. 신문과 방송에서는 온갖 사건과 사고 소식이 끊이지 않고, SNS를 타고 온갖 흉흉한 소식들이 빠른 속도로 전해진다. 우리 주변에서 일어나는 이러한 불행한 일들은 그 원인에 따라 두 가지 종류로 나눌 수 있다.

1. 두 가지 종류의 악과 하나님에 대한 의문

1) 자연적인 악

지진, 홍수, 태풍과 같은 자연 재난과, 각종 질병과 사고로 인한 불행한 일들을 자연적 악이라고 한다. 태풍으로 집이 무너져서 가족이 몰사하는 경우나, 앞날이 창창한 20대 젊은이가 암으로 죽는 경우를 생각해 보라. 만약 이런 일이 나쁜 사람들에게 일어난다면 우리는 "역시 하늘은 무심하지 않구나" 하며, 정의가 시행되었다고 생각하기 쉬울 것이다. 그러나 선한 일에 힘쓰던 사람들에게 이런 일이 닥치면 우리는 하나님의 다스리심에 대해 의문을 품게 된다. 왜 이렇게 나쁜 일이 일어나는가? 왜 무고한 사람들이 고통당해야 하는가?

2) 도덕적인 악

각종 강도, 강간, 살인, 전쟁, 권력에 의한 압제처럼 인간의 부패한 행동으로 인해 초래되는 악한 일들을 도덕적인 악이라고 한다. 아우슈비츠에서 자행된 유대인 대량 학살, 그 기나긴 세월 동안 흑인 노예들이 견뎌야 했던 참혹한 고통, 무고하게 간첩으로 몰려서 재판도 받지 못하고 고문당하고 죽음에 이르거나 사형에 처해진 사람들의 경우에서 우리는 이런 사례들을 본다. 성폭행을 당한 여성, '묻지마 살인' 사건의 피해자들처럼 악한 사람으로 인해 피해를 입고 고통 속에 살아가는 사람들의 이야기는 더 빈번하게 듣는다. 이런 일들을 보면서도 우리는 똑같은 의문을 품게 된다. 왜 이렇게 나쁜 일이 일어나는가? 왜 착하고 무고한 사람들이 고통당해야 하는가?

3) 의문

이런 일들이 일어날 때마다 사람들은 안타까워하고, 분노한다. 그러다가 종교적인 의문을 제기한다. 왜 선한 사람들에게 나쁜 일이 일어나는가? 왜 하나님이 이런 일을 막지 않았는가? 사람들이 고통당하고 피해를 입을 때 하나님은 어디 계셨는가? 그러면서 하나님이 정말로 선하고 공의로운 분인지 의심한다. 이것은 기독교인을 포함한 모든 사람들이 품고 있는 의문이다. "하나님께 묻고 싶은 단 하나의 질문이 있다면 무엇인가?"에 대해 가장 많은 사람이 답한 것은 "왜 세상에 고통과 고난이 있는가?"라는 질문이었다고 한다.

2. 무신론자들의 공격

1) 악의 존재는 하나님을 부정한다

이러한 의문은 그대로 무신론자들이 기독교를 공격하는 빌미가 된다. 그들은 이 세상에 이렇게 불의한 악과 고통이 있는 것으로 보아, 기독교에서 말하는 전능하고 선한 하나님은 존재하지 않는 것이 틀림없다고 주장한다.

이런 의문을 대표적으로 표현한 사람이 데이비드 흄이었다. 그는 세상의 악과 고통에 무관심한 하나님에 대해 이런 식으로 결론 내린다. "하나님이 악을 처리할 수 없다면 그는 무능력한 존재이고, 그가 일부러 악을 제거하지 않는다면 그는 선하지 않은 존재다." 어느 쪽이든 하나님은 기독교가 믿는 그런 존재가 아니라는 말이다. 그러므로 하나님이 없다고 믿는 편이 더 낫다는 것이다. 실제로 수많은 사람이 세상의 고통에 직면할 때 하나님의 존재를 부인하고 무신론을 택하였다.

같은 맥락에서 버트런드 러셀은 그리스도인들을 소아병동에 데리고 가서 그곳에서 고통을 견디고 있는 아이들을 보여주고 싶다고 한다. 그 모습을 보고나서도 그 아이들은 도덕적으로 너무 타락해서 그들이 받고 있는 그런 고통을 받아야 마땅하다고 계속 주장할 수 있는지 묻고 싶다는 것이다.

2) 악과 고통은 하나님의 부재를 증명하는가?

세상에 악과 고통이 존재한다는 사실, 그래서 수많은 선한 사람이 고통을 당하는 현실은 하나님이 존재하지 않는다는 것을 보여주는 증거라는 무신론자들의 주장은 옳은가? 실제로 부당하게 비극적인 일을 직접 당하게 되면 우리는 대부분 이와 똑같은 마음을 품게 된다. 원인을 찾아 분노와 원망을 쏟고 싶기 때문이다. 그러나 흥분을 가라앉히고 생각해보자. 무신론자들은 세상에 악과 고통이 있다는 것과 하나님이 존재한다는 것이 모순된다고 주장한다. 그러나 이런 주장은 빈약한 근거를 가진 단순한 추정에 불과하다.

하나님이 전능하고 선하다면 세상의 악과 고통을 모두 없애야 한다는 생각의 전제가 무엇인가? 하나님은 악과 고통이 없는 세상을 만들 의무가 있다는 것이다. 그러면 왜 하나님은 반드시 지금 당장 악과 고통을 없애야 하는가? 왜 그래야 할 의무가 있는가? 그렇게 하지 않는다고 해서 하나님은 없는 것인가? 그런 결론의 근거가 무엇인가?

도리어 이럴 가능성은 없을까? 하나님이 우리가 모르는 어떤 이유와 목적 때문에 악과 고통이 현재 그대로 존재하도록 하신 것은 아닐까? 이렇게 생각한다면, 악과 고통의 존재는 하나님의 존재와 모순되는 것이 아니다. 우리가 어떤 일에 대한 이유를 모른다고 해서 하나님이 존재하지 않는다고 주장하는 것은 근거 없는 비약이다. 왜 우리가 모든 것을 다 알아야 마땅하다고 생각하는가? 우리가 하나님인가? 우리가 잠시 생각하면 얼을 수 있는 세상의 고통에 대한 해법을 하나님은 모를 수도 있다는 말인가? 하나님은 우리보다 어리석은가?

Ⅱ. 악Evil의 시작과 끝

1. 악은 어디서부터 생겨난 것인가?

먼저 우리는 우리를 괴롭게 하는 악의 기원부터 생각해보아야 한다. 원래의 창조세계는 선했다. 창1:13 하나님은 세상을 창조하시고 '좋았다', 즉 선하다고 선언하셨다. 원래의 창조의 모습은 완벽히 선한 모습이었다. 그러나 하나님을 반역한 타락한 천사의 유혹을 받아 스스로의 결정으로 죄를 지은 인간 때문에 이 세상에 악이 들어왔다. 그 결과 에덴동산에 존재하던 평화와 질서가 깨지기 시작했다. 영생, 완벽한 교제, 참된 신뢰, 행복과 같은 선이 사라지기 시작하고 그 자리에 부정적인 모습, 즉 악이 들어온 것이다. 그 결과로 하나님의 창조세계가 함께 부패하고 타락하기 시작했다. 롬8:20-22 우리가 경험하고 있는 자연 재해와 인간이 저지르는 악행들은 바로 이 타락의 영향을 직·간접적으로 받았기 때문에 생겨난 것들이다.

2. 악의 존재는 한시적이다

그러나 악은 영원할 수 없다. 하나님이 다시 세상을 선한 모습으로 회복하기로 작정하셨기 때문이다. 그리하여 하나님은 예수 그리스도를 보내서 악의 권세를 멸하시고 참된 선을 회복하는 길을 여셨다. 따라서 하나님이 죄를 완전히 해결하시고 세상을 새롭게 하시는 종말에는 자연 재해나 인간의 악행은 사라질 것이다. 그것이 하나님이 의도하셨던 세상의 모습이기 때문이다.

또한 하나님은 선하고 전능하신 분이기 때문에 반드시 악과 고통을 제거해서 좋은 세상을 만드실 것이다. 하나님은 그렇게 하실 능력이 충분히 있다. 하지만, 그것이 우리가 생각하는 방식이나 우리가 생각하는 때는 아닐 수 있다. 그것은 하나님의 주권에 속하는 영역이기 때문이다. 하나님은 자신이 원하는 때에 자신이 원하는 방식으로 악을 제거하실 것이다. 하나님은 가장 지혜롭고, 가장 능력이 많고, 가장 선한 분이기 때문에 하나님의 계획은 가장 완벽하다. 그러므로 지금 당장 우리가 원하는 방식대로 일이 진행되지 않는다고 해서 하나님의 능력과 선함을 의심한다든지, 더 나아가서 하나님이 없다고 주장하는 것은 교만한 것이다. 내가 하나님보다 더 지혜롭다고 생각하는 것이기 때문이다.

Ⅲ. 왜 하나님은 인간이 죄를 짓지 못하도록 하지 않았는가?

1. 의문

그럴지라도 의문은 남는다. 하나님은 인간을 죄를 짓지 않고 오직 선만을 택할 수 있는 존재로 만들 수는 없었는가? 그렇게 했다면 인간이나 이 세상은 악이 없는 완전한 평화의 세상이 되지 않았겠는가?

2. 인간이 오직 선만을 택하는 존재라면?

1) 사랑하는 사람의 경우

어떤 사람이 나를 좋아한다. 그래서 기분이 매우 좋고 행복했다. 그런데 알고 보니 그 사람은 태어날 때부터 나를 좋아하도록 프로그램이 되어 있는 사람이었다. 그 사람은 자기의 자발적인 의지로 나를 좋아하는 것이 아니었던 것이다. 이런 상황이라면 어떻겠는가? 우리가 사랑을 받을 때 좋아하는 이유는 상대방이 자기의 의지를 가지고 나를 사랑하게 되었고, 사랑하기로 결심했고, 그렇게 행동하기 때문이다. 사랑이 진정한 것이 되려면 선택권이 있어야 한다.

2) 인간은 자유로운 존재

하나님은 인간을 자유로운 존재로 창조하셨다. 인간에게 선이든 악이든, 사랑이든 미움이든, 헌신이든 배신이든, 자유롭게 선택할 수 있는 권한을 주신 것이다. 하나님은 인간을 이런 존재로 만드셨다. 그런 선택 권한이 없다면 인간은 더는 인간일 수 없다. 또한, 인간이 의지가 있다는 것은 스스로 판단해서 선택할 수 있는 존재라는 것이다. 그런데 도덕적 판단과 선택 능력이 원천적으로 봉쇄된다면 그런 인간은 결코 인격적인 존재가 될 수 없다. 로봇과 같은 존재가 되는 것이다. 그런 인간이라면 하나님께 보이는 좋은 반응도 자발적인 것이 아니라 프로그램된 것에 지나지 않을 것이다. 그런 상태에서는 사랑, 순종, 헌신이라는 것도 아무 의미가 없게 된다. 프로그램된 사랑과 헌신을 받는 것이 기쁨일 수 있는가? 하나님도 그것을 좋아하지 않는다.

3) 자유의지의 선택

따라서 어떤 사람이 자유의지로 악을 행할 수 있을 때에만 선을 선택해서 행하는 것이 의미가 있다. 선을 선택할 권한이 있는 반면, 잘못된 선택을 할 수 있는 가능성과 자유도 포함되는 것이어야 그것이 진짜 자유고, 그렇게 할 수 있는 사람만이 진정으로 자유로운 인격체라고 할 수 있다.

그런데 사람은 하나님의 의도와는 달리 악을 선택했다. 그래서 세상에 악이 들어왔고, 그 결과 수많은 사람이 고통을 당하게 된 것이다. 그렇다면, 세상에 악이 생겨난 것이 하나님의 책임인가? 그럴 수 없다. 하나님은 단지 악이 존재할 가능성만을 창조하셨지만, 그것을 자신의 의지적 선택으로 현실화한 것은 인간이다. 인간에게 책임이 있다.

그러나 사람들은 또 다른 의문을 제기한다.

IV. 왜 하나님은 지금 당장 악을 제거하거나 심판하지 않는가?

1. 하나님이 능력이 없거나 선하지 않기 때문에 악을 제거하지 않는다?

이 질문에 대한 결론적인 대답은, 하나님은 전능하기도 하고 선한 분이기에 악이 없는 세상을 만들 능력도 있으며, 실제로 악을 제거하는 분이라는 것이다.

우선 우리는 하나님이 태초에 세상을 창조하실 때 악이 없는 선한 세상을 창조하셨다는 사실을 기억해야 한다. 하나님은 선하고 전능한 분이기에 선하고 완벽한 세상을 창조하셨다. 또한, 비록 인간의 타락으로 인해 죄와 악이 세상에 들어왔지만, 하나님은 종말에 악을 제거하고 새 하늘과 새 땅을 회복하실 것이다.^{계20:11-15} 그때에는 모든 악과 고통이 사라지게 될 것이다. "그들의 눈에서 모든 눈물을 닦아 주실 것이니, 다시는 죽음이 없고, 슬픔도 울부짖음도 고통도 없을 것이다. 이전 것들이 다 사라져 버렸기 때문이다."^{계21:4}

하나님은 악이 없는 세상을 창조하셨고, 종말에도 반드시 악을 제거하실 것이다. 이러한 일이 지금 당장 우리가 기대하는 대로 이루어지지 않는다고 해서 하나님의 능력이나 선함에 의문을 품을 필요는 없다.

2. 지금 당장 악을 제거하는 것이 좋지 않은가?

그래도 질문은 사라지지 않는다. '지금 당장' 악을 제거하는 것이 더 좋은 일이 아닌가? 그것이 선한 하나님의 속성에 맞는 것이 아닌가? 그러나 이에 대해 우리는 두 가지를 생각해봐야 한다.

1) 악과 고통을 당장 제거하는 것이 항상 좋은 일이 아닐 수 있다

무조건 잘해 주고 고통을 경감해 주는 것이 상대방에게 항상 선하고 좋은 일인 것은 아니다. 아이가 치과 치료를 받는 것이 힘들다고 해서 그 일을 면제해 준다면 아이는 나중에 더 큰 고통을 당하게 될 것이다. 자식이 공부하는 것을 힘들어 한다고 해서 즉각적으로 그 일을 그만두게 한다면 어떻게 되겠는가? 그 당시에는 힘들고 괴롭더라도 그것을 견디도록 그냥 내버려두는 것이 현명한 행동일 수 있다. 운동선수가 받아야 할 고통스러운 훈련을 면제해 준다면 어떻게 실력이 향상될 수 있을까? 이처럼 고통이 없는 것 자체가 곧 좋은 것이라는 생각은 단견일 뿐이다. 힘들지만 그것을 참고 견디는 것이 더 좋은 결과를 가져올 수도 있다. 그런 고통이 있는 법이다.

2) 만약 하나님이 지금 당장 모든 악을 다 제거하신다면?

하나님이 지금 세상의 모든 악을 제거하고 악행을 유발하는 주체들을 모두 심판한다면 어떻게 될까? 자연 재해나 우리가 나쁜 사람이라고 합의한 사람들의 악행들만 제거되고 그들만 심판을 받게 될까? 우리 자신은 과연 무사할까? 이 세상에 무사할 사람이 몇 명이나 있을까? 거짓말, 속임수, 부정, 무례, 미움, 비방, 사랑치 않음, 선을 행할 줄 알고도 행치 않는 잘못들로부터 우리는 무관한가?

"힘 있는 자든 힘 없는 자든, 모두가 자기 잇속만을 채우며, 사기를 쳐서 재산을 모았다."렘6:13 "의인은 없다. 한 사람도 없다. 깨닫는 사람도 없고, 하나님을 찾는 사람도 없다. 모두가 곁길로 빠져서, 쓸모가 없게 되었다. 선한 일을 하는 사람은 없다. 한 사람도 없다."롬3:10-12 너무나 일상적으로 저질러져서 우리 모두가 무감각해져 있는 악한 일들이 있다. 그러나 그 모든 것들도 악이다. 그러면 그런 죄와 악을 행한 사람들도 심판받고 제거되어야 하지 않겠는가? 어떤 죄는 심판하고 어떤 죄는 봐줘야 하는가? 그렇게 한다면 그 기준은 무엇인가?

하나님이 지금 당장 악을 심판하신다면 살아남을 자들이 거의 없을 것이다. 그러므로 외부의 어떤 악을 보면서 지금 당장 모든 악을 제거하지 않는 하나님을 원망하는 것은 심각한 자기기만이요 자가당착인 셈이다. 그래서 하나님은 악을 참으면서 심판을 유보하고 있는 것이다. 그것이 잘못된 것인가? 그렇게 하는 것은, 하나님이 능력이 없거나 선하지 않기 때문이 아니라 오히려 그가 선하시고 은혜를 베풀고 있기 때문이다.

하나님은 반드시 악을 심판하실 것이다. 사람들은 지금 당장 악을 제거하거나 악에 대해 심판을 내리지 않는다고 하나님을 비난한다. 그리고 이런 세상이 불공평하다고 불평한다. 그런 반응은 마치 영화를 절반만 보고 왜 제대로 마무리 하지 않느냐고 비난하는 것과 같다. 하나님의 세상 통치는 아직 완결되지 않았다. 그는 단지 우리를 불쌍히 여기셔서 심판과 공의의 집행을 미루고 있을 뿐이다. 심판이 잠시 미뤄지고 있다는 것이지 심판이 없다는 것이 아니다. 하나님은 공의의 하나님이기 때문에 악을 모른 채 넘어가지 않는다. 반드시 심판하실 것이다.

그러면 우리는 이렇게 물어야 한다. 하나님이 현재 악과 그로 인한 고통을 그대로 내버려두는 이유는 무엇인가? 하나님의 계획과 의도는 무엇인가? 비록 하나님이 악과 그 악으로 인한 고통을 허용하고, 아직 완전한 심판을 내리지 않지만, 그렇다고 방임하고 있는 것도 아니다. 하나님은 악과 고통 속에서도 그것들을 활용해서 자신의 목적을 이루어 가신다. 악과 고통도 하나님의 손에서 벗어난 것이 아니다. 하나님의 목적은 무엇일까?

V. 고통의 선한 목적

1. 고통은 인간이 하나님을 찾게 하는 도구다

고통은 인간을 하나님으로 인도하는 길잡이 역할을 한다. 역사를 돌아보면 사람들은 고통을 당한 후에야 비로소 하나님을 찾는다는 것을 볼 수 있다. 사사 시대의 이스라엘 백성의 경우가 전형적이다. 평안하고 번성할 때에는 점차 하나님으로부터 멀어져 가며 악한 삶의 방식에 빠져들어 간다. 그때 하나님은 이들에게 시련을 주고 고통을 겪게 하신다. 그리고 그 고통 속에서 이스라엘 백성은 다시 하나님을 기억하고 돌아와서 도움을 구한다. 그런데 이런 일이 계속 반복된다. 사람들은 잘 깨닫지 못하기 때문이다. 배운 것 같아도 시간이 지나면 다 잊어버린다. 그래서 잘못을 또 범한다. 그것이 우리 인간의 모습이다. 그래서 종종 우리가 당하는 어려움, 고통과 고난은 나태한 우리를 깨우고 다시 하나님에게로 돌이키게 하는 도구가 된다.

2. 고통은 우리를 성장시키는 도구다

고통은 사람을 성장시키고 성숙하게 한다. 일일이 예를 들지 않아도 우리는 모두 이러한 경험이 있다. 바울도 마찬가지였다. 그에게 육체의 가시는 매우 고통스러운 것이었다. 그러나 그것과 함께 살아갈 때 바울은 하나님의 은혜를 더욱 체험하게 되고, 더 겸손하게 되고, 더 하나님나라를 위해 애쓰는 사람이 되었다. 히브리서는 예수님에 대해서도 "그는 아드님이시지만, 고난을 당하심으로써 순종을 배우셨습니다"히5:8라고 말한다. 필립 얀시는 이렇게 말한다. "나보다 훨씬 심한 고통을 당하고 있는 사람들을 찾아다니면서, 나는 고통이 가져다주는 결과에 깜짝 놀랐다. 고통은 불가지론의 씨앗을 뿌리기도 하지만, 그에 못지않게 믿음을 강화시켜 주는 것 같았다." 필립 얀시, 『내가 고통당할 때 하나님은 어디 계십니까?』(이영희 역, 생명의 말씀사, 2010), 162

그래서 성경은 이렇게 권면한다. "그러므로 여러분이 지금 잠시 동안 여러 가지 시련 속에서 어쩔 수 없이 슬픔을 당하게 되었다 하더라도 기뻐하십시오. 하나님께서는 여러분의 믿음을 단련하셔서, 불로 단련하지만 결국 없어지고 마는 금보다 더 귀한 것이 되게 하시며, 예수 그리스도께서 나타나실 때에 여러분에게 칭찬과 영광과 존귀를 얻게 해 주십니다."벧전1:6-7 "우리는 환난을 자랑합니다. 우리가 알기로, 환난은 인내력을 낳고, 인내력은 단련된 인격을 낳고, 단련된 인격은 희망을 낳는 줄을 알고 있기 때문입니다."롬5:3-4

3. 고통을 통해 선한 목적을 이룰 수 있다

고통을 통해 또 다른 선한 목적이 이루어지기도 한다. 수술을 받는 것은 매우 고통스러운 경험이다. 그러나 긴 관점에서 보면 그것은 선을 이루는 과정에서 겪어야 할 일일 뿐이다. 그러므로 표면적으로 내게 악으로 보이는 상황이 영구적으로 악으로 남지 않을 가능성이 얼마든지 있다. 오히려 그것은 장기적인 관점에서 보면 선한 것으로 나타나게 될지도 모른다.

요셉의 삶은 이것을 그대로 보여주는 여정이었다. 그는 십 수 년 동안 극심한 고통의 세월을 겪었다. 그의 범죄로 인한 결과도 아니었고, 원대한 꿈을 이루기 위해 그가 선택한 고난의 길도 아니었다. 그때에는 그 의미를 전혀 이해할 수 없었다. 그러나 세월이 한참 흘러서 그는 고통의 의미를 알게 되었다.창50:20 그것을 통해 하나님의 구원의 역사가 진행되었다.

스데반의 죽음 역시 마찬가지다. 무고하게 죽는 것은 정말로 슬픈 일이다. 왜 그때 하나님이 그를 구해 주지 않았을까? 이제 막 예수 그리스도를 믿은 사람들이 그의 죽음을 보면서 하나님을 버릴 수도 있었을 것이다. 그러나 우리는 안다. 그의 죽음은 복음이 예루살렘 밖으로 전해지는 계기가 되었다.

따라서 우리가 당하는 고통의 의미를 지금 당장 이해하지 못한다고 해도 그것이 아무런 의미가 없다거나, 하나님의 손에서 벗어나 있다고 생각해서는 안 된다.

VI. 고통과 함께 살아가는 법

그러나 우리가 악과 고통에 대해 아무리 멋진 설명을 하고 이해를 해도 고통은 여전히 고통이다. 그것은 현실이다. 우리는 그 고통 속에서 지금도 살아간다. 그렇다면, 우리는 이러한 악과 고통 속에서 어떻게 살아가야 할까?

1. 선과 악에 대해 새로운 인식을 갖도록 노력한다

선악을 판단하는 우리의 기준은 주관적이다. 대부분 개인적으로 불쾌하고, 불편하며, 고통스러운 것을 악과 동일시한다. 그런데 그런 규정이 맞는 것인가? 그런 규정은 누구의 관점인가? 살다 보면 지금 내게 행복한 일처럼 보인다고 다 선한 것은 아닐 수 있다는 사실을 많이 경험한다. 선은 즉각적인 즐거움을 주는 것으로 정의되어서는 안 된다. 단순한 예로, 아이의 입장에서 사탕이 지금은 좋은 것으로 보이지만, 장기적 관점에서 치과의사가 볼 때는 나쁜 것으로 판단할 수 있는 것과 같다.

그러나 이것은 지금 내게 힘들고 고통스러운 일들이 언젠가는 내게 평안과 번영을 가져다주는 일일 수도 있으니 '세상만사 새옹지마'라는 식의 인식을 갖고 절망하지 않는 것이 좋겠다는 의미가 아니다. 선과 악을 판단하는 근본적인 기준이 달라져야 한다.

우리는 고통에 대해서도 '신적 차원'을 고려해야 한다. 비록 일시적으로 내게 불행처럼 보이는 일이 일어날지라도 그것이 궁극적으로 악한 일인지는 모를 일이다. 오히려 우리 눈에 보이는 것과는 달리 고통이 선일 수도 있는 것이다. 로마서 8장 28절이 바로 이 점에 대해서 잘 설명해 주고 있다, "하나님을 사랑하는 사람들, 곧 하나님의 뜻대로 부르심을 받은 사람들에게는, 모든 일이 서로 협력해서 선을 이룬다는 것을 우리는 압니다." 여기에서 말하는 '선'이란 무엇인가? 그것은 29절에 나온다, "하나님께서는 미리 아신 사람들을 택하셔서, 자기 아들의 형상과 같은 모습이 되도록 미리 정하셨으니, 이것은 그 아들이 많은 형제 가운데서 맏아들이 되게 하시려는 것입니다." 즉, 예수님의 형상을 본받는 것이 선이다.

그렇다면 우리에게 일어나는 선하게 보이는 일들이나 악하게 보이는 일들은 그 자체로 선이나 악이 아니라 하나님의 목적에 어떻게 사용되느냐에 따라 선하게도 되고 악하게도 될 수 있다. 폴 브랜드 박사가 치료하고 있는 나병환자는 이렇게 고백한다. "내가 나병에 걸린 것에 대해 성령님을 찬양합니다. 이로 인해 브랜드 박사를 만나게 되었고, 그를 통해서 하나님을 알게 되었기 때문입니다." 나병은 여전히 고통스러운 현실이다. 그러나 그것은 절대적인 악이 아니다. 그것은 선한 일로 전환될 수 있는 것이다. "선은 하나님의 의지와 존재와의 관계 속에서 규정되어야 한다…선이란 하나님을 영화롭게 하고, 그의 뜻을 성취하며, 그의 본성에 일치되는 어떤 것이다." 필립 얀시, 『내가 고통당할 때 하나님은 어디 계십니까?』, 483 결국 더 중요한 것은 사건 그 자체가 아니라 그 일을 대하는 나의 태도와 그 사건이 초래하는 결과일 수 있다.

2. 하나님을 신뢰하는 것이 내가 이해하지 못하는 것을 받아들일 수 있는 기초다

약속시간에 늦는 사람을 기다려본 경험이 있을 것이다. 그 사람을 신뢰하는 마음이 있다면 이유가 무엇인지는 모르지만, 초조해지고 화가 나기도 하겠지만, 늦는 이유가 있을 것이라고 생각할 것이다. 이렇게까지 늦는 이유를 도저히 이해할 수 없다며 화가 나서 다시는 그를 만나지 않겠다고 선언하고 집에 가버리는 것은 어리석은 일이다. 그것은 상대방에 대한 불신이 전제되어 있는 행동이다.

이처럼 단지 어떤 일이 이해가 되지 않는다는 이유로 하나님에 대한 신뢰를 저버리고 하나님과의 관계 전체를 파괴하는 것은 결코 현명한 처사가 아니다. 지금까지의 경험으로 볼 때 하나님은 얼마든지 신뢰할 수 있고, 믿을 수 있는 분임을 알기 때문이다. 우리는 비록 이 땅에서 고난을 당하지만, 결국에는 영광의 나라로 들어가서 참된 행복을 누리게 된다는 것을 신뢰하면서 지금 당하는 고통을 이겨낼 수 있다. 그러므로 내가 당하는 이해할 수 없는 고통도 하나님과의 신뢰 관계로 가지고 들어오면, 받아들일 수 있다.

3. 하나님과의 만남, 거기에 해결책이 있다

욥은 자신이 왜 고통을 당하는지 이해할 수 없었다. 너무 억울했다. 아무런 해결책도 주지 않는 하나님께 원망하는 마음이 들었다. 이때 하나님이 나타나셨다. 그러나 하나님은 욥이 당하는 고통의 이유에 대해 설명을 해 주는 대신 질문을 던지셨다, "너는 누구냐? 네가 하나님이냐? 네가 세상을 창조했느냐? 네가 세상을 이끌어가는 신이냐? 네가 아는 것이 도대체 얼마나 되느냐?" 이런 질문 공세에 욥은 하나도 대답할 수 없었다. 오히려 그 앞에 엎드릴 수밖에 없었다. 그러나 욥은 만족했다. 모든 의문이 풀렸다. 하나님에 대한 원망의 마음이 눈 녹듯이 사라졌다. 왜 그런가? 하나님을 만났기 때문이다. 설명을 들은 것이 아니라 하나님 그분을 맛보았기 때문이다. 그것이 해결책이었다.

악과 고통의 문제에만 집착하고, 그것에 눈이 고정되어 있고, 그것에 모든 삶이 사로잡혀 있을 때에는 자신이 당하는 고통의 이유를 전혀 이해할 수 없었고 불평만 쌓여갔다. 그러나 눈을 돌려 하나님을 바라보고 그를 만나는 순간, 이제는 고통의 문제가 전혀 중요한 것이 되지 않았다. 물론 고통의 이유를 안 것은 아니다. 여전히 수수께끼고 이해가 되지 않는 일이다. 그러나 이제는 그것에 매이지 않게 된 것이다. 이처럼 악과 고통에 대한 답은 철학적, 신학적 설명이 아니라 인격이신 하나님이다. 그분을 만나는 것, 그것이 바로 해답이다.

악과 고통은 현실이며, 그것을 견디기란 참으로 힘든 일이다. 그러나 그것이 반드시 나쁜 것만은 아닐 수 있다. 그러므로 하나님을 신뢰하면서 악과 고통을 선을 위해 사용하시도록 하나님께 내어드리는 것이 참된 믿음의 태도다.

선과 악, 평안과 고통에 대한 이러한 관점을 가지고 하나님의 원리에 어긋나는 불의가 가져온 고통과 악에 대항하는 것은, 이 세상에서의 평안과 번영을 위해 수고하는 것과는 다른 차원의 일이다. 또한, 다른 차원의 선한 열매를 맺게 할 것이다.

17장 · 인간이란 무엇인가?

"그러므로 여러분은 먹든지 마시든지, 무슨 일을 하든지, 모든 것을 하나님의 영광을 위하여 하십시오." 고전10:31

I. 인간에 대한 이해

인간이란 무엇인가? 나는 누구인가? 나는 왜 여기에 있는가? 내 인생은 어디로 가는 것인가? 어디로 가야만 하는가? 이것들은 누구나 한번 쯤 해봤을 질문들이다. 비록 일상을 살아가는 데 매몰되어 이런 질문들에 대해 충분히 성찰하지 못하는 경우가 대부분이지만, 인생을 현명하게 살기 위해 물어야 하고 답해야 하는 중요한 질문들이다. 수많은 종교인, 철학자, 교육자, 사상가 역시 이 질문을 매우 중요하게 여겼고 답을 얻기 위해 씨름했다. 그들이 그렇게 했던 데는 충분한 이유가 있다. 인간이 누구인지, 왜 사는지, 어디로 향해 가야하는지 알아야 '어떻게 살아야 할 지' '무엇을 갖춰야 할지' 도 알 수 있기 때문이다.

1. 인간에 대한 다양한 이해

1) 불교의 인간 이해

불교는 인간의 본래 성품이 청정하다고 본다. 문제는 마음이 미혹을 당해서 번뇌가 일어나 시달린다는 것이다. 그러므로 수행, 즉 마음공부를 통해 그런 번뇌를 제거하는 것이 진정한 구원해탈로 가는 길이라고 말한다. 이런 과정을 거쳐 우리가 부처가 되며, 부처는 다른 데 있는 것이 아니라 번뇌를 걷어낸 우리 자신이 바로 부처인 것이다. 인간을 이렇게 이해하면 가장 힘써야 할 것은 수행을 통해 욕심을 걷어내고 내 안에 있는, 온갖 오물로 뒤덮여 있는 부처를 끄집어내는 일이다.

바로 드는 의문은 이것이 가능할까 하는 것이다. 이것을 위해 수십 년간 자해에 가까운 고행을 하는 사람들도 있고, 수십 년 면벽수도를 하는 이들도 있지만, 대체 얼마나 수행을 해야 우리 안에서 일어나는 모든 욕심과 번뇌가 사라지고 성불할 수 있을까? 실제로 그렇게 해서 성불한 사람은 얼마나 될까?

2) 헬라 철학의 이성주의적 인간 이해

헬라 철학에서는 인간을 다른 존재들과 가장 구별되게 하는 것은 '이성'이라고 생각한다. 그들이 말하는 이성이라는 것은 단순히 생각하는 기능만 뜻하는 것이 아니라 영원을 성찰하고 이데아를 꿈꾸는 능력이다. 그리고 인간은 이런 이성에 따라 욕망을 다스리며 살아갈 수 있는 절제 능력을 가지고 있다고 본다. 이런 이성적 삶을 방해하는 것이 육체이며, 그래서 육체의 정욕을 억제하는 것이 매우 중요하다는 것이다. 이원론적 사고방식의 전형이다. 여기서부터 금욕주의가 발생한다.

근대 철학도 기본적으로는 이런 사상을 계승한다. 데카르트의 "나는 생각한다, 고로 존재한다"는 언명이 대표적인 예라고 할 수 있다. 인간을 이렇게 보는 것은 기본적으로 엘리트주의적인 사고방식이다. 실제로 플라톤을 비롯한 헬라 철학자들은 대중은 무지몽매한 자들이라고 보았다. 오직 철학자들만이 이성을 충분히 개발하고, 이성을 따라 생각하고 살 수 있다고 본 것이다. 그래서 철학자들이 세상을 다스려야 한다고 주장한다. 깊이 있는 철학을 이해하지 못하는 사람들은 그저 무지한 찌꺼기 같은 존재, 그저 철학자들이 이끄는 대로 따라가야 하는 존재에 불과하다. 이런 주장은 맞는 것인가? 이런 인간관을 지금도 그대로 수용할 수 있을까?

3) 유물론적 이해

찰스 다윈은 인간의 이성은 신적 기원을 갖는 것이 아니며 단지 진화 과정을 통해 자연선택적으로 생겨난 것일 뿐이라고 주장한다. 인간은 동물적 특성을 공유하는, 본성적으로 이기적이고 충동적이며 공격적인 존재라는 것이다. 이러한 유물론적 인간론을 받아들이는 사람들은 영혼과 같은 것은 없다고 생각한다. 인간은 우연하게 생겨난 것이며, 그래서 삶의 목적도 주어지는 것이 아니라고 생각한다. 그저 주어진 삶을 살아가면 된다고 보는 것이다.

현대 신경생물학은 인간의 정신도 물질의 물리적·화학적 작용이라고 말하면서 이제 더는 정신·영혼과 같은 것들, 그것들의 작용이라는 것은 없다고 주장한다. 이들은 '왜 사는가?' '무엇을 위해 사는가?'와 같은 철학적 종교적 질문을 별로 중요하게 여기지 않는다. 그저 진화의 원리를 따라 본능에 충실하게 살면 된다고 본다. 이 말은 맞는 말인가? 이렇게 인간이 동물과 전혀 다르지 않다는 인간관은 수용할 만한가?

인간을 어떻게 이해하느냐에 따라 현재 인간이 처한 상황에 대한 진단이 내려지고, 그것에 따라 해결책이 제시될 것이다. 그만큼 인간 이해는 중요하다.

2. 현대 과학-경제 시대의 인간관

우리 시대를 지배하는 흐름은 크게 두 가지, 과학과 돈이다. 우리는 돈과 경제발전이 최고의 가치가 된 세상에 살고 있으며, 그것을 지탱하는

지주가 과학이다. 결국, 이 두 가지 이념이 우리 자신에 대한 이해에도 큰 영향을 미치고 있다. 과거의 전통적 이론들은 과학과 돈의 지배를 받는 현대 실용주의적 인간관에 밀려 사라지고 있는 실정이다. 이 인간관은 크게 두 가지 경향을 띠고 있다.

1) 인간에 대한 무한 긍정

과거에 인간은 자신을 타인과 공동체, 더 나아가서는 자연과의 관계 속에서 규정하였다. 즉 인간을 관계 속에 있는 존재로 본 것이다. 그러나 르네상스와 산업혁명의 영향으로 점차 자율 의식이 생겨나고 개인이라는 개념이 생겨나면서 사람들은 독립적이고 자율적인 존재로서 자신을 바라보기 시작했다. 과학의 발전은 이런 경향에 더욱 기름을 부어서 자율적인 인간 능력의 무한 확장 가능성에 주목하게 되었다. 이제 인간은 자연의 일부가 아니라 자연을 통제하고 조작할 수 있는 존재라고 생각하게 되었으며, 더 나아가서, 이제 인간은 자신의 행복을 성취하기 위해 무슨 일이든 할 수 있으며, 그것만이 존재의 유일한 목적인 것처럼 생각하게 되었다.

두 차례의 세계대전을 겪었고 인간과 역사의 발전에 대한 의심을 할 수밖에 없었는데도, 인간들은 여전히 스스로의 힘으로 행복한 유토피아를 건설할 수 있다고 생각하고, 인간의 발전가능성은 무한하다고 으스대고 있다. 이것은 과대망상증이다. 인간을 너무 대단하게 생각하는 것이다. 물론 인간이 이룬 업적은 대단하다. 다른 존재가 감히 넘볼 수 없을 만한 성과다. 그러나 발전을 하면 할수록 인간의 한계 역시 더욱 분명해졌다. 무엇을 하면 할수록 우리가 할 수 없는 것도 계속 나타나기 때문이다.

2) 자기 비하

과학의 발전은 인간이 의식하지 못하는 사이에 자기 비하로 치닫는 모습을 보여주기도 한다. 과학과 인간 지성의 발전의 한 산물인 진화론은 인간이 다른 동물과 근본적으로, 질적으로 다르지 않다고 믿는다. 인간은 다른 영장류와 비슷하며, 단지 진화가 잘 된 존재에 불과하다고 보는 것이다. 최근에 각광을 받고 있는 진화심리학은 이런 점에 기초해서 인간을 이해하려는 시도를 한다. 인간이 근본적으로 동물과 다르지 않으며, 그래서 인간의 행동이나 심리는 동물들의 행동을 관찰함으로써 이해할 수 있다고 믿는 것이다. 결국, 하이에나가 동료들을 무자비하게 살육하는 것을 보고 인간이 동료 인간을 폭력으로 제압하는 것에 대해서도 원래 본성적으로 그래서 용인해야 한다는 생각에까지 이른다. 필립 얀시(Philip Yancey), 『단단한 진리』(최종훈 역, 포이에마, 2012), 157

이것은 지독한 인간 비하다. 인간을 다른 동물들과 똑같은 수준으로 떨어뜨리는 것이다. 그렇다면, 동물들과 다른 차원에서 인간이 존엄하다고 말할 근거 역시 사라져버린다. 그런데 정말로 인간이 다른 동물과 같은가? 인간의 심리를 이해하기 위해 동물들의 행동 유형에서 배워야 하는가? 그것을 적용해야 하는가? 지성과 도구를 사용하고, 도덕성에 근거해서 행동하며, 존재의 의미를 묻고, 영적인 추구를 하는 인간이 다른 동물들과 같은가? 문제는, 오늘날 기독교인들도 이런 사상의 영향에 무방비로 노출되어 있다는 것이다. 그들 역시 자율성, 개인주의, 행복 무한 추구 욕구의 포로가 되어 있고, 문제를 해결하기 위해 진화심리학자나 상담가들을 찾아다닌다. 그것은 우리가 결국 동물과 같다는 것을 인정하는 행태다.

3) 인간 기원의 중요성

여기서 중요한 것은, 인간의 기원에 대한 이해가 결국 인간이 어떤 존재인지에 대한 생각을 결정하게 된다는 점이다. 인간이 우연히 발생해서 진화의 결과로 존재하게 되었다고 생각하면 동물과 크게 다르지 않은 존재로 여기게 될 것이다. 그러나 그런 견해의 근거는 매우 빈약하다. 오직 추정과 우연의 연속에 과학이라는 껍질을 씌운 것에 불과하다.

하나님의 존재를 믿는 우리는 인간의 기원에 대해서도 하나님이 가르쳐 주시는 것이 옳다고 생각하며, 하나님은 성경 첫 부분부터 이것을 우리에게 분명하게 알려주고 있다. 우리가 하나님의 존재와 그의 천지창조를 믿는다면 인간의 기원과 인간의 특성 역시 하나님으로부터 기원하는 것을 받아들일 수밖에 없다. 그러므로 칼빈이 말한 대로, 우리는 먼저 하나님을 이해하고 그 후에 인간을 봐야 인간을 제대로 이해할 수 있다. 즉 하나님과의 관계 속에서 보아야 인간에 대한 바른 이해가 가능해진다.

3. 인간의 모습에 대한 성경의 가르침 창1:26-28, 2:7-9, 15-25

성경은 인간의 기원과 성격에 대해 처음부터 분명하게 말해 주고 있다.

1) 인간은 하나님이 직접 만드신 존재로서, 자연적으로 우연히 생겨난 존재가 아니다.
2) 인간은 하나님이 자기 형상으로 만들었다. 이것은 인간이 다른 피조물과는 달리 하나님의 모습을 닮은 자로 만들어졌다는 말이다.
3) 인간은 남자와 여자로 만들어졌다. 따라서 세상은 남자와 여자가 함께 있어야 하는 것이며, 인간은 다른 사람과 밀접한 인격적 관계를 맺어야 하는 존재이다.
4) 인간은 의존적인 존재다. 탄생부터 생존, 활동에 이르기까지 하나님

과 다른 사람, 다른 피조물과 협력하고 도움을 받아야 하는 존재로 만들어졌다.

5) 인간은 인격적 존재다. 이성을 사용해서 무언가를 알고 판단할 수 있고, 좋고 나쁜 느낌, 즐겁고 힘겨운 느낌을 느끼며, 선과 악에 관한 도덕적 판단을 하고 그것에 따라 행동할 수 있는 인격적 존재로 만들어졌다.

6) 인간은 하나님과 교제를 나누는 존재로 만들어졌다. 하나님과 만나고 교제를 나누는 것은 영적 존재인 인간에게 매우 자연스런 모습이었다. 비록 죄로 인해 인간이 하나님을 피해 도망가게 되었지만 그것이 원래 의도된 자연스런 모습은 아니다.

7) 인간은 하나님의 권위 아래 살고, 하나님의 말씀에 순종해야 하는 존재로 만들어졌다. 그렇게 하는 것이 인간됨을 최대한 발휘하는 길이고, 참된 행복의 통로이기 때문이다.

8) 인간은 다른 피조물들을 관리할 수 있는 책임을 맡은 존재로 창조되었다.

9) 인간은 하나님 보시기에 좋은 존재로 만들어졌다. 이는 원래 인간이 순수하고 의로웠음을 이야기해 준다.

10) 인간은 하나님이 주신 창조성을 발휘하면서 문화를 창조하여 하나님의 창조세계를 더욱 빛나고 아름답게 만들 수 있는 존재로 만들어졌다.

11) 인간은 자녀를 낳고 가족을 이루고 사회를 이루어 살아가는 존재로 만들어졌다.

12) 마지막으로, 인간은 무위도식하는 것이 아니라 의미 있는 일을 하는 존재로 만들었다. 비록 타락으로 일이 고되고 고통스러운 것이 되었지만, 일이라는 것은 원래 인간에게 보람을 주고 세상에 기여

하는 좋은 통로이며, 인간은 그렇게 하도록 만들어졌다.

II. 인간의 이중적 위치

이제 우리는 이 세상 속에서 인간의 위치와 인간의 존재 목적을 성경적으로 살펴보려고 한다. 성경에서 말하는 인간관은 현대 과학-경제시대의 인간관과는 전혀 다르다. 먼저, 하나님이 만드신 세상 속에서 인간의 위치를 살펴보자면, 인간은 이중적인 성격을 가지고 있다. 하나는, 인간은 피조물이라는 분명한 한계를 가진 존재라는 사실이며, 또 다른 하나는, 인간은 하나님의 형상으로 만들어진 고귀한 존재라는 점이다.

1. 하나님의 피조물

창세기가 무엇보다 강조하는 것은 인간이 하나님이 만드신 피조물이라는 것이다. '만들어진 신'이라는 개념에 환호하는 이 시대에, 인간이 하나님의 피조물이라는 것이 내포하는 의미는 무엇인가?

1) 인간은 최고의 존재가 아니다

현대인들은 인간을 최고의 위치에 둔다. 그래서 인간이 '만물의 척도'라고 생각한다. 인간이 신의 존재 유무를 결정할 수 있고, 인간이 옳고 그름을 정할 수 있고, 인간이 진리 여부를 판단할 수 있다고 생각한다. 또한, 현대인들은 인간의 능력을 과신한다. "내 주먹을 믿어라" "인간의 무한한 가능성을 믿는다"는 것은 모두 이런 생각으로부터 나오는 주장들이다.

그러나 인간은 하나님에 의해 만들어진 존재다. 인간은 스스로 존재한 것도 아니고, 자연발생적으로 우연히 존재하게 된 것도 아니다. 하나님이 의도를 가지고 만든 피조물이다. 그러므로 인간은 창조주가 아니라 피조물이다. 즉 인간은 결코 최고의 존재가 아니다. 인간을 만든 하나님이 최고의 존재인 것이다. 그러므로 우리는 겸손해야 한다.

2) 인간은 독립적 존재가 아니다

우리의 생명은 하나님에 의해 주어졌다. 우리는 스스로의 선택에 의해서 존재하게 된 것이 아니다. 우리가 존재하는 것은 하나님이 우리에게 삶을 주셨기 때문이다. 최초의 생명뿐만 아니라 생존 역시 의존적이다. 인간은 스스로의 힘만으로 존재를 이어갈 수 없다. 하나님과 다른 피조물에게 의존할 수밖에 없다.

또한 우리의 생명이 무한하지 않다는 것도 기억해야 한다. 우리는 시작과 끝이 있는 존재다. 이 땅에서의 삶이 영원하지 않다. 우리는 시간의 한계 속에서 살아가는 존재다. 사람이 아무리 오래 살려고 해도 하나님이 그 생명을 취하면 죽을 수밖에 없다. 이 역시 인간이 자신의 생명을 마음대로 할 수 없는 매우 의존적인 존재라는 것을 보여준다.

그러므로 내 마음대로 사는 것은 옳지 못하다. 그것은 독립적 존재나 할 수 있는 삶의 모습이다. 인간은 결코 독립적인 존재가 아니기 때문에 하나님과 다른 피조물의 도움과 간섭을 받으면서 살 수밖에 없다는 것을 인정해야 한다.

3) 인간은 한계를 가진 존재다

하나님은 인간에게 대단한 능력을 주셨다. 현대 사회 속에서 이를 인정하지 않는 사람들도 있지만, 인간이 이 세상에서 가장 고등한 피조물이다. 인간은 지적, 육체적, 심미적, 의지적, 창조적 능력을 가지고 있다. 그것으로 문명을 이루었고 수많은 대단한 것들을 창조했다.

그럼에도 불구하고 인간이 가진 한계는 이보다 더 크다. 인간은 모든 것을 알지 못하며, 모든 것을 할 수도 없다. 아무리 많은 것을 성취했어도 할 수 없는 것, 알지 못하는 것이 더 많다. 많은 것을 하고 많은 것을 알게 될 수록, 인간이 할 수 없는 것과 알지 못하는 것이 더 많다는 것을 깨닫게 될 뿐이다. 그러므로 인간이 마치 창조자나 되는 것처럼 교만한 것은 심각한 문제다. 우리는 인간의 한계를 인식하고 겸손해야 한다.

2. 인간은 특별한 존재다

인간은 피조물로서의 한계를 가지지만 동시에 특별한 존재다. 왜 그러한가?

1) 하나님의 형상

인간은 다른 피조물과는 달리 하나님의 형상을 가진 존재이기 때문에 특별하다.창1:27 인간은 하나님을 닮은 존재로 창조되었다. 인간 속에 하나님의 어떤 모습이 담겨져 있다는 말이다. 그래서 인간은 하나님의 모든 창조물 중에서 가장 멋지고 귀한 작품이다. 자신의 창조물을 보고 좋았다고 하신 하나님처럼 인간도 하나님의 창조물을 감상할 수 있고, 누릴 수 있고, 탐구할 수 있고, 즐길 수 있는 존재다. 따라서 하나님은 인간을 부당하게 대우하는 것을 매우 싫어하신다. 자신의 형상을 가진 고귀한 존재들이기 때문이다. 비록 현재의 모습이 보잘 것 없더라도 인간은 모두 하나님의 형상을 가진 고귀한 존재임을 기억해야 한다. 마치 잠시 왕궁을 벗어난 왕자나 공주와 같은 것이다.

2) 하나님과 교제할 수 있는 존재

인간이 특별한 또 다른 이유는, 인간은 다른 피조물과는 달리 하나님과 직접 교제할 수 있는 존재로 만들어졌기 때문이다. 인간은 육적 존재인 동시에 영적 존재라는 말이 바로 이것을 의미한다. 하나님은 에덴동산에서부터 인간과 교제하기를 기뻐하셨다. 이 교제는 인격체와 인격체의 교제다. 생각을 나누고 감정을 공유하고 뜻을 맞추어 일을 함께 하는 교제다. 오직 인간만이 이런 특권을 부여받았다.

더 나아가서, 오직 인간만이 하나님의 뜻이 무엇인지 알고 의지적으로 순종하고 하나님을 찬양하며 경배할 수 있다. 이것은 인간만이 누리는 특권이다. 그러므로 사람이 하나님과 교제를 하지 않는 것은 인간성에서 매우 중요한 것이 빠진 것과 같으며 그로 인해 필연적으로 심각한 문제가 발생하게 된다. 따라서 우리는 하나님과 교제하고 그를 경배하는 것이 온전한 인간됨을 위해 필수적이라는 것을 기억하고, 그것을 위해 힘써야 한다.

3) 세상을 다스리는 존재

인간이 특별한 세 번째 이유는, 하나님이 인간을 세상을 다스리는 자로 세우셨기 때문이다. 창1:27-2:3, 9:2, 시8:5 인간은 다른 피조물들을 다스리고 주관하는 위치에 세움 받았다. 매우 막중한 책임과 권한을 부여받은 것이다.

하나님은 인간에게 자연을 사용할 권리를 주셨다. 그래서 식물도 먹고, 동물도 먹고, 자연을 개발할 수도 있다. 물론 그것들을 무한한 욕심을 위해 남용할 권한을 받지는 않았다는 것을 반드시 기억해야 한다. 피조물을 다스린다는 것은 청지기라는 것을 의미한다. 피조물의 주인은 하나님이다. 인간은 하나님의 창조물을 관리하는 자에 불과하다. 그러므로 인간이 자기 마음대로 할 권한이 없다. 다만, 하나님의 의도대로 잘 관리하고 보존해야 한다. '다스리라'는 뜻은 '관리하라'는 뜻이다 따라서 우리는 사용과 남용, 생존을 위한 개발과 욕심을 채우기 위한 훼손, 생존을 위해 동물을 죽이는 것과 재미 삼아 죽이는 것 등을 잘 구분해야 할 책임이 있다.

하나님을 대신해 세상을 관리할 책임을 부여받았다는 것은 인간이 가진 특별한 위치를 말해 주는 것임에 분명하다. 우리는 하나님의 일에 동참하고 있는 것이다. 하나님이 우리를 자신의 파트너로 삼으신 것이다. 그만큼 인간은 가치 있고 의미 있는 존재다.

그러므로 인간은 한계를 가진 존재지만, 하나님을 닮은 존재요, 하나님과 교제를 나눌 수 있으며, 또한 하나님에게서 귀한 역할을 부여받았기 때문에 고귀하다. 그러므로 인간을 단순히 많이 진화된 동물쯤으로 생각하거나 다른 피조물과 전혀 구별되지 않는 존재로 여기는 것은 인간을 아주 무시하는 것이며 잘못된 이해이다. 그런 생각으로부터 인간의 존엄성이 인정될 수 없다.

III. 인간 창조의 목적

인간이 특별한 피조물이라면, 도대체 인간은 왜 만들어졌을까?

1. 인간의 목적은 하나님에 의해 주어진다

박물관에 있는 과거의 유물들 가운데는 좀처럼 그 용도를 알 수 없는 것들이 있다. 이런 것들을 오늘날 일상생활 가운데 두게 되면, 십중팔구는 그 물건의 원래 용도와는 상관없는 일에 사용될 가능성이 높다. 어떤 사람에게는 매우 귀한 용도를 가진 물건이 다른 사람에게는 무용지물인 경우도 많이 있다. 오디오 마니아들이나 알 수 있는 고가의 헤드폰을 선물 받았다고 생각해보라. 준 사람은 귀한 것이라고 주었겠지만 받은 사람이 미세한 소리를 구별하여 즐길 줄 모르는 사람이라면 분명 원래 의도에 훨씬 못 미치는 방식으로 그것을 사용하게 될 것이다. 무엇이든 원래 만들어진 의도와 목적이 있다. 이것에 잘 맞게 사용하지 않으면 그 가치가 하락하게 되거나 아니면 다른 문제가 생긴다. 인간도 마찬가지다. 우리의 존재 목적을 정확히 알고 그것을 위해 삶을 사용하는 것이 현명한 일이다.

창조자가 우리를 만들었다면 그 이유가 있었을 것이다. 그것은 창조자가 구상한 목적이다. 인간 스스로는 자신의 삶의 목적과 의미를 창조하지 못한다. 만들어진 존재이기 때문이다. 인간의 삶의 의미라는 것 역시 스스로 생각해서 만들어내는 것이 아니다. 그것은 우리가 만들어졌을 때에 이미 주어진 것이다. 그렇다면, 우리는 인간이, 내가 왜 만들어졌을까를 묻고 그것을 탐구하는 것이 정상이다. 그러므로 우리는 삶의 목적과 의미를 우리를 만든 하나님에게서부터 찾아야 한다. 그가 우리를 만들 때 생각하셨던 것이 무엇인지 찾아야 한다.

2. 하나님의 영광을 위하여 사43:7, 고전10:31

1) 하나님의 필요?

앞에서도 논의했던 내용이지만, 인간 창조의 목적을 생각할 때 먼저 기억해야 할 것은, 하나님은 우리가 필요하기 때문에 만든 것이 아니라는 사실이다. 하나님은 완전한 존재이시며 삼위일체 안에서 완전한 교제를 누릴 수 있기 때문에 외롭거나 아쉬울 것이 없는 분이다. 그래서 다른 존재와의 교제가 필요하거나 다른 존재를 통해 어떤 불완전함이나 신체적, 정서적 결핍을 채울 필요가 없다. 하나님은 인간을 필요로 해서 만든 것이 아니다. 앞에서도 살펴보았듯이, 하나님은 어떤 존재와도 '필요 관계'를 맺지 않는다.

2) 인간 창조의 이유

그렇다면 하나님이 인간을 만든 이유가 무엇인가? 성경은 이에 대해 한 마디로 대답한다, "나에게 영광을 돌리라고 창조한 사람들." 사43:7, 참조 엡1:11-12 하나님은 순전히 당신의 영광을 위해 우리를 지으신 것이다. 그래서 바울은 우리가 "다 하나님의 영광을 위해" 살아야 한다고 말한다. 고전10:31 웨스트민스터 신앙고백 소요리 문답에서도 인간의 최고의 목적은 하나님을 영화롭게 하고 영원토록 즐거워하는 것이라고 정리하고 있다.

3) 하나님의 영광을 위한 존재

인간이 하나님의 영광을 위해 만들어졌다는 것은 어떤 의미인가?

첫째로, 인간의 삶은 아무 의미가 없는 삶이 아니라는 것이다. 그냥 살아간다는 것은 목적이 될 수 없다. 우리는 다른 목적을 위해 생을 부여받은 것이기 때문이다.

둘째로, 인간은 자신을 위해 사는 것이 아니다. 하나님을 위해 살도록 만들어졌다는 의미다. 현대인들은 오직 자신의 기쁨과 평안과 성공을 위해서 살아간다. 하나님조차도 자신의 목적을 위해 이용하려고 한다. 이렇게 하는 것은 하나님과 인간의 위치를 역전시키는 것이다. 마치 기계가 자신을 만든 인간을 부려먹는 것과 같다. 그런 삶이 인간에게 궁극적 기쁨과 평안을 가져다주지도 않는다.

4) 하나님께 영광을 돌리는 삶

그렇다면, 하나님께 영광을 돌리는 삶은 어떤 것인가? 하나님의 뜻을 받들고, 그의 계획을 성취하고, 그가 원하는 대로 살아가는 것이다.

예수님도 이 사명을 받고 이 세상에 왔다. 그리고 다시 하늘나라로 가시면서 우리에게 이 사명을 일깨워주신다. "아버지께서 나를 보내신 것처럼 나도 너희를 세상으로 보내노라."요20:21 하나님의 영광을 위하여 이 세상 속에서 살아가라는 의미다.

어떻게 사는 것이 하나님의 영광을 위하는 삶일까? 예수님은 이것 역시 한 마디로 요약해 주셨다. 그것은 "하나님의 나라와 하나님의 의를 구하는"마6:33 삶이다. 우리는 이 사명을 이루도록 만들어졌다. 그러므로 우리는 자신의 삶에 대해 진지하게 물어야 한다. 나의 삶과 내가 하려는 일과, 내가 하고 싶은 일들, 그 일을 하는 이유, 그 일에 임하는 자세와 태도가 "하나님의 나라와 하나님의 의를" 이루는 것과 어떤 관련이 있는가?

5) 하나님의 영광을 위해 사는 삶이 우리의 가치를 떨어뜨리는가?

하나님의 영광을 위한 도구로 산다고 하면 무언가 손해보고 스스로가 정당한 대접을 받지 못하는 느낌을 가지게 될 수 있다. 내 목적이 아니라 다른 존재의 목적을 위해 산다고 하면 스스로가 무가치한 것처럼 여겨지는 것이 현대 문화의 풍조다. 그래서 현대의 영성은 자신을 부인하고 신의 뜻을 추구하는 종교보다는 자신 안에서 신을 발견하고 극대화하는 것을 말하는 종교에 열광한다.

그러나 이것은 관계를 통해서 존재 의미가 살아나는 원리를 이해하지 못한 것이다. 어떤 고귀한 존재를 위한 존재는 그 고귀한 존재로 인해 함께 고귀해진다. 똑같이 다른 사람의 시중드는 일이라고 해도 그가 시중드는 사람이 어떤 존재이냐에 따라 다른 가치를 부여받게 되는 것과 유사하다. 그의 시중을 받는 사람의 가치가 시중드는 자의 가치를 규정한다. 그러므로 우리가 독립적으로 나의 가치를 주장하는 것보다 가장 고귀한 존재인 하나님과 관련해서 나의 가치를 생각하는 것이 진정으로 우리의 가치를 높여주는 일이다. 인간을 고귀하게 하는 것은 인간에게 고귀함을 부여하는 하나님이다.

18장 · 온전한 인간

"네 마음을 다하고, 네 목숨을 다하고, 네 뜻을 다하고, 네 힘을 다하여, 너의 하나님이신 주님을 사랑하여라." 막12:30

I. 인간의 구성

1. 인간의 구성에 관한 논쟁

인간은 어떻게 구성되어 있을까? 인간에게는 육체라는 것이 있을 뿐 아니라, 무언가를 생각하고 느끼는 정신적인 부분도 있는 것 같고, 또 하나님을 인식하는 영적인 부분도 있는 것 같다. 인간은 어떻게 구성되어 있으며, 각 구성 요소 간의 관계는 무엇일까? 이런 질문에 대해 오랜 전부터 답을 찾고자 한 시도들이 있었다.

1) 삼분설

사람은 세 부분으로 구성되어 있다고 생각하는 것을 삼분설이라고 한다. 이들이 성경적인 근거로 삼는 핵심 구절은 데살로니가전서 5장 23절이다. "우리 주 예수 그리스도께서 오실 때에 여러분의 영과 혼과 몸을 흠이 없이 완전하게 지켜 주시기를 빕니다." 이 말씀은 인간이 영, 혼, 몸이라는 세 부분으로 구성되어 있다는 의미라는 것이다. 육체는 동물들이 가지고 있는 것과 같은 몸을 의미하고, 혼은 지성, 감정, 의지와 같은 인격적 요소들이며, 영은 그리스도인이 될 때 살아나는 하나님을 알 수 있는 능력과 관련된 부분이라고 생각한다.

2) 이분설

삼분설과는 달리 어떤 사람들은 인간이 두 부분으로 구성되어 있다고 주장한다. 이 사람들은 영ruach, pneuma과 혼nephesh, psyche은 두 개의 구분된 실체를 말하는 것이 아니라 똑같은 것을 다른 식으로 표현한 것이라고 생각한다. 즉, 혼과 영은 같다는 것이다. 예를 들어, 누가복음 1장 46~47절에서는 '내 영', my soul '내 마음' 혼, my spirit을 대구법으로 사용한다. 이것은 두 개가 똑같다는 것을 의미한다. 또한, 죽어서 천국이나 지옥에 간 사람들을 어떤 때에는 영으로, 또 다른 때에는 혼으로 바꿔서 부른다. 히12:23, 벧전3:19, 계6:9, 20:4 따라서 인간은 두 부분으로 구성되어 있다는 것이다. 육체는 물질적인 부분을 의미하고, 영혼은 인간에게 있는 비물질적인 요소를 의미한다고 생각한다. 성경을 종합적으로 고려할 때 이분설이 더 적절한 설명이라고 생각된다.

2. 육과 영으로 구성된 인간

인간은 육체적인 부분과 영적인 부분으로 구성되어 있다. 하나님은 인간의 형체, 즉 육체를 만드시고, 생기, 즉 영혼을 불어넣으셨다. 그리하여 인간이 되었다. 또한, 예수님이 마태복음 10장 28절에서 "몸은 죽일지라도 영혼은 죽이지 못하는 이를 두려워하지 말고, 영혼도 몸도 둘 다 지옥에 던져서 멸망시킬 수 있는 분을 두려워하여라"고 몸과 영혼을 구분해 말씀하신 것을 볼 때, 인간은 이렇게 두 부분으로 구성되어 있다고 볼 수 있다.

이 두 부분 중에서 어느 것이 더 중요하냐고 묻는 것은 바른 질문이 아니다. 두 부분은 모두 중요하며, 온전한 인간이란 두 부분이 통합적으로 존재하는 것을 말하기 때문이다. 그러므로 육과 영 중 어느 한 부분만을 강조하고 다른 부분을 무시한다면, 그것은 옳은 태도가 아니다.

3. 통합적 존재

인간의 구성 요소가 영혼과 육체로 구분될 수 있다는 것 자체보다 성경이 더욱 강조하는 것은, 인간이 통합적인 존재라는 것이다. 대부분의 경우 인간은 통합적 존재로 나타난다.

1) 육체와 영혼이 하나가 되어야 완전한 인간이다

둘이 분리되면 완전한 인간이 아니다. 그것은 유령이거나 시체다. 그것을 인간이라고 하지 않는다. 창조 때에 흙으로 육체를 만들었지만 하나님이 영을 불어 넣으신 후에야 완전한 인간이 되었다. 인간이 죽을 때에 육체는 잠시 소멸되지만 마지막 날에 육체가 부활하고 영혼과 합해져 다시 완전한 인간으로 부활한다. 따라서 인간을 그 구성요소로 분리해서 생각하기 보다는 통합적 존재로 이해하는 것이 적절하다.

2) 인간 활동의 통합성

실제로 인간이 하는 대부분의 활동들은 육체뿐만 아니라 영혼이 함께 작용한다. 생각하는 것, 느끼는 것, 의지적인 결단, 하나님을 향한 영적 여정 모두, 뇌와 신경조직과 근육들과 정신과 영혼이 함께 움직이는 것이다.

이것을 대표적으로 보여주는 것이 예수님이 묘사하신 하나님을 섬기는 삶의 모습이다. 예수님은 "네 마음을 다하고, 네 목숨을 다하고, 네 뜻을 다하고, 네 힘을 다하여, 너의 하나님이신 주님을 사랑하여라"막 12:30 하고 말씀하셨다. 즉 하나님을 진정으로 사랑하고 섬기는 것은 인간의 전 존재가 동원되어야 한다는 뜻이다. 이렇게 우리의 육신과 영혼은 항상 함께 움직인다.

3) 상호 영향

몸과 영혼이 통합적이라는 것은 특히 한쪽이 약해질 때 다른 쪽도 영향을 받는다는 사실에서 잘 나타난다. 사람은 영적으로 문제가 있을 때 육체적으로도 증상이 나타날 때가 많다. 반대로, 육체적으로 힘들고 피곤할 때는 영적으로도 침체되는 경향이 있다. 이렇게 보면 "건강한 육체에 건전한 정신이 깃든다"는 격언은 성경적으로도 적절한 말이다. 엘리야는 먹지 못해서 피곤해지자 비관론자가 되었고 죽기를 간구했다. 그때 하나님은 먼저 먹을 것을 주셔서 육체가 회복되게 하셨다. 영적 능력 역시 육체와 상당히 관련이 있다는 것을 보여준다. 제자들이 겟세마네 동산에서 피곤해서 잠들어 기도하지 못했던 경우는, 인간은 몸과 영혼이 분리되기 어려운 복합체라는 것을 보여주는 것이다.

4) 문제의 원인의 복합성

인간이 통합적 존재라는 사실은 인간이 겪는 문제의 원인도 복합적으로 봐야 한다는 것을 알려 준다. 가령 자살을 고려하는 사람의 경우 단순히 한 가지 문제로 인해서 자살하는 것은 아니다. 가정환경, 교육적 요인, 신체적 문제, 관계적 문제, 지적인 문제, 사회적 구조의 문제, 그리고 영적인 문제에 이르기까지 다양한 요인들이 복합적으로 작용한다. 그러므로 이에 대한 치유 역시 통합적으로 이루어져야 한다. 약한 고리가 무엇인지 파악하고 그 고리를 연결해 주는 치유가 되어야 한다.

5) 통합적 존재에 대한 이해

그렇다면, 이렇게 '구분되지만 통합적인 존재'를 어떻게 이해하면 좋을까? 에릭슨은 육체와 영혼의 결합을 화학적 복합체로 이해하는 것이 도움이 된다고 말한다. 밀라드 에릭슨(Millard J. Erickson), 『복음주의 조직신학(중)』(현재규 역, 크리스챤다이제스트, 2000), 107 소금은 화학원소로 염화나트륨이다. 염소와 나트륨의 결합체다. 이 두 개는 분리가 가능하다. 그러나 분리되었을 때는 소금이 아니다. 둘이 하나로 합쳐져야 소금이 된다. 이처럼 인간도 엄밀히는 육체와 영혼을 분리할 수 있지만, 분리하는 순간 인간이 아니게 된다. 둘이 통합되어 있어야 진정한 인간이라고 말할 수 있다.

그러나 이러한 통합에 변화가 일어날 때가 딱 한 번 있다. 바로 육체적 죽음이 일어날 때이다. 이때 영혼과 육체가 분리된다. 이러한 분리는 한시적이다. 인간의 부활 때에 분리된 두 부분이 통합될 것이다. 그리고 다시 완전한 인간이 될 것이다.

4. 성장은 통합적이어야 한다

인간이 육체와 영혼으로 구성되어 있고, 그것들이 서로 통합적으로 움직인다는 것은 인간의 성장 목표도 통합적으로 설정되어야 한다는 것을 말해 준다.

1) 진정한 영적 성장

우리는 '영적 성장'이라는 말을 다른 것을 제외한 순전히 '영적인 부분'만 성장하는 것으로 오해할 때가 많다. 그러나 인간을 통합적인 존재로 생각하면 성장도 통합적으로 해야 한다는 것을 알 수 있다. 하나님이 우리에게 원하는 것은 우리의 한 부분만 성장하는 것이 아니다. 우리의 모든 부분이 균형 있게 성장하는 것이다. 그러므로 영적 성장의 엄밀한 의미는 '전인적 성장'이다. 성장해야 할 것은 '전인'이기 때문이다. 어느 한 부분만 성장하는 것은 불균형이다. 정상적인 것이 아니다. 그러므로 '영성'이라는 것은 전인격적이어야 한다.

2) 성장을 위한 통합적 노력

영적 성장을 이렇게 이해하면, 우리는 성장하기 위해 전인적인 노력을 기울여야 한다는 것을 이해할 수 있다. 지적, 정서적, 의지적, 관계적, 영적, 더 나아가서 육체적으로도 성장하는 것이 진정한 '전인적 성장'이다. 좀 더 구체적으로 말하면, 예수님의 구원의 은혜를 통해 영적으로 살아나고, 예수님의 삶을 우리도 살아야 한다는 영적 깨달음이 있어야 하고, 어떻게 하는 것이 하나님을 기쁘게 하는 것인지 알아야 하고, 안 것을 실천해야 한다. 머리로 생각하고, 의지적으로 섬겨야 하지만, 더 나아가 섬기는 것이 몸에 배도록 해야 한다. 그것은 육체의 훈련을 통해서 이루어진다. 이렇게 통합적으로 훈련해야 진정한 성장이 이루어진다.

Ⅲ. 통합적 인격체인 인간

1. 인격은 세 가지 기능의 통합체다

우리는 인간을 육체와 영혼의 통합체로뿐만 아니라 '인격체'라는 관점에서 이해해볼 수도 있다. 대부분의 신학자, 철학자, 사상가들은 인격을 지,생각하고 판단할 수 있는 능력 정,느끼고 즐기고 감상할 수 있는 능력 의,선택하고 행동할 수 있는 능력 세 부분의 통합적인 모습으로 이해한다. 인격의 세 요소 역시 모두 필요하고, 통합적이다. 어느 하나가 빠지면 온전한 인간이라고 할 수 없으며, 어느 하나가 우월하거나 열등한 것이 아니다. 모두 필요하고 모두 중요하다.

2. 오류

따라서 인격의 세 요소들 중 특정한 한두 가지를 지나치게 강조하거나 혹은 무시하는 태도는 적절치 못하다. 그러한 사례들을 몇 가지 살펴보자.

1) 지성

지성주의는 지성에 대한 지나친 강조로 인한 오류이다. 철학이나 사상계에서는 종종 지성 우월주의에 빠질 때가 있다. 단순히 말해, 생각만 많고 행동은 하지 않는다. 지성에 우위를 부여하고 다른 것은 열등하게 여겨 무시하기 때문이다.

반면에 반지성주의에 빠질 때도 있다. 이런 경향은 영성을 강조하는 사람들, 열정적 행동만을 강조하는 사람들의 경우에 많이 나타난다. 생각하고 논리적으로 추론하기를 싫어하는 것, 지적인 습득을 무용하다고 여기는 태도이다.

2) 감성

어떤 사람들은 감정대로 움직이는 것은 어린애 같은 행동이라고 무시한다. 물론 감정은 아주 불안정한 요소임이 분명하다. 감정의 움직임에 모든 것을 맡기는 것은 매우 위험하다. 그럼에도 불구하고 감정을 무시하는 것은 옳지 못하다. 때로는 감정, 감성, 느낌, 직감과 같은 것이 매우 중요한 역할을 할 때가 있기 때문이다. 공감이 지적 동의와 행동을 불러일으키기 위한 전제가 되는 경우도 많다.

반면에 지나친 감성주의에 빠지는 경우도 있다. 느낌과 감성에 충실하게 사는 것이 가장 좋은 것이라고 생각하면서, 옳고 그름에 대한 이성적 판단이 아니라 그때 그때의 느낌을 따라 행동한다든지, 감정이 움직이는 대로 사는 삶이 자유롭고 좋은 것이라고 생각하는 태도가 이런 것이다.

3) 행동

현대 행동주의는 의지적인 실천이 가장 중요하다고 말한다. 그러나 과도한 행동주의나 무조건적인 행동주의는 심각한 결과를 초래하며, 무비판적인 행동은 악용될 수 있고, 지성과 감정을 무시한 행동은 인간을 기계처럼 만들 수도 있다.

반면에, 무위주의 역시 인간됨을 무시하는 태도다. 무위사상이나 안빈낙도, 귀족놀음 등을 즐기고자 하는 열망 속에 이러한 태도가 스며들어 있다.

인격의 세 가지 요소는 모두 중요하고 존중받아야 한다. 그래야 온전한 인간성을 바르게 발휘할 수 있다.

3. 세 가지 요소가 서로 의존적이고 영향을 주고받는다

인격의 세 가지 요소는 개별적으로 움직이지 않는다. 항상 서로 영향을 주고받는다.

1) 지성은 의지적 선택에 영향을 받는다

죄를 지으면^{행동} 자신의 행동을 합리화하려는 경향^{지적인 작업}이 생기면서 성경을 왜곡하려는 심리가 작동한다. 우리는 이러한 경향을 성경이 동성애를 죄로 여기지 않는다고 주장하는 경우나 부를 합리화하는 청부론 같은 가르침에서 찾아볼 수 있다.

2) 지성은 감정에 영향을 받는다.

사람들은 흔히 어떤 것이 매력적으로 보이지 않으면 그것이 아무리 선한 것이라도 받아들이려고 하지 않는다. 호감을 주지 않는 외모를 가진 남성의 말은 잘 믿지 않고, 미녀의 말이 더 쉽게 신뢰를 얻는다는 실험 결과나, 프레젠테이션을 할 때 감각적이고 정서적인 요소를 고려해야 설득력을 갖게 되는 것은 이런 경향을 잘 보여준다.

3) 지성은 감정에 영향을 미친다

어떤 사실에 대한 지식은 그것에 대한 감정을 변화시키기도 한다. 한 사람의 성장배경을 알게 된다거나 행동의 진의를 이해하게 되면, 대부분 그 사람에 대한 애정이 더욱 커진다.

4) 지성은 의지에도 영향을 미친다

분명한 깨달음은 결단력 있는 행동으로 이끌게 된다. 과거 많은 학생 운동가들은 대학에 들어와서 한국 사회의 역사와 현실에 대해 객관적으로 알게 된 후 독재정권과의 싸움이라는 행동에 나서게 된 경우가 많다. 의식의 변화가 행동의 변화를 이끈 것이다.

지성, 감성, 의지의 세 가지 요소가 서로 영향을 주고받는다는 것을 아는 것은 중요하다. 그래야 인간을 바르게 이해할 수 있고, 문제의 핵심을 제대로 파악할 수 있으며, 바른 처방을 내릴 수 있기 때문이다.

4. 성장의 목표: 세 가지 기능의 균형 잡힌 성장

대부분의 사람들은 어떤 영역은 강한 반면, 다른 영역은 약한 경향이 있다. 생각은 많은데 행동이 약하다든지, 감정은 풍부한데 생각을 잘 안 한다든지, 행동은 빠른데 논리적 판단을 잘 못한다든지 하는 경우가 많다. 모든 요소를 통합적으로 잘 갖춘 사람을 찾기란 쉽지 않다. 그러나 우리는 하나님이 온전하게 만드신 모습, 그러나 죄로 인해 파괴된 모습을 회복하도록 노력해야 한다. 그것이 성장이다.

1) 지성의 성장

우리는 배움을 통해서 지성을 일깨우고 생각하고 판단하는 능력을 키워야 한다. 왜 교회건물을 아직도 하나님의 '성전'이라고 주장하면서 그것을 높고 넓고 화려하게 짓는 데 몰두하는 사람들을 추종하는가? 배우지 않고, 생각을 안 하고, 판단을 안 하기 때문이다. 성경은 "너희가 하나님의 성전"이라고 분명하게 말하고 있지 않은가? 그러면 구약에서의 성전이 신약에서는 어떻게 변했는지 공부하고 생각해봐야 하지 않는가?

우리는 무엇을 배워야 하는가? 먼저 하나님의 말씀을 배워야 한다. 물론 성경이 모든 것을 말해 주지는 않는다. 그러나 성경은 우리가 세상을 알고 이해하는 기초 원리를 가르쳐준다. 그러므로 무엇보다 성경에 정통하도록 노력해야 한다. 또한, 세상을 알아야 한다. 인간 지성의 산물들과 실용적인 지식들 모두 필요하다. 하나님이 세상을 창조하셨고, 세상 속에서 일을 하고 계시다면 우리가 세상을 알고 이해하는 것은 필수적인 과제다.

2) 정서감정의 성장

느낄 줄 아는 사람이 되는 것 역시 중요하다. 하나님의 사랑을 체험하고 거기에 감정적으로 반응하는 것이 필요하다. 하나님의 말씀에 감동하는 것이나 찬양과 기도 속에서 정서적 고양을 경험하는 것 모두 필요하다. 그것이 우리를 성장시켜준다.

우리는 하나님의 창조물을 감상할 줄 알아야 한다. 도시에 살고 있더라도, 그럴 수록 더욱, 자연을 가까이하고 자연으로부터 감동을 받으려는 노력을 의도적으로 해야 한다. 자연에는 하나님의 아름답고 멋진 손길이 깃들어 있기 때문이다. 하늘과 별과 달과 산과 강이 창조주 하나님을 노래하고 있기 때문이다.

인간의 희로애락에 동감하는 마음을 키워야 한다. 다른 사람의 애환에 감정이입을 할 수 있어야 아픔을 공감하고 그들과 함께하는 행동에 나설 수 있다. 나와 다른 환경에 있는 사람들과의 진정한 연대는 그들의 사정에 공감하는 것에서 출발한다. 이것이 없다면 그 행동은 동정이나 시혜, 자기만족에 머무를 수 있다.

3) 행동의 성장

배우고 느끼는 것으로 그치지 말고 행동해야 한다. 배우고 느끼는 것으로 그치는 것은 자신을 속이는 것이다. 약1:22 "말씀을 행하는 사람이 되십시오. 그저 듣기만 하여 자신을 속이는 사람이 되지 마십시오" 따라서 배운 것, 느낀 것을 실천하도록 노력해야 한다. 그런 행동이 습관이 되도록 해야 하고, 성품으로 굳어지게 해야 한다.

4) 교육의 목표

우리 자신뿐만 아니라 우리가 가르치는 사람들에게도 전인적인 성장이 목표가 되어야 한다. 자녀 교육, 학교 교육, 교회의 주일학교 교육이나 제자훈련의 내용 모두가 통합적인 것이어야 한다. 이 세상은 교육의 균형을 잃었다. 불균형적인 인간을 키워내고 있고, 그리 하라고 우리에게도 압박을 가하고 있다. 믿음으로 산다는 것, 영적으로 성장하기 위해 노력한다는 것은 이런 압박과 싸워야 한다는 의미이다. 이런 경향에 저항하고 하나님이 의도하신 온전한 인간이 되기 위해 노력하고, 그렇게 우리 아이들을 키우기 위해 노력하는 것이 바로 영적 싸움이다.

Ⅳ. 온전한 인간의 모델: 예수님

우리의 모델이신 예수님은 균형 잡힌 인간상의 대표였다. 예수님을 닮아간다는 우리의 성장 목표는 예수님처럼 지, 정, 의 통합적인 인격체로 균형 있게 성장하도록 모든 분야에서 훈련해야 한다는 것을 의미한다.

이런 훈련을 위해 교회 공동체는 매우 중요하다. 분화하고 파편화한 현대 사회에서 교회 공동체를 벗어나 전인적인 훈련을 받을 수 있는 곳은 거의 없다. 따라서 교회 안에서 성도가 서로 훈련하고 성장하려는 목표도 전인적인 것이 되어야 한다. 그런데 교회의 훈련을 너무 편협하게 생각하는 경향이 만연하다. 오늘의 현실처럼, 교회 공동체가 인간에 대한 전인적인 관점을 놓아버리고 소위 '영적'인 문제에만 매달리는 것으로 충분하다고 생각한다면, 바로 그 '영적' 성장도 이루지 못할 것이다. 교회에서는 기도, 예배와 같은 '영적' 행위만 해야 한다거나, 지적인 작업을 하더라도 오직 성경공부만 해야 한다는 식의 이해에 머무르는 것은 옳지 않다. 교회는 예수님을 닮은 온전한 사람을 만들기 위해 육체적이고 영적인 훈련을 하는 곳이고, 지적으로, 정서적으로, 행동으로 훈련하는 곳이다.

우리는 육체와 영혼을 가진 통합적 존재다. 그러므로 두 부분에서 모두 성장해야 한다. 또한, 우리는 지성, 감정, 행동이 통합된 인격체다. 그러므로 세 영역 모두에서 균형 있게 성장하도록 노력해야 한다. 그렇게 할 때 완전한 인간이신 예수님의 형상이 우리 안에 이루어지게 될 것이다.

19장 · 하나님의 형상

"하나님이 당신의 형상대로 사람을 창조하셨으니, 곧 하나님의 형상대로 사람을 창조하셨다. 하나님이 그들을 남자와 여자로 창조하셨다." 창 1:27

우리는 17장에서 인간의 이중적인 위치를 살펴보았다. 인간은 하나님의 피조물이며, 동시에 하나님의 형상을 가진 고귀한 존재다. 이 두 가지는 인간의 정체성을 가장 명확하게 말해 주는 것이다. 그중에서 하나님의 피조물이라는 것은 단순하게 이해할 수 있는 부분이지만, 하나님의 형상이라는 것은 그 의미가 무엇인지 생각해봐야 하는 주제다. 이 주제는 신학적으로도 오랜 세월 동안 탐구의 대상이 되었고, 인간의 이해에 매우 중요하기 때문에 그 의미를 잘 이해하는 것이 필요하다.

현재 인간의 모습은 매우 비참하다. 죄로 물들어 있어서 온갖 악을 행한다. 이성이 있다고 하지만 비이성적인 판단을 할 때가 너무 많다. 옳은 것이 무엇인지 알면서도 자기 이익을 위해 악한 행동을 할 때도 너무 많다. 사람들과 자연과 더불어 살아야 한다는 것을 알면서도 혼자만 존재하는 것처럼 다른 모든 존재들을 자기 유익을 위해 이용하려고만 하고, 인격적이고 친근한 관계는 전혀 맺으려 하지 않는 사람들도 부지기수다. 인간이 원래 이러했는가? 아니다. 이것은 타락 이후에 망가진 인간의 모습이다.

하나님이 만드신 원래 인간은 이렇지 않았다. 하나님은 인간을 만드신 후에 '보기에 좋다'고 말씀하실 정도로 인간의 모습에 만족하셨다. 원래의 인간의 모습이 어떠하였기에 하나님이 기뻐하셨을까? 그 모습을 보여주는 표현이 바로 '하나님의 형상' 이라는 것이다. 하나님이 인간을 자신의 형상으로 만들었기에 너무 아름다웠던 것이다.

Ⅰ. 하나님의 형상으로 창조된 인간

1. 모든 인간은 하나님의 형상으로 창조되었다

"하나님이 말씀하시기를 "우리가 우리의 형상을 따라서, 우리의 모양대로 사람을 만들자. 그리고 그가, 바다의 고기와 공중의 새와 땅 위에 사는 온갖 들짐승과 땅 위를 기어 다니는 모든 길짐승을 다스리게 하자" 하시고, 하나님이 당신의 형상대로 사람을 창조하셨으니, 곧 하나님의 형상대로 사람을 창조하셨다. 하나님이 그들을 남자와 여자로 창조하셨다.":창1:26-27

하나님은 인간을 자신을 닮은 모습으로 만들었다. 이것은 우리 안에 하나님의 형상이 있다는 것이 아니라 우리 자신이 하나님의 형상이라는 것이다. 즉 인간에게 하나님을 닮은 모습이 있다는 것이다. 이것이 인간과 다른 피조물을 구별하는 핵심이다. 왜냐하면, 오직 인간만 하나님의 형상으로 만들어졌기 때문이다.

인간이 하나님의 형상으로 만들어졌다는 것은 **모든 사람에게 해당되는** 말이다. 인종, 성별, 능력, 빈부, 장애 여부와 상관없이 모든 인간에게 하나님의 형상이 있다. 그래서 모든 사람이 고귀한 존재다. 창9:6, 약3:9-10 심지어 타락하여 죄를 지은 사람이라도 여전히 하나님의 형상을 가지고 있다. 비록 그 형상이 훼손되기는 했지만, 그럼에도 불구하고 형상 자체가 사라진 것은 아니다. 따라서 모든 사람은 하나님의 형상으로서 존중받아야 할 존엄한 존재다.

2. 성경은 하나님의 형상에 대해 어떻게 말하고 있는가?

1) 다스리는 역할

인간은 다른 모든 존재들과 마찬가지로 하나님의 피조물이지만, 유일하게 하나님의 형상으로 만들어진 구별된 존재이다. 이것이 인간을 다른 피조물과 현격하게 다르게 만드는 특성이다. 창세기에 기록된 인간과 다른 피조물의 창조 이야기를 살펴볼 때 하나님의 형상은 하나님을 대리하는 역할, 즉 다른 피조물들을 다스리는 역할과 밀접한 관련이 있는 것으로 보인다.

2) 사회성

하나님이 '우리'의 형상대로 '남자와 여자'를 만들자고 말씀하시는 부분에서 복수성과 사회성이 나타난다. 삼위일체 하나님의 복수성이 그대로 형상이라는 의미로 인간에게 전가되었다. 그러므로 하나님의 형상이란 말은 곧 인간이 공동체적이고 사회적인 특성을 지닌다는 것을 의미한다.

3) 하나님을 닮은 모습

"아담의 역사는 이러하다. 하나님이 사람을 창조하실 때에, 하나님의 형상대로 사람을 만드셨다. 하나님은 그들을 남자와 여자로 창조하셨다. 그들을 창조하시던 날에, 하나님은 그들에게 복을 주시고, 그들의 이름을 '사람'이라고 하셨다. 아담은 백서른 살에 자기의 형상 곧 자기의 모습을 닮은 아이를 낳고, 이름을 셋이라고 하였다."창5:1-3

아들이 아버지를 닮아 유사한 점이 있는 것처럼 인간도 자신을 만든 하나님을 닮아 어떤 유사성이 있다는 것을 보여준다. 성품에서도 유사성이 있고, 사랑과 선을 좋아하고, 정의와 평화를 사랑하는 것 행위에서도 유사성이 있다. 창조적 행위, 통치행위 비록 죄로 인해 성품과 행위가 왜곡되기는 했지만, 여전히 인간에게는 하나님을 닮은 성품과 행위의 흔적이 남아있는 것을 볼 수 있다.

4) 고귀한 존재

"사람은 하나님의 형상대로 지음을 받았으니, 누구든지 사람을 죽인 자는 죽임을 당할 것이다."창9:6

인간은 하나님의 형상으로 만들어졌기 때문에 존엄하고 가치 있는 존재라는 것을 말해 준다. 그러므로 사람에게 해를 끼치는 것은 사람을 자기 형상으로 만드신 하나님에 대한 도전과 똑같이 취급된다. 살인자에 대해 극형의 보응을 명하신 이유가 바로 여기에 있다.

5) 그리스도는 하나님의 형상의 원형

"이 세상의 신이 믿지 않는 자들의 마음을 어둡게 하여서, 하나님의 형상이신 그리스도의 영광을 선포하는 복음의 빛을 보지 못하게 한 것입니다."고후4:4

"흙으로 빚은 그 사람의 형상을 우리가 입은 것과 같이, 우리는 또한 하늘에 속한 그분의 형상을 입을 것입니다."고전15:49

그리스도야말로 하나님의 형상의 원형이다. 죄는 인간에게 있는 하나님의 형상을 훼손시켰지만, 그리스도는 죄가 없기 때문에 하나님의 형상의 완전한 모습을 간직하고 있다. 그러므로 구원받는다는 것은 하나님의 형상을 회복하는 것과 같고, 구체적으로는 하나님의 형상의 원형이신 그리스도의 모습을 본받는 것이다. 고후3:18

Ⅱ. 하나님의 형상의 의미

1. 하나님의 형상은 무엇을 말하는 것인가?

하나님의 형상이 구체적으로 무엇인지에 대해서 성경은 자세한 설명을 주고 있지 않다. 그래서 우리는 주변 문맥과 성경 전체에 나타난 하나님과 인간의 모습의 유사성을 통해서 거꾸로 하나님의 형상의 의미를 추적할 수밖에 없다. 여기서 우리가 먼저 확인해야 할 것은, 하나님을 닮았다는 것은 흔히 인간 사회에서 통용되는 외모를 닮았다는 의미는 아니라는 점이다. 왜냐하면, 하나님은 육체가 없는 영이기 때문이다.

하나님의 형상에 대해 신학자들은 다양한 견해를 제시한다.
1 구조성: 하나님을 닮은 어떤 성품이나 특성
2 기능성: 하나님과 유사한 어떤 기능을 행할 수 있는 것
3 관계성: 하나님이 관계로 존재하는 것처럼 인간들도 관계적인 존재라는 것

이 모든 견해는 나름대로 근거를 가지고 있지만, 하나님의 형상은 인간이 행하는 어떤 일과 관련된 것이기보다는 인간 그 자체, 인간이 본래적으로 가지고 있는 어떤 특성을 지칭한다. 그러한 특성을 가졌기 때문에 하나님이 그 특성을 사용하는 어떤 과업(기능)을 맡기신 것이다. 그러므로 전통적인 견해 중에서 구조성이 가장 적합한 설명이며, 관계성은 인간의 특성의 하나이기 때문에 구조에 포함시킬 수 있다. 기능성은 인간이 가진 하나님의 형상의 결과로 보는 것이 옳다. 형상을 가졌기 때문에 하나님의 대리자가 되어 세상을 다스리게 되는 것이다. 그러므로 우리는 하나님의 형상이 우리의 내면적 존재 가운데 하나님을 닮은 어떤 성품이나 특성을 의미한다고 결론내릴 수 있다.

하나님을 닮은 성품이나 특성은 크게 두 가지로 나눠볼 수 있다.

2. 하나님의 성품을 닮은 부분

하나님은 자신의 성품의 어떤 부분을 우리들에게도 주셨다. 하나님의 속성 중에서 인간에게도 주어진 유사한 성품적 속성들을 '공유적 속성'이라고 한다. 그 성품들은 원래 하나님에게 속하는 것이지만 창조하실 때 인간에게도 부여하셨다는 뜻이다. 공의, 자비, 사랑, 선함, 평화, 거룩함, 진실함 등 하나님이 주신 이와 같은 성품들을 잘 발휘할 때 우리가 하나님을 닮은 존재임을 드러내는 것이다.

3. 하나님의 존재를 닮은 부분

인간은 하나님의 성품을 닮은 부분만 있는 것이 아니라 하나님을 특징짓는 존재의 어떤 부분도 닮았다. 우리는 하나님을 닮아서 영적인 존재, 영성 지, 정, 의를 가진 인격적 존재, 인격성 창조적인 존재, 창조성 관계적 존재 관계성이다. 인격적 존재에 대해서는 이전 장에서 이미 살펴보았고, 나머지 세 가지에 대해 생각해보자.

1) 영성

인간은 육체를 가지고 있을 뿐만 아니라 하나님을 닮은 영적인 존재다. 그래서 하나님과 영적으로 교감을 나눌 수 있다. 이것은 다른 동물들은 절대 누릴 수 없는 특권이다. 우리는 기도하고, 하나님의 말씀을 듣고, 때로는 방언으로 교제하고, 순종하기도 한다.

2) 창조성

하나님은 아담에게 동물들의 이름을 짓도록 하셨다.창2:19-20 이것은 창조성을 요구하는 일이며 하나님의 창조사역에 동참하는 일이다. 우리가 이런 일들을 할 수 있는 이유는 창조적인 하나님을 닮았기 때문이다.

우리는 아무 것도 없는 데서 무엇을 만들 수는 없지만, 하나님이 주신 재료를 사용해서 마음속에 상상한 것을 만들어내는 능력을 가지고 있다. 그렇게 삶에 필요한 것을 만들 수 있다. 또한, 아담이 하와를 처음 보았을 때 발휘했던 시를 짓는 예술적 능력 역시 창조성에서부터 나온 것이다. 음악, 미술, 연극, 문학과 같은 예술 활동은 이러한 창조성의 발현이다.

3) 관계성

인간은 삼위일체 하나님의 관계성을 닮아서 관계 속에서 존재한다. "하나님이 당신의 형상대로 사람을 창조하셨으니, 곧 하나님의 형상대로 사람을 창조하셨다. 하나님이 그들을 남자와 여자로 창조하셨다."창 1:27 하나님은 인간을 다른 피조물과는 달리 자신과 교제할 수 있는 존재로 만들었고, 또한 남자와 여자로 만들어서 사회를 형성하여 서로 관계를 맺게 하셨고, 자연을 다스리는 과제를 주어서 자연과도 교제하게 하셨다. 하나님과 인간, 인간과 인간, 인간과 자연 간의 이러한 삼중적 관계는 오직 인간에게만 주어진 하나님의 형상으로 가능한 것이다.

하나님은 인간이 관계를 맺으면서 살도록 만드셨고, 관계 속에서 진정한 인간의 모습이 발휘되도록 하셨다. 즉 하나님이 관계적인 분이기 때문에 관계성은 인간의 본질적 성격인 것이다. 그러므로 고립/고독보다는 사회성이 하나님의 형상을 닮은 인간의 본래적 모습이다. 이렇게 볼 때 '고독한 인간'이라는 것은 하나님의 형상이 훼손된 부정적인 인간상이라 할 수 있다. 근대 사회에서 개인주의의 득세는 공동체적 관계를 파괴하고 오직 고립되고 이기적인 개인만 남겨버렸다. 이것은 죄의 파괴적인 영향이 만들어낸 모습이다.

Ⅲ. 하나님 형상의 훼손과 회복

1. 타락으로 인한 훼손

타락으로 인해 우리 안에 있는 하나님의 형상의 많은 부분이 파괴되고 훼손되어 빛이 바래졌다. 하나님과 관계를 맺는 영성이 쇠퇴하고, 공의나 평화, 자비와 사랑 대신 이기심과 교만으로 가득차고, 하나님이 주신 창조성을 하나님을 대항하거나 퇴폐적인 욕구를 충족시키는 데 사용하고, 다른 사람과 사랑의 관계를 맺기보다 내 욕심을 위해 다른 사람을 이용하려고 하고, 세상을 하나님의 청지기로 다스리지 않고 자신의 욕망을 채우는 수단으로 삼아 착취하는 것 등이 그 결과들이다.

그렇다면 인간이 타락한 이후에도 하나님의 형상이 남아 있는가? 창세기 9장 6절 "사람은 하나님의 형상대로 지음을 받았으니, 누구든지 사람을 죽인 자는 죽임을 당할 것이다."과 야고보서 3장 9절 "우리는 이 혀로 주님이신 아버지를 찬양하기도 하고, 또 이 혀로 하나님의 형상대로 지음을 받은 사람들을 저주하기도 합니다."에 의하면 모든 인간은 타락 이후에도 여전히 하나님의 형상이다. 비록 죄로 인해 타락했지만, 인간에게는 선한 행동, 선한 관계, 창조적 행위 등과 같은 하나님 형상의 긍정적인 모습이 여전히 남아 있다.

2. 구원 - 하나님 형상의 회복의 시작

구원은 우리 안에 있는 하나님의 형상을 다시 회복하는 것을 의미한다. 롬8:29, 고전15:49, 고후3:18, 엡4:24 우리는 구원을 받아 새 사람이 되었고 계속해서 새로워지는데, 그 과정은 하나님을 더욱 닮아가는 것이다. "새 사람을 입으십시오. 이 새 사람은 자기를 창조하신 분의 형상을 따라 끊임없이 새로워져서, 참 지식에 이르게 됩니다." 골3:10

구체적으로는 그리스도가 완전한 하나님의 형상이기 때문에 고후4:4, 골

1:15, 히1:3 이 땅에서 인간의 모습으로 사셨던 예수님을 닮아가는 것이 바로 하나님의 형상을 회복하는 것이다. "우리는 주님과 같은 모습으로 변화하여, 점점 더 큰 영광에 이르게 됩니다."고후3:18 "하나님께서는 미리 아신 사람들을 택하셔서, 자기 아들의 형상과 같은 모습이 되도록 미리 정하셨으니."롬8:29

그러므로 우리가 하나님의 형상을 다시 회복하기 위해서는 예수님이 어떤 성품을 가진 분인지, 어떤 삶을 사셨는지 살펴보고 그대로 따라 가야한다. 여기서 우리가 기억해야 할 것은, 하나님의 형상을 회복하는 일은 일순간에 일어나는 것이 아니라 지속적인 과정이라는 사실이다. 꾸준한 영적 훈련을 통해 죄로 퇴색되었던 하나님의 형상을 다시 빛나게 하는 것이다.

3. 재림 - 하나님 형상의 완전한 회복

그리스도가 다시 오실 때 우리도 부활할 것인데, 그때 "흙으로 빚은 그 사람의 형상을 우리가 입은 것과 같이, 우리는 또한 하늘에 속한 그분의 형상을 입을 것입니다."고전15:49 그때에 우리는 완전한 하나님의 형상이신 예수님의 모습과 같게 될 것이다. "그리스도께서 나타나시면, 우리도 그와 같이 될 것임을 압니다."요일3:2 그날은 완성의 날이다.

IV. 하나님의 형상이 우리 삶에 주는 의미

1. 인간의 존엄성

우리가 하나님의 형상으로 창조되었다는 것은 우리에게 어떤 의미를 줄 수 있을까? 가장 귀하신 하나님의 형상이 우리에게 주어졌다는 것은 창조 세계 가운데 인간이 차지하는 위치를 알려준다. 바로 여기서부터 인간의 존엄성이 생겨난다.

"사람은 하나님의 형상대로 지음을 받았으니, 누구든지 사람을 죽인 자는 죽임을 당할 것이다."창9:6 여기서 하나님은 사람이 여전히 하나님의 형상이므로 사람을 해하는 것은 용납할 수 없다고 선언하신다. 그것은 하나님에 대한 도전으로 받아들여지기 때문이다. 그만큼 인간이 귀하다는 것이다. 이것이 다른 어떤 사상보다 인간의 존엄성과 가치와 인권을 고양하는 근거이다. 그러므로 하나님의 형상을 가지고 있다는 공통점에 비해 지극히 사소한 차이를 근거로 사람들을 차별하는 것은 모두 잘못된 것이다. 노예제도, 외국인 노동자 차별, 북한이탈주민들에 대한 차별, 장애인 차별, 출신지역에 따른 차별, 여성 차별 등과 같은 인종, 성, 종교, 문화, 경제적 차이로 인한 차별은 모두 비기독교적이다.

우리는 마땅히 모든 사람을 하나님의 형상을 가진 고귀한 존재로 평등하게 대우해야 한다. 노인, 병자, 정신 장애자, 어린 아이, 외국인, 타 종교인 등 만인의 인권을 존중해야 한다. 이렇게 하지 않는 것은 그 사람들 안에 있는 하나님의 형상을 부인하는 것이며, 그것은 결국 그 사람에게 자신의 형상을 담게 하신 하나님을 무시하는 것이다. 그러므로 진정한 인권, 생명 존중은 '하나님의 형상 사상' 에서부터 나온다.

2. 하나님의 대리자

하나님은 인간을 자신의 형상으로 만드신 다음에 바로 이어서 인간을 세상 통치의 대리자로 세우셨다. "생육하고 번성하여 땅에 충만하여라. 땅을 정복하여라. 바다의 고기와 공중의 새와 땅 위에서 살아 움직이는 모든 생물을 다스려라."창1:28 우리가 하나님의 형상으로 만들어졌다는 것과 하나님의 대리자로 세상을 잘 관리하는 것은 매우 밀접한 관계가 있다.

고대 근동에서 제국의 대왕은 자신이 직접 다스리기 어려운 지역에 자신의 형상을 세웠다. 그 형상은 대왕의 권위가 그곳에도 미친다는 것을 의미하며, 대왕의 대리자가 되었다. 창세기가 고대 근동 문화 속에서 쓰여졌다는 것을 감안한다면, 하나님의 형상 개념은 세상의 제왕이신 하나님이 인간을 자신의 형상으로 만들어서 이 세상의 대리자로 세운 것이라고 이해할 수 있다. 제왕과 대리자의 관계는 시편 8편 5~6절에서 좀 더 분명하게 나타난다. "주님께서는 그를 하나님보다 조금 못하게 하시고, 그에게 존귀하고 영화로운 왕관을 씌워 주셨습니다. 주님께서 손수 지으신 만물을 다스리게 하시고, 모든 것을 그의 발아래에 두셨습니다."

인간은 하나님의 대리자가 되어 세상을 다스리고 보존하고 관리하고 개발하는 역할을 감당하는 것이다. 우리는 세상에 있는 어떤 것들을 우상으로 세워서 섬기거나,^{과도한 높임} 세상을 이기적인 목적을 채우기 위해 착취하지 않고,^{과도한 비하} 하나님의 대리자가 되어 그것들이 하나님이 '보시기에 좋았던' 모습을 유지하도록 잘 관리해야 한다.

인간은 하나님의 형상으로 고귀한 존재로 창조되었다. 비록 죄로 인해 우리 안에 있는 하나님의 형상이 훼손되고 더럽혀졌지만, 그리스도의 구원사역으로 인해 다시 회복하는 동력을 얻었다. 그러므로 구원 이후의 삶은 우리 안에 하나님의 형상을 다시 회복하는 삶이다. 우리는 하나님을 닮은 성품^{사랑, 자비, 공의, 진실, 거룩, 선함, 평화}을 다시 빛나게 해야 한다. 또한, 죄로 인해 만연한 고립된 삶, 개인주의적인 삶을 버리고 협력의 관계를 중심으로 하는 공동체적 삶을 회복하는 노력을 기울여야 한다. 더 나아가서, 우리는 이기적인 이익이 아니라 하나님의 영광을 위해 하나님의 뜻대로 세상을 책임 있게 다스리고, 창조 명령을 다시 받들어서 지속적으로 문화를 창조하는 삶을 살아가야 한다. 하나님은 자신의 형상으로 창조한 인간이 그 형상을 잘 반영하는 삶을 살 때 마치 자신을 닮은 자식의 기특한 모습을 보는 부모처럼 기뻐하신다.

20장 · 타락

> "여자가 그 나무의 열매를 보니, 먹음직도 하고, 보암직도 하였다. 그뿐만 아니라, 사람을 슬기롭게 할 만큼 탐스럽기도 한 나무였다. 여자가 그 열매를 따서 먹고, 함께 있는 남편에게도 주니, 그도 그것을 먹었다." 창3:6

세상 모든 사람들이 선하다면 얼마나 좋을까? 폭행도 하지 않고, 사기도 치지 않고, 자기 나라의 이익을 위해 타국을 침략하지 않고, 권력욕에 눈멀어 총칼을 들이대지 않는 세상. 그러나 우리가 매일 접하는 세상은 악으로 가득 차 있다. 정말로 지긋지긋해 도피하고픈 마음이 간절해진다. 어쩌다 세상이 이 모양이 되었을까? 그러다 보니 이제는 말 그대로 유토피아는 꿈에서나 바라는 세상이 되었다. 모두가 사랑하고 섬기는 곳, 나의 이익을 위해 다른 사람을 이용하지 않는 곳, 약자를 돌보고 실패한 사람을 일으켜 세워주는 곳, 이제 우리는 이런 세상에 대한 꿈조차도 포기해 버린 것 같다. 악으로 가득 찬 세상을 살아가는 것이 너무 힘겹다.

무엇이 근본적인 문제일까? 세상의 모든 악은 다른 곳이 아니라 바로 인간으로부터 나온다. 예수님의 말씀대로 사람의 밖이 아니라 속에서부터 나오는 것이 자신을 더럽히고 관계를 파괴하고 사회를 사기와 폭력으로 물들인다. 누구 탓을 하겠는가? 인간이 이 모든 악의 근원지라는 것을 어떻게 부정할 수 있는가? 그러므로 우리는 인간의 모습을 직시해야 한다. 비록 우리가 하나님의 형상으로 창조되었지만 지금 우리가 보는 모습은 그것과는 거리가 멀다. 도대체 무슨 일이 일어난 것일까?

I. 죄의 본질

1. 인간 이전의 죄

하나님은 세상을 선하게 창조하셨기 때문에 처음에는 죄가 없었다.창 1:31 그러나 **천사가 타락하면서 죄가 시작되었다.**사14:12-15, 겔28 "하나님께서는 죄를 지은 천사들을 아끼지 않으시고, 지옥에 던져서, 사슬로 묶어, 심판 때까지 어두움 속에 있게 하셨습니다."벧후2:4 "또 그는 자기들의 통치 영역에 머물지 않고 그 거처를 떠난 천사들을 그 큰 날의 심판에 붙이시려고, 영원한 사슬로 매어서 어둠에 가두어 두셨습니다."유6

타락한 천사들은 하나님이 내린 어떤 명령을 거역하였다. 하나님이 지정하신 자리와 영역을 벗어난 것이다. 그것이 구체적으로 무엇을 의미하는지는 명확하지 않지만, 하나님께 반역한 것은 분명하다. 그렇게 해서 죄와 악이 시작되었다.

2. 인간 최초의 죄

하나님은 인간을 창조하신 후에 에덴이라는 낙원에서 살게 하고 몇 가지 지침을 주면서 특별히 선과 악을 알게 하는 나무의 열매는 먹지 말라고 엄중하게 말씀하셨다. "주 하나님이 사람에게 명하셨다. '동산에 있는 모든 나무의 열매는, 네가 먹고 싶은 대로 먹어라. 그러나 선과 악을 알게 하는 나무의 열매만은 먹어서는 안 된다. 그것을 먹는 날에는 너는 반드시 죽는다.'"창2:16-17

그러나 **인간은 하나님의 말씀을 거역하였다.** "여자가 그 나무의 열매를 보니, 먹음직도 하고, 보암직도 하였다. 그뿐만 아니라, 사람을 슬기롭게 할 만큼 탐스럽기도 한 나무였다. 여자가 그 열매를 따서 먹고, 함께 있는 남편에게도 주니, 그도 그것을 먹었다."창3:6

이것이 인류 최초의 죄이며, 타락의 시작이다.

3. 인간의 책임 유무

어떤 사람들은 인간이 죄를 짓게 된 것은 하나님 탓도 있고, 사탄의 탓도 있다고 주장한다. 그래서 인간에게는 그렇게 큰 책임이 없다고 주장한다. 과연 그럴까? 먼저 우리는 **인간이 자유로운 존재로 창조되었다는** 것을 기억할 필요가 있다. 인간은 로봇처럼 프로그램대로 움직이는 존재가 아니라 스스로 판단하고 결정하고 행동할 수 있는 의지를 가진 인격적인 존재다. 그러므로 다른 존재가 인간의 의지를 완전히 무시하고 강제로 어떤 행동을 하도록 만들 수 없다. 그런 상황이라면 인간은 책임이 없을 것이다.

사탄은 강제적인 방법을 쓰지 않았다. 사탄은 인격체로서의 인간의 정체성을 무시하지 않았다. 그것을 이용한 것뿐이다. 사탄이 하와를 유혹했지만 최종적인 결단은 하와의 몫이었다. 사탄이 하와를 강제하여 죄를 짓게 만든 것이 아니다. **인간이 필연적으로 죄를 지을 수밖에 없었던 것도 아니다.** 이것은 예수님의 예에서 분명하게 드러났다. 예수님도 사탄의 유혹을 받았지만 하나님의 권위를 인정하면서 하나님의 말씀에 의존하여 물리쳤다. 이것은 아담의 선택과 예수님의 선택이 모두 자율적인 것이며, 정반대의 선택도 가능하다는 것을 보여준다.

하나님은 에덴이라는 낙원을 제공하는 것을 통해서 이미 인간에게 좋은 것을 제공하는 은혜의 하나님이라는 것을 보여주셨다. 그 후에 선악을 알게 하는 나무를 선택하지 말라고 가르침을 주셨다. 만약 인간이 하나님이 자신들에게 베풀어주신 은혜와 사랑을 깊이 생각하고 하나님이 자신들에게 부당한 대우를 하지 않는다는 것을 충분히 이해했다면, 사탄의 유혹에 쉽게 넘어가지 않았을 것이다. 하나님은 인간이 자발적으로 하나님께 순종하기를 원하셨고, 그것을 확인하는 방법으로 생명나무와 선악을 알게 하는 나무를 사용한 것이다. 그러나 인간은 자신에게 주어진 **선택권을 하나님을 거역하는 방식으로 사용하였다.** 그래서 타락이 시작되었고 죄가 이 세상을 물들이기 시작했다.

4. 최초의 죄의 성격 창3:1-7

인간의 최초의 죄가 어떤 과정을 거쳤고, 그 속에 어떤 특징이 숨어 있는지 살펴볼 필요가 있다. 왜냐하면, 최초의 죄는 우리가 이후에 범하는 모든 죄의 원형과 같은 것이며, 우리가 범하는 죄의 성격도 최초의 죄를 답습하고 있기 때문이다.

1) 권위에 대한 거부 자아 중심성

하나님은 선악을 알게 하는 나무의 열매를 먹으면 반드시 죽을 것이라고 말씀하셨다. 창2:17 그러나 뱀은 그 말이 옳지 않다고 주장한다. 3:4 "너희는 절대로 죽지 않는다." 그러면서 이 명령의 이면에는 하나님의 불순한 동기가 숨어 있다고 말한다. 3:5 "하나님은, 너희가 그 나무 열매를 먹으면, 너희의 눈이 밝아지고, 하나님처럼 되어서, 선과 악을 알게 된다는 것을 아시고, 그렇게 말씀하신 것이다." 하나님을 의심하게 만든 것이다. 이것이 죄의 본질이다. 죄는 하나님의 권위를 부정하게 하고, 그래서 그의 말씀을 거부하게 만들며, 더 나아가서 하나님의 선의를 의심하는 것으로 이어진다.

2) 교만 하나님의 판단보다 자신의 판단을 의지함

하나님은 그 열매를 먹으면 죽을 것이라고 말씀하셨지만 인간은 열매가 "먹음직도 하고, 보암직도 하였다. 그뿐만 아니라, 사람을 슬기롭게 할 만큼 탐스럽기도 한 나무였다." 창3:6고 생각했다. 이것은 누구의 판단에 더 큰 권위를 부여할 것인가 하는 문제다. 인간은 뱀의 제안과 하나님의 말씀 사이에서 자신이 판단의 주체라고 생각하였다. 그래서 자신이 보기에 더 나은 쪽을 선택한 것이다. 자신이 하나님과 동등한 권리와 판단력을 가지고 있다고 생각하는 교만한 마음으로 인해 죄가 발생하는 것임을 잘 보여주는 사건이다.

3) 잘못된 욕망^{이기적 탐욕}

뱀이 열매를 먹으면 '하나님처럼 된다'고 유혹한 것은 인간에게는 피조물로서의 자신의 위치에 만족하지 않고 '하나님처럼' 되고자 하는 욕심에 있다는 것을 간파하고 그것을 이용한 것이다. 모든 죄는 탐욕의 토양에 유혹의 씨가 뿌려질 때 열매를 맺는다. 아무리 유혹이 강해도 내면에 탐욕이 없으면 죄에 빠지지 않는다. 그것을 잘 보여주는 예가 예수님이다. 예수님은 이 땅에서 자신이 높아지고 경배를 받고 엄청난 일을 성취하려는 욕구가 없었다. 오직 섬기고자 하는 마음뿐이었다. 그래서 사탄의 유혹을 받았을 때 거기에 넘어가지 않았던 것이다. 이처럼, 더 중요한 것은 우리 내면의 탐욕이다. 외부의 탓이 아니다. 우리는 내 잘못을 인정하는 경우조차도 그 원인을 외부의 탓으로 돌리고자 하는 성향을 보인다. 내 잘못은 내 탐욕의 결과다.

5. 죄에 대한 정의

최초의 죄의 본질은 이후의 모든 죄에도 그대로 계승된다. 성경은 죄를 다양한 방식으로 다양한 표현을 사용해서 설명한다. 그러나 본질은 거의 똑같다. 우리는 먼저 성경에서 말하는 죄의 다양한 측면들을 살펴보고 죄의 핵심을 찾아보려고 한다.

1) 죄를 나타내는 구약의 용어들

죄를 뜻하는 말로는 '아바' avah, 구부리다 '아발' aval, 허물 '아바르' avar, 범하다 '라아' rah, 악의 지배 '마알' maal, 신뢰가 깨짐 '파샤아' 반역하다, 올바른 권위에 복종하기를 거부하다 등의 표현이 등장하는데, 가장 빈번하게 사용되는 단어는 '하타' chatha이다. 이는 '표적을 잘못 맞추다, 올바른 목표를 빗나가다, 규범으로부터 일탈하다' 라는 의미이며, 신학적으로는 '하나님의 목적또는 율법으로부터 떠나다', '목표를 빗나가다' 라는 뜻이다. 이것은 내면의 성향보다는 대개 구체적인 행동을 가리킨다.

2) 신약의 용어들

신약에서 죄를 뜻하는 단어들로는, '파라바시스' parabasis, 경계를 범함 '파라코에' parakoe, 청종치 않음 '파랍토마' paraptoma, 넘어짐 '아그노에마' agnoema, 무지 '헷테마' hettema, 온전히 수행하지 않음 '아노미아' anomia, 율법을 지키지 않음 '플렘멜레이아' plemmeleia, 부조화 '휘브리스' hubris, 하나님을 무시하는 교만 '아디키아' adikia, 불의 등이 있지만, 대표적으로는 '하마르티아' hamartia와 동사형 '하마르타노' hamartano가 사용된다. 이 역시 '과녁을 빗나가다' '실패' 의 의미를 지니고, 일반적으로는 특정한 잘못된 행위를 가리키지만, 내면의 불순한 마음이나 동기를 지칭하기도 한다.

3) 하나님에 대한 대항

죄에 대한 신구약의 개념들을 종합하면, 죄를 '실패' 로 본다고 결론내릴 수 있다. '하타' 와 '하마르티아' 가 모두 의미하듯이, 죄는 '과녁을 빗나가는 것' '표준에 미치지 못하는 것' 을 뜻한다. 즉, 죄는 하나님이 설정하신 모습에서 벗어나는 것을 의미한다. 하나님은 우리에게 인간으로서의 위치를 지정해 주셨고, 하나님이 지시하신 대로 살면서 하나님께 순종하기를 원하셨다. 그러나 인간은 이러한 하나님의 뜻을 거부하고 하나님이 정하신 법을 위반하면서 하나님이 정하신 삶의 표준을 벗어난 것이다.

이것은 죄가 본질적으로 하나님을 거부하고 대항하는 것이라는 점을 보여준다. "육신에 속한 생각은 하나님께 품는 적대감입니다."롬8:7 인간은 하나님의 피조물로서의 자신의 위치를 거부하고 하나님과 동등해지기를 원했으며, 하나님의 사랑을 의심하고 스스로 더 좋은 삶을 찾아 나선 것이다. 이것은 하나님에 대한 철저한 불신이며, 하나님이 정하신 삶을 정면으로 거부하는 것이다. 결국, 인간의 자기중심성, 이기심, 하나님의 지배를 거부하는 자율성이 죄의 본질이다. 아이들을 보면 이런 모습을 분명하게 발견할 수 있다. 두세 살짜리 아이들이 노는 모습을 보면 그렇게 이기적이고 자기중심적일 수 없다. 어른들은 자신의 이런 성향을 교묘하게 숨기는 데 능하지만 아이들은 자연스럽게 드러내고 보여준다.

또한 성경에서 말하는 죄는 구체적인 행동뿐만 아니라 하나님의 뜻을 거스르는 마음의 태도를 갖는 것도 포함한다. 십계명의 열 번째 계명출 20:17 "너희 이웃의 집을 탐내지 못한다. 너희 이웃의 아내나 남종이나 여종이나 소나 나귀나 할 것 없이, 너희 이웃의 소유는 어떤 것도 탐내지 못한다."이나, 산상설교의 내용들,마 5:28 "여자를 보고 음욕을 품는 사람은 이미 마음으로 그 여자를 범하였다." 시기, 질투를 언급하는 내용들갈5:20-21은 구체적 행동 외에도 마음의 태도를 지적하고 경계한다.

결론적으로 말해서, 죄란 하나님을 거부하고 대항하는 태도와 행동을 의미한다.

Ⅱ. 죄의 결과

1. 최초의 죄에 대한 하나님의 심판

최초의 죄에 대한 심판은 **삼중적 죽음**으로 나타난다. 창2:17 "반드시 죽을 것이다."

첫째는 **육체적 죽음**이다. 이것은 육체가 다시 흙으로 돌아가는 것을 의미한다.

두 번째는 **영적인 죽음**이다. 영혼이 죄로 물들어 더 많은 죄를 지을 수밖에 없는 존재가 되었고 하나님과의 영적인 관계가 끊어지게 되었다.

세 번째는 **영원한 죽음**이다. 육신의 생존 기간 동안 그리스도가 주시는 새 생명을 거부함으로 맞게 되는 죽음을 의미한다.

이 세 가지 죽음은 순차적으로 찾아온다. 하나님이 즉각적인 심판을 유보하셨기 때문이다. 그런데 사람들은 지금 당장 죽음이 찾아오지 않는다는 이유로 심판이 없는 것처럼 여전히 방종하며 살아간다. 하나님의 은혜와 인내하심을 조롱하는 일이다. 롬2:4

2. 단 하나의 명령을 어긴 것이 그렇게 중한 죄인가?

사람들은 최초의 인간이 범한 단 하나의 죄가 그렇게 큰일인가 하는 의문을 제기하기도 한다. 그 명령과 그것에 대한 불순종은 대표성을 가진다. 하나님이 중요하게 여기는 것은 무無와 유有의 차이이지 1과 2의 차이가 아니다. 부모님의 말씀을 하나 어겼냐 두 개 어겼냐 하는 것이 중요한 것이 아니라 순종했느냐 불순종했느냐가 중요한 것이다. 개수의 차이는 완벽이 깨졌다는 사실보다 더 중요한 것은 아니다. 하나의 계명을 어긴 것은 율법 전체를 어긴 것과 같은 것으로 간주된다. "누구든지 율법 전체를 지키다가도 한 조목에서 실수하면, 전체를 범한 셈이 되기 때문입니

다."약2:10

좀 더 본질적으로 생각할 때, 죄는 마음의 태도의 문제다. 하나의 계명을 어기는 마음이 있다면 이미 순종은 깨진 것이다. 다른 계명을 어기는 것은 시간문제일 뿐이다. 하나님은 '온전한' 마음 전부를 원하는 것이지 마음의 일부만을 원하지 않는다.

3. 최초의 죄의 결과: 관계의 파괴창3:7-19

죄는 대단한 영향력을 가지고 있다. 죄는 하나님의 직접적인 심판을 초래하는 것 외에도 세상을 구성하는 다양한 존재들이 맺고 있는 관계들을 파괴한다. 하나님의 의도는 사람들이 하나님과 다른 사람들, 그리고 자연만물과 공동체적 관계 속에서 살아가는 것이다. 그런데 죄는 이 모든 관계에 악영향을 준다. 최초의 죄가 그러했고, 우리가 직접 짓는 죄도 다양한 방식으로 관계를 파괴한다.

1) 하나님과의 관계 파괴

첫째, 죄는 하나님의 권위와 그에 대한 복종이라는 관계를 깨뜨려버렸다. 이것이 한 번 깨지자 이후에 모든 인간들이 계속해서 하나님의 권위를 거부하고 도전하려고 시도하게 되었다. 이런 성향은 이제 인간의 핵심적인 유전인자와 같은 것이 되어버렸다.

둘째, 죄는 하나님과의 교제를 단절시켜버렸다. 아담과 하와는 죄를 지은 후에 하나님을 피해서 숨었다. 격의 없는 교제가 깨진 것이다. 이제 일상적으로 갖던 하나님과의 만남이 매우 특별한 것으로 변해버렸다. 하나님과 교제를 갖는 것이 매우 어려운 일이 되어버린 것이다. 지금 우리의 모습이 그렇지 않은가?

2) 이웃과의 관계 파괴

죄는 아담과 하와의 관계를 파괴하였다. 서로에게 책임을 전가하면서 포용과 용납의 관계가 깨졌고, 벗은 것을 부끄러워하면서 투명하고 거짓 없는 관계가 깨졌으며, 남자와 여자가 사랑으로 희생하는 것이 아니라 서로 지배하기 위해 투쟁하는 관계로 변질되었다.창3:16

이처럼 죄는 인간 사회의 모든 관계를 파괴한다. 그래서 남자와 여자, 어른과 아이, 민족과 민족, 인종과 인종, 계층과 계층 사이에 갈등을 유발시킨다. 이것은 가정에서도 마찬가지고, 심지어는 새 생명을 얻어 새로운 공동체가 된 교회 내에서도 마찬가지다.

더 나아가서, 죄는 우리가 다른 사람을 대하는 태도 자체를 변질시킨다. 칸트가 말한 것처럼, 우리는 다른 사람을 고귀한 존재로, 그리고 목적 그 자체로 대우하는 것이 아니라 나의 이익을 위한 수단으로 여긴다. 심지어 사랑할 때조차도 내게 돌아올 보상심리적, 정신적, 육체적, 사회적을 생각한다. 가장 아름다운 관계를 형성해 주는 사랑조차 죄에 물든 것이다.

3) 자연과의 관계 파괴롬8:22

최초의 인간이 죄를 지을 때 땅도 저주를 받게 되었다. 그 결과, 전에는 큰 수고 없이도 땅이 내는 좋은 열매들을 먹을 수 있었지만, 이제 인간의 죄로 인해 저주받은 땅은 마치 인간에게 복수를 하는 것처럼 가시덤불과 엉겅퀴를 내어 인간들은 "죽는 날까지 수고를 하여야만, 땅에서 나는 것을 먹을 수 있게"창3:17-18 되었다.

또한 인간은 하나님의 청지기가 되어 자연을 관리하라는 명령을 무시하고 자신의 탐욕을 채우는 수단으로 여기면서 무차별적으로 파괴한다. 그 결과 자연은 파괴되어가면서 역으로 인간들의 삶을 더 어렵게 만들었다. 환경의 역습, 예상치 못한 질병의 발생, 각종 오염으로 인한 고통대기,

물, 토양 등은 바로 그러한 결과이다. 결국, 인간과 자연의 투쟁은 끊임없는 악순환을 초래하였다.

4) 자신과의 관계 파괴

죄는 인간을 사로잡아 노예로 만든다. 점점 더 깊숙한 늪으로 끌어들인다. 그 결과 점점 더 담대하게 죄를 짓게 되고 선을 행하는 능력은 더욱 약화된다. 이것은 다음 세대인 가인이 아벨을 죽이는 데서 극명하게 드러난다. 자신의 아우를 죽이는 데까지 죄가 발전해간 것이다.

인간이 자신의 벌거벗은 모습을 부끄럽게 여기고 하나님의 눈을 피했다는 것은 자아상이 파괴되었다는 것을 의미한다. 그 결과 자신이 최고라고 생각하면서 자아도취에 빠지거나, 반대로 처절한 자기비하의 성향을 보이게 된다.

죄는 인간의 삶을 생존을 위한 고투로 변질시켰다. 낙원에서 쫓겨났다는 것이 죄 가운데 살아가는 우리 삶의 모습을 대표적으로 보여준다.^{창 3:21-24} 하나님 앞에서 쫓겨나서 온갖 문제들 속에서 방황하며 생존을 위해 치열하게 투쟁하면서 살아가야 하는 운명이 되었다. 여자는 해산의 수고가 더하는 저주를 받고,^{3:16} 남자는 노동이 더욱 힘들어지는 저주를 받았다.^{3:17-18} 이 두 가지는 원래 창조명령에 포함된 것으로 복스러운 삶의 일부분이었다. 그러나 죄로 인해 그것은 이제 고통의 원천으로 변해버렸다.

Ⅲ. 죄 가운데 빛나는 하나님의 은혜

1. 심판의 유보와 회복의 가능성

이렇게 인간이 하나님을 거역했지만 하나님은 심판을 바로 집행하지 않고 자비를 베풀어주셨다. 은혜로 심판을 유보하셨을 뿐만 아니라, 회복할 수 있는 기회를 제공하기로 하셨다. 사탄에 대한 심판 속에는 '여자의 후손'에 대한 약속, 그가 사탄을 무찌를 것이라는 약속, 인간을 향한 구원의 약속이 동시에 담겨 있다. 창 3:15 "내가 너로 여자와 원수가 되게 하고, 너의 자손을 여자의 자손과 원수가 되게 하겠다. 여자의 자손은 너의 머리를 상하게 하고, 너는 여자의 자손의 발꿈치를 상하게 할 것이다."

2. 약속의 표시

아담은 자기 아내의 이름을 하와, 곧 '생명'이라고 지었다. 창3:20 이것은 그들이 죽을 죄를 지었지만 여전히 생명을 유지하고 있으며, 생명이 회복될 것이라는 기대를 가지고 있음을 보여주는 것이다. 또한, 하나님은 이러한 약속의 표시로서 아담과 하와의 벗은 몸을 입혀주셨다. 창3:21 이것은 죄로 인한 그들의 수치를 덮어주는 것이고, 또한 후에 그리스도의 의로 옷을 입혀주실 것을 상징적으로 보여주는 것이다.

비록 인간이 자신을 창조한 하나님을 거역하고 죄를 지었지만, 언제나 그렇듯이 하나님의 은혜는 암흑 속에서 더욱 빛난다. 하나님은 심판의 주이지만, 동시에 은혜와 자비의 주님이기도 하기 때문이다. 그렇기에 우리도 죄 가운데 살면서 여전히 생명을 유지하고 은혜를 누리고 있는 것이다.

21장 · 우리의 죄

> "모든 사람이 죄를 범하였습니다. 그래서 사람은 하나님의 영광에 못 미치는 처지에 놓여 있습니다." 롬 3:23

처음 사람 아담과 하와이 죄를 지었고, 그 죄로 인해 심판을 받았다. 그러나 그들이 지은 죄와 받은 심판은 그들에게만 국한되는 것이 아니었다. 그들이 받은 심판은 후손에게도 그대로 영향을 미쳤다. 에덴동산에서의 추방, 먹고 살기 위한 수고, 해산의 고통, 인간관계의 파괴 등이 그것이다. 그러나 그것만이 아니었다. 그들이 지은 죄로 인해 이제 아담은 더럽혀진 기계와 같은 존재가 되었다. 그래서 거기서부터 나오는 제품들은 모두 흠이 있는 것이 될 수밖에 없다. 이것을 아담의 죄의 유전이라고 한다.

I. 아담의 죄의 유전

1. 죄책의 유전

하나님은 아담을 인류의 대표로 세우시고 언약을 맺으셨다. 그래서 그가 언약을 깨뜨린 것은 인류의 대표로서 언약을 깨뜨린 것으로 간주되고, 그 결과 그의 죄는 우리 모두의 죄가 된 것이다.

"그러니 한 사람의 범죄 행위 때문에 모든 사람이 유죄판결을 받는데, 이제는 한 사람의 의로운 행위 때문에 모든 사람이 의롭다는 인정을 받아서 생명을 얻게 되었습니다. 한 사람이 순종하지 않음으로 말미암아 많은 사람이 죄인으로 판정을 받았는데, 이제는 한 사람이 순종함으로 말미암아 많은 사람이 의인으로 판정을 받을 것입니다."롬5:18-19

1) 언약에 대한 이해

사람들은 이것이 공정치 못하다고 생각한다. 다른 사람이 행한 잘못이 나에게까지 영향을 미친다는 것을 받아들이고 싶지 않은 것이다. 그러나 여기서 적용되는 **'대표성의 원리'**를 생각하면 이해가 좀 더 수월할 수 있다.

세상에서 실제로 일어나는 많은 일들은 대표성의 원리가 적용된다. 예를 들어, 대통령이 다른 나라와 조약을 맺으면 모든 국민이 그 결과에 영향을 받는다. 대통령은 국민의 대표로서 행동한 것이고 그의 행동은 국민 모두의 행동을 포함하는 것으로 받아들여진다. 마치 모든 국민이 조약에 사인한 것과 똑같이 취급되는 것이다. 사장이 합병 결정을 내려서 회사가 다른 회사로 넘어가게 되면 직원들도 소속이 바뀔 수밖에 없다. 사장이 회사를 대표해서 내린 결정이고 그 결정에는 다른 모든 직원들이 포함된 것으로 전제했기 때문이다. 과거에 부모가 노예로 팔리면 그들에게서 태어나는 자식들도 노예의 신분을 계승하게 되는 것도 비슷한 논리다.

이처럼 언약이라는 것은 대표성의 원리가 전제된 것이다. 언약 당사자의 행동은 후손들에게 영향을 미치게 되어 있다. 하나님과 아담이 맺은 언약도 똑같은 원리가 적용된 것이다. 하나님과 최초의 인간이 언약을 맺었고, 그래서 그의 순종은 후손들에게 생명의 축복을 가져다줄 수 있었고, 반대로 그의 불순종은 불행을 가져다주게 되어 있었던 것이다.

2) 그리스도의 대표성

아담에게 적용되었던 대표성의 원리는 오랜 세월이 지난 후에 그리스도의 구속 사역에도 그대로 적용된다. 이것 역시 하나님이 언약의 원리를 일관성 있게 시행하셨기 때문이다. "아담 안에서 모든 사람이 죽는 것과 같이, 그리스도 안에서 모든 사람이 살아나게 될 것입니다."고전15:22

하나님은 그리스도를 아담이 실패한 옛 언약을 갱신하는 새 언약의 대표자로 간주하신 것이다. 그래서 그가 이룬 구원이 우리의 것이 될 수 있는 것이다.

2. 부패성의 유전

1) 타락한 본성

우리는 아담의 죄로 인해 그의 후손으로서 타락한 본성을 상속받았다. 그래서 우리의 본성에는 죄를 향하는 성향이 포함되어 있다. 최초의 죄는 이렇게 우리의 본성 안에 죄의 유전자를 심어 놓은 것이다. 마치 수평 각도가 10도 기울어진 기계에서 계속해서 기울어진 제품이 생산되는 것과 비슷하다. 자신이 죄 가운데 태어났다고 하는 다윗의 언급이 바로 이것을 의미하며,시51:5 우리의 모든 생각과 말과 행동에는 원초적으로 죄로 향하는 특성이 담겨 있다는 것이다.

우리는 에덴동산에서 선하게 창조되었지만 타락으로 인해 악한 존재가 되었다. 그러므로 타락 이후의 인간의 모습은 성선설이 아니라 성악설에 가깝다. 우리는 태어나면서부터 죄의 씨앗을 가지고 태어난다. 아이들을 보면 이것을 실감하게 된다. 아이들은 죄와 악을 행하는 법을 애써 배울 필요가 없다. 그들은 자라면서 그런 행동을 너무 자연스럽게 하고 너무 쉽게 배운다. 이것은 인간이 태어날 때부터 죄의 성향을 가지고 있다는 것을 보여주는 한 가지 증거다. 이 점에 대해 하나님은 이미 홍수 심판 후에 "사람은 어릴 때부터 그 마음의 생각이 악하기 마련이다"창 8:21 라고 말씀하셨다.

2) 죄의 범위

그렇다면 죄는 어디까지 영향을 미치는가?

죄는 우리 존재 전체에 영향을 끼치고 있다. 다른 말로 하면, 우리 본성 의지, 마음, 감정, 행위, 이성의 어떤 부분도 죄에 물들지 않은 부분이 없다. 이것을 일컬어서 '**전적 타락**' total depravity이라고 한다. 그러나 이것은 우리가 선한 행동을 전혀 할 수 없다는 뜻은 아니다. 기독교인이든 비기독교인이든 우리 안에 남아 있는 하나님의 형상과 일반은총으로 인해 우리는 어느 정도 선을 행할 수 있다. 그러나 일시적으로 선을 행할 수는 있지만 항상, 또는 완벽하게 선만을 행할 수는 없다. 죄의 영향이 모든 곳에 미쳐서 그 흔적이 곳곳에서 나타나고 어디선가 고약한 냄새가 나기 때문이다.

이처럼 죄가 우리의 모든 것을 사로잡아 불구로 만들어버렸기 때문에 스스로의 힘으로는 이 굴레에서 헤어 나올 수 없다. 이것이 '전적 무능력' total inability이다. 우리는 전방위적인 죄의 영향으로 인해 스스로의 힘으로는 죄의 굴레를 벗고 구원을 이룰 수 없다. 이런 점에서 인간은 완전히 무능력하다. 롬8:8 "육신에 매인 사람은 하나님을 기쁘게 해 드릴 수 없습니다." 그래서 하나님이 먼저 우리에게 손을 내밀어주셔야 구원이 가능하다. 요 6:44

3. 우리가 죄인이라는 또 다른 증거

1) 직접 짓는 죄

우리는 죄인의 본성을 계승할 뿐만 아니라 실제로도 직접 죄를 짓는다. 우리에게 아담의 죄책이 그대로 전수되었기 때문에 우리가 죄인일 뿐만 아니라, 실제로 죄를 짓기 때문에도 죄인이다. 그것은 전적으로 우리의 선택에 의한 것이다. 시14:3, 왕상8:46, 롬3:23, 요일1:8-10

우리는 살아 있는 동안 계속해서 죄를 짓는다. 아무리 거룩한 삶을 살려고 해도 결코 완전해질 수 없다. 우리의 의도와는 달리 자꾸 넘어지고 실패하는 것이 우리의 모습이다.

2) 회피 성향

그러나 세상이 점점 더 악해지면서 한 가지 경향이 뚜렷이 나타나는데, 그것은 죄를 인정하지 않으려는 것이다. 점점 더 뻔뻔해지는 것이다. 어떤 방식으로 죄를 회피하는가?

1) 먼저, 자신의 죄를 축소한다. 잘못한 것은 인정하지만, 내가 뭐 그리 대단한 죄를 지었냐고 항변한다. 다른 사람의 죄와 비교하면서 자신은 그렇게 큰 잘못을 행한 것은 아니라고 주장한다.
2) 상황론을 내세운다. 내가 죄를 지은 것은 어쩔 수 없는 상황 탓이라는 것이다. 그런 상황에 처하면 어느 누구라도 그럴 수밖에 없었을 것이라고 주장한다.
3) 다른 사람 탓을 한다. 마치 아담이 하와 탓을 한 것과 같다. 나는 그러지 않으려고 했는데 다른 사람이 유혹해서, 또는 부추겨서 할 수 없이 했다는 것이다. 그러므로 내 잘못은 그리 크지 않다는 말이다.
4) 좀 더 교묘하게는 하나님의 명령을 재해석하면서 나의 행동이 죄가

아니라고 주장한다. 동성애 논쟁에서 이와 같은 행태가 잘 드러난다.

5) 점차 잘못된 행위를 죄라고 부르지 않고 질병이라고 주장한다. 요즘은 폭식, 쇼핑중독, 게임중독 등의 '중독'이라는 용어가 죄를 포장하는 데 자주 사용되곤 한다.

이렇게 우리의 죄를 회피하는 것은 역으로 우리가 철저한 죄인이라는 것을 여실히 보여주는 현상이다. 그러나 우리가 인정하든 인정하지 않든, 죄는 반드시 결과를 가져온다. 세상의 모든 행동은 자취를 남긴다. 마찬가지로 우리가 짓는 죄도 자취를 남긴다. 우리가 고의적으로 짓는 죄든, 연약함 가운데 어쩔 수 없이 짓는 죄든 상관없이 모든 죄는 결과를 가져온다. 아담의 죄의 결과에 대해서는 20장에서 이미 생각해보았고, 이제 우리가 범하는 죄가 어떤 결과를 초래하는지 살펴보자.

Ⅲ. 우리의 죄의 결과

1. 죄는 하나님과의 관계에 영향을 미친다

1) 소통 장애

죄는 하나님과의 관계에 심각한 장애를 가져온다. 비록 그리스도의 구속사역으로 하나님과의 관계가 회복되었다 할지라도 우리가 죄를 지으면 그 관계에 심각한 먹구름을 끼게 한다. 그래서 하나님의 음성이 귀에 들어오지 않고, 우리의 소리도 하나님께 잘 전달되지 않는다. 이와 같은 소통의 장애는 하나님을 향한 우리의 간구를 막는다. 그래서 기도 응답에 문제가 생긴다. 시66:18 "내가 나의 마음에 죄악을 품었더라면 주께서 듣지 아니하시리라."

2) 인간의 위치 망각

이러한 의사소통의 단절은 우리를 점차 하나님의 말씀에 무감각하게 만든다. 예수님을 통해서, 성경을 통해서, 교회를 통해서 계속해서 주시는 하나님의 말씀을 무시하게 된다. 그것이 더 발전되면 우리는 하나님을 잊어버리고 스스로 최고의 존재라고 착각하게 된다. 교만하게 되는 것이다. 그래서 자기가 원하는 대로 살고, 스스로 윤리적 규범옳고 그름을 정하고, 자신이 진리사실과 거짓의 최종 판결자라고 자처하게 된다.

3) 하나님의 분노 유발

무엇보다 우리의 죄는 하나님을 화나게 하며 불쾌하게 만든다. 왜냐하면, 죄는 하나님의 말씀을 거역하는 것이며, 그 말씀을 주신 하나님을 무시하는 것이기 때문이다. 하나님을 기쁘게 하고 영광을 돌리기 위해 창조된 우리가 거꾸로 하나님을 불쾌하게 만드는 전복된 역할을 하는 것이다.

4) 하나님의 진노

그래서 하나님은 죄를 지은 자들에게 진노하고 징계를 통해 그 대가를 치르게 하신다.겔7:3 우리는 죄에 상응하는 하나님의 징계를 받을 수 있다. 히12:6 "주님께서는 사랑하시는 사람을 징계하시고", 계3:19 "나는 내가 사랑하는 사람은 누구든지 책망도 하고 징계도 한다. 그러므로 너는 열심을 내어 노력하고, 회개하여라" 하나님은 우리를 사랑하기 때문에 우리가 잘못할 때 모른 체 하지 않고 징계하셔서 회개하고 돌아오게 하는 것이다.

그러므로 우리는 죄를 짓고 징계를 당할 때, 빨리 회개하고 돌아와야 한다. 예수님은 우리에게 항상 죄 용서를 구하는 기도를 하라고 말씀하셨다.마6:12 그렇게 할 때 소원해졌던 하나님과의 관계가 회복된다.

2. 죄는 이웃과의 관계에도 해를 입힌다

1) 타인에게 주는 피해

우리가 짓는 죄의 대부분은 다른 사람들에게 해를 입힌다. 시기, 질투, 비방, 사기, 살인, 행음, 탐욕, 무자비롬1:29-31와 같은 죄들은 모두 다른 사람들과의 관계를 파괴한다는 공통점을 가지고 있다. 이것은 다른 사람을 나의 정욕을 채우기 위한 수단으로 여기는 것이다. 이렇게 다른 사람을 이용하려고만 할 때 우리는 바른 관계를 맺을 수 없다. 이로부터 '만인의 만인에 대한 투쟁'이 촉발된다. 우리가 사는 사회의 온갖 문제들은 이렇게 속고 속이고, 서로 이용해서 자신의 욕망을 채우려는 죄로 인해 발생한 것들이다.

2) 관계 파괴

또한 죄는 하나님과 다른 사람들로부터 자신을 숨기고 싶은 마음이 들게 한다. 그래서 사람들로부터 멀어지게 되고, 함께 있어도 자신을 숨기려고 하다 보니 깊이 있는 교제를 나누지 못하게 된다. 현대인들이 고독한 존재가 되어가는 이유가 여기 있다. 죄는 사람과 사람 사이를 가로막는 결과를 낳는다.

3. 죄는 자신에게도 부정적인 영향을 준다

1) 수치심 유발

죄를 범하면 스스로에게도 떳떳하지 못하게 되며 죄책감과 수치심을 가져온다. 어릴 때 문방구에서 몇 개의 문구를 훔쳤던 일, 식당에서 밥값을 내지 못하고 도망 나왔던 일 등이 마음에 걸려서 수십 년 후에 돈을 보낸 사람들의 이야기가 이따금 등장한다. 그 죄가 마음에 남아서 양심을 괴롭게 하기 때문이다. 이처럼 작은 죄라도 사람의 자존감을 손상시키고 수치심으로 고통당하게 한다.

2) 양심의 마비

그러나 더 심각한 것은, 죄를 범할수록 우리의 양심이 점차 마비된다는 것이다. 죄를 지으면 지을수록 죄책감이 약해지고, 죄를 짓는 데 더 담대해진다. 나아가서 죄를 합리화하는 지경에까지 이른다. 그래서 자신의 죄를 '실수'라고 하거나 '질병'이나 '약점'이라고 돌려 말하는 경향이 생기게 된다. 이것은 양심이 마비되어 가는 것이며, 결국 온전한 자아가 파괴되고자아파괴 분열되는 것자아 분열이다.

3) 영적 성장에 방해

그렇게 된 결과, 우리가 맺어야 하는 열매를 맺지 못하게 되고, 그것은 우리의 영적 성장에 큰 방해가 된다.요15:4 우리는 구원받은 이후에 계속해서 그리스도를 닮은 거룩한 모습으로 성장해가야 하는데, 죄는 그것을 방해하고 퇴보하게 만든다. 또한, 사탄에게 사로잡히게 되어 영적 능력을 잃게 되고, 결국 하나님나라를 위한 열매를 맺는 데 방해가 된다. 이처럼 죄는 우리의 목덜미를 잡고 뒤로 끌고 가는 악마와 같은 역할을 한다.

4) 상급의 상실

이런 삶은 종국에는 심판 날에 하늘의 상급을 잃게 한다. "누가 이 기초 위에 금이나 은이나 보석이나 나무나 풀이나 짚으로 집을 지으면, 그에 따라 각 사람의 업적이 드러날 것입니다. 그날이 그것을 환히 보여 줄 것입니다. 그것은 불에 드러날 것이기 때문입니다. 불이 각 사람의 업적이 어떤 것인가를 검증하여 줄 것입니다. 어떤 사람이 만든 작품이 그대로 남으면, 그는 상을 받을 것이요, 어떤 사람의 작품이 타 버리면, 그는 손해를 볼 것입니다. 그러나 그 사람은 구원을 받을 것이지만 불 속을 헤치고 나오듯 할 것입니다."^{고전3:12-15}

죄 가운데 살아가는 사람은 하나님을 기쁘게 하지 못하고, 하나님이 기대하는 열매를 맺지 못한다. 그런 사람이 어떻게 하나님으로부터 상급을 받을 수 있겠는가?

Ⅳ. 회개

1. 죄의 매력

죄는 유혹적이다. 죄는 달콤하고, 쾌락적이며, 즐거움을 준다. 어느 정도의 만족도 준다. 그러나 문제는 그 모든 것이 '일시적'이라는 점이다. 쾌락은 잠깐이고 그 후에는 몇 배의 대가를 치러야 하는 청구서가 날아온다. 죄의 강도가 강할수록, 그리고 죄와 함께하는 기간이 길어질수록 우리가 치러야 하는 대가는 더 커지고, 그로 인한 고통 역시 엄청나게 커진다.

2. 회개: 회복의 길

그래서 하나님은 우리가 죄를 지었을 때 빨리 돌이키기를 원하신다. 자신의 죄를 인정하고 하나님께 회개하기를 원하신다. 죄를 지었다는 것을 깨달았을 때 미적거리지 않고 빨리 그 자리에서 일어나 아버지께로 돌아가는 것이 현명한 일이다. 그런 우리에게 하나님은 어떤 반응을 보이실까? 우리가 잘 알듯이, 탕자가 집으로 돌아갔을 때 그의 아버지는 집 밖에 나와서 탕자가 돌아오기를 기다리고 있었다. 그리고 탕자를 보자 달려 나가 껴안으면서 맞아주셨다. 아무리 우리의 죄가 크고 중하다고 할지라도 일단 죄에서 돌이켜서 하나님에게로 돌아오면 긍휼이 풍성한 하나님은 사랑과 은혜로 다시 맞이하신다. 이처럼 하나님의 은혜는 죄 속에서 더욱 빛난다.

22장 · 사회적 죄

"우리의 싸움은 인간을 적대자로 상대하는 것이 아니라, 통치자들과 권세자들과 이 어두운 세계의 지배자들과 하늘에 있는 악한 영들을 상대로 하는 것입니다." 엡 6:12

노예제도가 합법적으로 인정되던 시절에 합법적으로 노예를 소유하면서 그들을 이용하여 이익을 취하는 사람들이 있었다. 미국 남부의 면화 농장주들이 그랬고 아메리카 식민지에서 사탕수수를 재배하던 유럽 백인들도 마찬가지였다. 이들의 행동은 어떻게 볼 수 있을까? 그들의 행위는 당시의 사회제도를 따르는 것이었고, 다른 사람들이 모두 그렇게 하던 상황이었기 때문에 아무런 문제가 없는 것인가? 그런데 그 사회 속에서도 노예제도의 비인간성을 비판하고 그 속에서 이익을 취하는 것은 잘못된 일이라고 반대하는 사람들도 있었고, 거기서 한 걸음 더 나아가 적극적으로 노예해방을 위해 애쓰는 사람들도 있었다. 사회 또는 제도가 용인하는 것이면 그 어떤 행동도 용납될 수 있는 것인가?

I. 죄의 종류

1. 개인적 차원의 죄

우리가 죄인이라는 사실을 완전히 부정하는 사람은 아마 드물 것이다. 비록 기독교인이 아니라 하더라도 개인적이고 도덕적인 차원에서 완전 무결하다고 스스로 주장할 수 있는 사람은 없을 것이기 때문이다.

그런데 '죄'라고 했을 때 사람들이 생각하는 것은 대개 개인적인 차원의 죄다. 하나님에 대한 인간의 반역, 불순종, 무관심으로 표현되는 '종교적 죄'와 각종 인간관계에서 발생하는 죄악들(거짓, 증오, 살인, 간음 등)인 '개인적-도덕적 죄'와 같은 것들이다.

우리는 지금까지 죄를 이렇게 개인적인 차원에서만 생각해왔다. 중세시대에 정리한 고전적인 7대 죄악의 목록에는 개인적인 도덕적 죄만 포함되어 있다. 탐식,Gluttony 탐욕,Greed 나태,Sloth 시기,Envy 분노,Wrath 교만,Pride 정욕Lust 등이 그것이다.

그러나 종교적이고 개인적인 죄는 죄의 일부분에 불과하다. 성경은 개인적인 차원을 넘어서 사회적이고 구조적인 죄에 대해서도 날카롭게 지적하고 있다.

2. 사회적-구조적 죄

1) 인간과 사회구조

인간은 사회구조 속에 존재한다. 인간 사회는 개별 인간으로만 구성된 것이 아니라 인간이 만든 것이지만 이제는 규모가 커져서 인간의 외부에서 인간의 삶을 지배하고 영향을 행사하는 거대한 구조로 형성되었다. 이것을 그렌즈는 '인간 실존의 구조들'이라고 부른다. 스탠리 그렌즈(Stanley J. Grenz), 『조직신학: 하나님의 공동체를 위한 신학』(신옥수 역, 크리스챤다이제스트, 2003), 342 예를 들면, 가족이나 씨족제도, 국가제도, 교육제도, 인도 힌두교의 카스트제도에 기초한 사회질서, 우리나라의 유교적 가부장제도, 제사제도, 19~20세기 미국의 노예제도, 자본주의 경제제도, 아프리카 부족의 결혼지참금제도와 여성할례제도 같은 것을 생각할 수 있다.

이 구조들은 인간이 만들어낸 것이다. 사회를 형성하면서 다양한 필요에 따라 하나씩 만들어진 것들이다. 그러나 이제 이 구조들이 너무 커지고 견고해지면서 인간의 통제를 넘어서게 되었다. 오히려 그 구조들이 인간을 통제하는 지경에까지 이르렀다. 이제 그것들은 역으로 우리의 선택에 막강한 영향력을 행사하고 있다.

2) 전적 타락 total depravity

문제는 세상에 들어온 죄가 개인들의 삶뿐만 아니라 사회의 구조들에도 영향을 미친다는 점이다. **죄는 자기 영역을 확대하여 이 세상에 존재하는 모든 것**개인, 관계, 사회질서**에 영향력을 발휘하게 되었다.** 그래서 죄의 영향력이 미치지 않은 곳이 없게 되었다. 이것이 전적 타락의 한 측면이다. 죄는 우리의 개인적인 의지, 의사결정 및 행동뿐만 아니라 우리의 사회적인 삶에도 영향을 미친다. 죄는 우리의 관습, 전통, 사고방식 및 제도, 사회구조들에도 스며들었다.

3) 사회제도에 미치는 죄의 영향력

죄는 사회제도에 두 가지 방향으로 영향을 미친다.

첫째, 죄에 물든 권력자들이 다른 사람들을 억압하기 위해 사회적 제도를 만들고 강제하는 경우가 있다. 카스트제도, 노예제도, 가부장제도 등이 그것이다.

둘째, 원래는 좋은 의도로 만들어진 것이 점차 인간을 착취하는 것으로 악화되는 경우가 있다. 정치제도는 질서유지를 위한 좋은 기능을 할 수 있지만, 그것이 권력자들의 이익을 위한 도구로 악용될 때가 많다. 자본주의 경제체제도 경제를 효율적으로 돌아가게 하기 위한 제도로 출발했지만 탐욕에 눈 먼 자본가들이 불공평한 경쟁을 제도화하거나, 부당행위를 묵인하고 방조하는 방식을 고착화시키고, 자본가의 사회적 책임을 무시하는 방식으로 이를 활용하였다. 이렇게 하면서 제도의 이름으로 차별을 정당화한다. 제도들이 악용되는 것이다.

이렇게 고착화된 **잘못된 제도는 그 속에서 살아가는 사람들을 교육하는 기능까지 담당한다.** 그 체제 속에서 태어나서 자란 사람들은 그 체제가 돌아가는 방식이 '선한 것' 혹은 최소한 '중립적인 것'이라고 배우고 내면화하게 된다. 카스트제도, 노예제도, 가부장제도, 천민자본주의제도, 환경을 파괴하는 개발만능주의, 빈부격차를 당연하게 여기는 무한경쟁주의 등, 이 모든 제도들이 권력자들에 의해서 그 사회 구성원들에게 내면화된다. 그래서 그런 모습이 당연한 것이라고 생각하게 된다. 전혀 문제의식을 못 느끼는 것이다.

사탄은 이렇게 사회 구조와 제도를 이용한다. 인간을 구조의 노예로 만들어버린다. 인간 사회를 평화가 아니라 탐욕과 착취와 싸움의 장으로 변질시킨다. 욕심의 극대화를 조장해서 공동체를 파괴한다. 그렇게 함으로 인간 세상을 향한 하나님의 계획을 좌절시키려고 한다. 이런 악의 세력을 성경은 세상의 '통치자, 권세자, 지배자'들이라고 한다.

"우리의 싸움은 인간을 적대자로 상대하는 것이 아니라, 통치자들과 권세자들과 이 어두운 세계의 지배자들과 하늘에 있는 악한 영들을 상대로 하는 것입니다."엡6:12 "그리고 모든 통치자들과 권력자들의 무장을 해제시키시고."골2:15 "속이는 영과 악마의 교훈."딤전4:1

4) 사회적 죄에 대한 비판

이러한 죄의 사회적-구조적 차원을 누구보다 민감하게 느끼고 지적한 사람들이 선지자들이었다. 그들은 개인들의 죄뿐만 아니라 **잘못된 사회 질서와 제도에 대해서도 지적하였고**, 그 속에서 이익을 보고 있는 사람들을 비판하면서 회개하고 돌이키라고 촉구하였다.

그들은 부자가 집이나 땅을 지나치게 많이 소유하는 것을 공격하였다. 사5:8 "너희가, 더 차지할 곳이 없을 때까지, 집에 집을 더하고, 밭에 밭을 늘려 나가, 땅 한가운데서 홀로 살려고 하였으니, 너희에게 재앙이 닥친다!" 이것이 비록 합법적으로 이루어지는 것일지라도 생산수단과 주거공간의 편중은 결국 다른 사람의 생존 권리를 박탈하는 것과 마찬가지이기 때문이다. 그것은 빈곤을 구조화하고, 사회의 공동체성을 파괴하는 악을 유발한다. 아모스 선지자는 부당한 세금 정책을 비판한다. "너희가 힘없는 자를 밟고 그에게서 밀의 부당한 세를 거두었은즉."암5:11 세금을 거두는 것이 합법적이라도 세법 자체가 부당한 것일 수 있다는 점을 지적하는 것이다. 힘 있는 자가 자신들에게 유리한 방향으로 세금 정책을 세웠기 때문이다.

압제를 법제화해서 권력자들과 그들의 추종자들만 이익을 누리는 것에 대해서도 선지자들은 비판한다. "불의한 법을 공포하고, 양민을 괴롭히는 법령을 제정하는 자들아, 너희에게 재앙이 닥친다! 가난한 자들의 소송을 외면하고, 불쌍한 나의 백성에게서 권리를 박탈하며, 과부들을 노략하고, 고아들을 약탈하였다."사10:1-2 실제로 히틀러의 유대인 박해법이 이러한 법이었다. 1935년 뉘른베르크법 독일 내에 거주하고 있는 유대인들의 독일 국적을 박탈하고, 독일인과 유대인의 성관계나 결혼을 금지하며, 유대인의 공무 담임권국민의 기본권으로, 국민이 국가 혹은 지방자치단체 기관에 소속되어 공무를 담당할 수 있는 권리을 박탈하는 법을 제정하여 '합법적으로' 유대인들을 박해했던 것이다.

이사야 선지자가 처음부터 지적하고 있는 죄도 사회적 죄였다. "여호와께서 말씀하시되 오라 우리가 서로 변론하자 너희의 죄가 주홍 같을지라도 눈과 같이 희어질 것이요 진홍 같이 붉을지라도 양털 같이 희게 되리라."사1:18 그 앞의 16~17절을 보면 여기서 언급하고 있는 죄가 특정한 사회악들이라는 것을 알 수 있다. "너희는 스스로 씻으며 스스로 깨끗하게 하여 내 목전에서 너희 악한 행실을 버리며 행악을 그치고, 선행을 배우며 정의를 구하며 학대 받는 자를 도와주며 고아를 위하여 신원하며 과부를 위하여 변호하라 하셨느니라." 정의의 파탄, 사회적 약자에 대한 수탈, 재판의 불공정성을 지적하는 것이다.

그러므로 우리가 개인적인 죄만을 강조하면 성경이 죄라고 말하고 있는 사회적 불평등과 억압, 정치적 박해, 경제적 불공평, 압제 혹은 가난한 자들을 착취하여 부를 축재하는 것 등과 같은 악을 죄의 목록에서 제거해버리게 된다. 이것은 성경의 왜곡이요, 죄의 개념에 대한 변질이다.

Ⅱ. 사회적 죄와 우리의 책임

1. 사회-구조적 죄에 대한 무지

1) 그리스도인의 태도

사회-구조적 죄에 대한 그간의 일반적 그리스도인의 태도는 개인적인 성결에만 힘쓰고, 사회적 죄와 악에 대해서는 무지하거나 무시하는 것이었다. 사회제도는 주어진 것으로 받아들이고 그 안에서 개인적으로 깨끗하게 잘 살면 된다고 생각한다. 그것을 집, 우산, 틀과 같은 것이라고 생각하고, 그것이 파괴되면 삶 자체가 흔들릴 것처럼 불안해한다. 그래서 이들은 눈에 보이는 불쌍한 사람들을 돕는 자선에만 힘쓰거나, 천국의 소망을 주는 것이 최선의 도움이라고 생각하면서 복음전도에만 집중한다. 그렇게 하는 것이 좋은 사회를 만들 수 있다고 생각하는 것이다. 이런 생각에는 두 가지 문제가 있다.

2) 자선의 한계

자선만으로는 부당한 제도로 인해 고난을 당하는 사람들을 근본적으로 도와줄 수 없다. 이것에 대해 로날드 사이더가 재미있는 이야기를 들려준다. "인도에 있는 한 정신병원은 환자가 퇴원해도 될 만큼 병이 나았는지를 확인하기 위해 아주 재미있는 방법을 사용한다고 한다. 환자를 수돗가로 데려가, 수도꼭지를 틀어놓고 그 환자에게 숟가락을 준 다음, '물동이를 비우세요'라고 말한다. 만일 그 환자가 수도꼭지를 잠그지 않고 한 번에 한 숟가락씩 물을 퍼내기 시작하면, 그는 여전히 제정신이 아닌 것이다!" 로널드 사이더(Ronald J. Sider), 『이것이 진정한 기독교다』(김선일 역, 한국기독학생회출판부, 1997), 139 수도꼭지를 잠그는 것처럼 문제의 근원을 해결하지 않고 미봉책만 쓰는 것은 정신병자가 하는 짓과 같다. 실제로 아무리 열심히 강도당한 자들을 도와준다고 해도 강도 자체를 제거하지 않는 한 그런 도움은 한계가 분명하다. 근본적이고 구조적인 해결책을 모색하지 않는 것은 진정으로 도움을 주는 것이 아니다.

3) 악한 구조의 동조자

더 심각한 두 번째 문제는, 자선을 베푸는 사람들도 악한 구조의 혜택을 보면서 그 제도가 계속 영향력을 행사하도록 돕는 동조자가 되고 있다는 사실을 모르고 있다는 점이다. 때로는 알면서 그 역할을 지속하기도 한다. 사회적 죄에 대한 일차적 책임은 분명 노예제도, 불평등한 경제 관행, 지역차별 등의 악한 제도와 관행을 만들고 그것을 유지하려는 권력자들에게 있다. 그러나 제도가 오래되어 사회의 한 부분으로 정착하게 되면 그 제도를 통해서 이익을 보는 사람들이 생기게 된다. 그들이 제도의 현상유지를 지지하고 지탱한다. 그렇다면, 이들도 사회적 죄에서 벗어날 수 없다. 이들이 악한 제도로 인해 고난 받는 사람들에게 베푸는 자선은 자신의 잘못으로 발병한 암 환자에게 시혜를 베풀듯이 밴드를 붙여주는 것과 같다. 그것은 치료도 아닐 뿐더러 기만이다.

미국에서 노예제도가 시행되던 당시의 소위 양심적인 사람들이 그러했다. 그들도 노예제도 자체를 문제 삼지는 않았다. 오히려 노예제 폐지 운동을 비판하기까지 했다. 그것이 사회를 지탱하는, 그래서 사회가 생존을 의존하고 있는 제도라고 보았기 때문이다. 그들이 도덕적으로 문제를 삼은 것은 노예수송선에 과도하게 노예를 많이 태우는 것과 같은 사소한 문제들이었다. 이것은 결국 악한 제도를 묵인하고, 더 나아가서 그 혜택을 보면서 악에 동조하는 것이다.

2. 사회적 악과 개인의 책임

이처럼 사회-구조적 체제가 오래되고 너무 크다고 해서 개인의 책임이 면제되는 것은 아니다. "권세자들이 이 세상을 다스릴 수 있는 것은 개인들이 그들의 영향력을 따르고, 세상 체제를 비판하기보다는 그것을 섬김으로써 세상질서에 스스로를 일치시키고 있기 때문이다." 스티븐 모트 (Stephen C. Mott), 『복음과 새로운 사회』(이문장 역, 대장간, 1992), 34

히틀러의 통치를 묵인하고 동조한 독일 국민들도 유대인 박해와 세계 침략전쟁의 죄에 대해 무관하다고 말할 수 없을 것이다. 상부의 지시를 따라 무고한 사람들을 고문하여 거짓 자백을 받아내는 고문경찰이 자신은 그 구조 속에서 충실하게 맡은 역할을 다 했기 때문에 무죄하다고 주장할 수 없는 것이다.

1800년대 미국의 부흥사였던 찰스 피니는 노예제도와 같은 잘못된 제도에 대해 그리스도인들이 침묵하는 것은 사실상 그 제도를 잘못된 것으로 여기지 않는다고 말하는 것과 같다고 비판한다. 그러면서 교회가 부패한 사회구조를 용인하고, 인권의 증진에 무관심할 때 부흥이 지체된다고

주장한다. 짐 월리스(Jim Wallis), 『회심』(정모세 역, 한국기독학생회출판부, 2008), 121

사회-구조적 악은 그것을 만든 사람들뿐만 아니라 그 제도 속에서 이익을 취하는 사람들도 책임을 져야하는 것이다.

III. 어떻게 할 것인가?

이처럼 사회적 악이 심각한 것이며 개인도 그 죄와 무관하지 않다면, 이제 어떻게 해야 하는가?

1. 왜곡된 질서를 파악

우리는 먼저 세상을 향한 하나님의 정의를 믿음으로 받아들여야 한다. 앞에서 언급했듯이, 부의 극심한 불균형, 환경의 파괴, 부당하고 불의한 법제도, 법의 불평등한 집행유전무죄 무전유죄 등은 하나님의 정의에 어긋나는 것이라는 사실을 인지해야 한다. 그리고 이런 하나님의 정의의 잣대로 우리가 사는 세상을 평가해서 사회-구조적 죄의 실체를 파악해야 한다.

"누가 철학이나 헛된 속임수로, 여러분을 노획물로 삼을까 조심하십시오. 그런 것은 사람들의 전통과 세상의 유치한 원리를 따라 하는 것이요, 그리스도를 따라 하는 것이 아닙니다."골2:8 우리가 악의 실재를 분별하는 작업을 할 때, 비록 완벽할 수는 없지만 악순환의 굴레에서 벗어날 수 있는 길이 보일 것이다.

2. 왜곡된 질서를 따랐던 것에 대한 회개

1) 복종의 태도 폐기

세상의 왜곡된 질서를 파악했다면, 이제 그것에 대한 수동적 복종의 태도를 버려야 한다. 모트는 "우리는 이제는 현존하는 질서를 하나님의 뜻이라고 수동적으로 받아들임으로써 우리의 책임을 회피해서는 안 될 것이다"라고 말한다. 스티븐 모트, 『복음과 새로운 사회』, 39 우리는 세상에 속하지 않았다. 그것은 우리가 악의 실체인 지배체제에 소속된 자들이 아니라, 새로운 사회질서인 하나님의 통치를 추종하는 그 나라 백성이라는 뜻이다. 그러므로 우리는 세상 권세 잡은 자에게 굴복하지 않고 새로운 질서를 가져오시는 하나님을 왕으로 인정하는 쪽으로 삶의 방향을 전환해야 한다.

2) 회개

우리가 무지한 채로 왜곡된 사회 질서의 혜택을 보고 있었다면, 그것에 대해 회개해야 한다. 회개는 구체적인 행동을 수반한다. "다수의 사람들이 잘못을 저지를 때에도 그들을 따라가서는 안 되며, 다수의 사람들이 정의를 굽게 하는 증언을 할 때에도 그들을 따라가서는 안 된다"출 23:2는 말씀대로, 다수가 인정하는 제도라고 해서 그 속에서 이익을 취하는 것을 아무렇지도 않게 여겨서는 안 된다. 오히려 잘못되었다는 것을 인정하고 그것을 기꺼이 포기할 수 있어야 한다.

노예 상인으로서 그리스도를 영접한 후 그 이익을 포기한 존 뉴튼의 사례를 우리는 잘 알고 있다. 기독교가 전래되던 초기에 우리나라에서도 양반이 노비문서를 불태워버린 사례들이 엄연히 존재한다. 이 사례들은 현대를 살아가는 우리도 부당한 제도를 통해 얻는 이익을 간파하고 바르게 처리할 것을 요구한다.

3. 사회-구조적 악을 철폐하기 위한 싸움

예수 그리스도가 맞닥뜨린 악의 실체는 당시 정교일치의 지배 체제였다. 십자가의 구속으로 그는 사탄이 장악하고 있었던 영적 권세뿐만 아니라 왜곡된 사회구조까지도 대항하여 승리하셨다.골2:15 그러므로 그리스도를 따르는 우리들은 우리가 속한 세상의 악의 실체들을 분별하고 그것과 싸워야 한다. 그것들은 우상화된 국가 이데올로기, 신분과 소유에 따른 사회적 배제와 차별, 부의 우상화물신주의 등일 것이다. 일방적 갑을 관계 속에서 갑의 횡포를 막기 위한 제도적 노력에 힘을 보태는 일, 자국의 이익을 위한 부당한 전쟁에 반대하는 일, 인간의 이익만을 위한 무분별한 환경파괴에 반대하는 일 등이 이에 해당된다.

4. 새로운 질서에 맞춘 삶 살기

우리는 궁극적으로 세상에서 기대하는 것과 다른 삶의 태도를 견지하면서 종말에 다가오는 하나님나라의 새 질서를 더 중시하고 따르는 삶의 모습을 보여야 한다. 이런 삶이 새로운 피조물로 사는 것이고, 이 땅의 백성이 아니라 하나님나라의 백성으로 사는 것이다. 이 시대 속에서 하나님의 나라와 의를 구하는 대안적인 삶의 방식은 어떤 것이 있을지 구체적으로 고민해야 한다.

현대사회 속에서의 대안적인 삶에는 기존의 물신주의적 체제에 예속되기를 거부하는 친환경적이고 생태적인 삶과 윤리적 소비생활이 빠질 수 없을 것이다. 과도한 에너지 사용을 바탕으로 형성된 소비주의적 삶에 대항하여 에너지 소비를 줄이고, 화석연료를 최소화할 수 있는 삶의 방식을 개발하는 것도 필요할 것이다.

죄는 자가발전을 한다. 그래서 한 사람 개인으로부터 시작했지만 점차 많은 사람을 물들이고, 급기야는 사회의 여러 구조들까지 자신의 영역으로 사로잡았다. 사탄은 왜곡된 사회구조들을 통해서 손쉽게 사람들을 죄의 굴레에 매어 놓을 수 있다. 그것들은 사람들을 일일이 대하지 않아도 자동적으로 자신의 세력 하에 놓을 수 있게 해주는 좋은 도구들이기 때문이다.

이제 적의 실체를 파악했다면, 우리는 그것에 대응하여 싸울 수 있다. 이전에는 허공에 대고 싸우거나 아군끼리 싸우면서 그것이 전쟁이라고 착각했지만, 이제는 우리의 핵심적인 적이 무엇인지 알게 된 것이다. 그렇다면, 우리가 해야 할 일은 적과의 싸움에 나서는 것이다. 이 싸움은 먹고 먹히는 싸움이다. 우리가 실패하면 우리는 적의 수중에 떨어져서 사탄과 그의 하수인인 왜곡된 사회구조를 우상처럼 섬기게 된다. 따라서 결국 이 싸움은 하나님을 섬길 것인가, 사탄을 섬길 것인가 하는 싸움이라는 것을 알게 된다. 우리는 이 세상에 오직 하나님만이 참된 신이라고 분명히 믿는다. 그렇다면, 하나님을 사칭하는 세력을 그대로 내버려 두거나 그들을 추종할 수는 없다. 우리의 선택은 분명하다. 맞서 싸우는 것이다. 그것만이 우리의 신앙고백을 살아있는 것이 되게 할뿐만 아니라 또한 지키는 길이기 때문이다.

색인

ㄱ

계시 종교 45, 59
고등종교 10, 11
그리스 신화 22
기독교 1, 4, 5, 11, 12, 13, 16,
17, 24, 25, 26, 27, 28, 30,
31, 32, 34, 35, 37, 38, 39,
40, 41, 42, 43, 44, 45, 59,
63, 64, 68, 72, 75, 80, 82,
87, 104, 105, 107, 109, 111,
112, 113, 158, 159, 160,
165, 167, 176, 182, 183,
184, 191, 193, 194, 204,
209, 210, 223, 241, 274,
292, 300, 305, 308

ㄴ

내재성 151, 152, 156, 157, 158,
160, 161, 162, 163
누가복음 60, 65, 70, 254

ㄷ

데이비드 웰스 34, 39, 41, 42
데이비드 흄 223
데카르트 238
도덕적 증명 88

ㄹ

라아 282
로널드 사이더 305
로버트 스테파누스 60
로버트 우드나우 106
루아흐 135
르네상스 240

ㅁ

마알 282
맥컬로우 105, 106
목적론적 증명 88
무신론 13, 49, 88, 89, 90, 91, 92,
93, 94, 95, 96, 97, 99, 101,
102, 103, 109, 131, 203,
223, 224
밀라드 에릭슨 256

ㅂ

바른 실천 30, 31, 43
바른 지식 23, 26, 29, 31, 36, 43
바울 16, 19, 27, 30, 32, 35, 38,
46, 47, 57, 60, 61, 63, 64,
66, 69, 70, 71, 76, 138, 139,
143, 191, 193, 198, 201,
202, 205, 206, 217, 231,
250
버트런드 러셀 223
베드로 36, 61, 62, 66, 70, 77,
115, 169, 197
브리스길라 30
비트겐스타인 99
빌립보 201, 206

ㅅ

사도행전 60, 64, 65
사르트르 99, 102
사회계약설 100
산업혁명 240
삼분설 253, 254
삼위일체 40, 165, 166, 167, 170,
171, 173, 174, 175, 176,
177, 178, 179, 181, 187,
249, 267, 271
삼중적 죽음 284
삽비라 169, 202, 204, 206

상호내주　171, 172, 179, 180
섭리　13, 17, 53, 56, 142, 164,
　　　206, 209, 210, 211, 212,
　　　213, 214, 215, 216, 218,
　　　219, 220
성도의 삶　32
세계관의 변화　19, 20, 22
세계관 정립　12
소요리 문답　41, 250
솔로몬　128, 153
스데반　233
스탠리 그렌즈　300
스탠리 그렌츠　43
스티븐 랭턴　60
스티븐 모트　306, 308
실증주의　90, 91, 92

ㅇ

아굴라　30
아그노에마　282
아나니아　169, 202, 204, 206
아노미아　282
아담　183, 267, 268, 271, 279,
　　　285, 286, 288, 289, 290,
　　　291, 292, 293, 294
아말렉　218
아바　282
아바르　282
아발　282
아벨　287
아볼로　30
아브라함　55, 112, 144, 145, 312
야고보　18, 20, 27, 70, 72, 272
어거스틴　10, 173
에덴　147, 202, 225, 247, 278,
　　　279, 289, 291
엘리야　36, 213, 215, 256
여호수아　218
예루살렘　29, 190, 233

예수　15, 19, 26, 27, 28, 29, 30,
　　　31, 35, 36, 45, 54, 55, 56,
　　　57, 61, 64, 69, 70, 71, 73,
　　　76, 77, 81, 82, 84, 104, 107,
　　　111, 112, 115, 116, 119, 126,
　　　130, 131, 137, 146, 147,
　　　149, 151, 153, 164, 165,
　　　166, 167, 168, 169, 172,
　　　176, 177, 182, 197, 199,
　　　202, 204, 205, 206, 208,
　　　214, 217, 225, 231, 232,
　　　233, 234, 251, 253, 254,
　　　255, 258, 264, 273, 277,
　　　279, 281, 294, 295, 306,
　　　309
오순절　29
요셉　232
요한　35, 36, 60, 61, 63, 70, 71,
　　　79, 109, 116, 200
욥　58, 136, 137, 143, 195, 199,
　　　202, 207, 211, 235, 236
우주론적 증명　87
원시종교　10, 11
웨스트민스터 신앙고백　41, 71,
　　　250
유물론　100, 239
유신론　49, 89, 92, 93, 96, 97, 99
유토피아　203, 221, 240, 277
이분설　254
이신론　23, 156, 209
일반계시　46, 47, 48, 50, 51, 52,
　　　53, 54, 57

ㅈ

장 끌로드　9
정교일치　309
존재론적 증명　87
죠지 뮬러　159
짐 월리스　307

ㅊ

찰스 다윈   239
찰스 피니   307
천부인권   101
초월성   151, 152, 153, 154, 156,
         157, 162, 163, 164
초월자   13
칩 잉그램   105, 107

ㅋ

카스트 제도   17
칸트   98, 109, 286
콜럼버스   24
킴 홀   104

ㅌ

테오프뉴스토스   61
특별계시   46, 47, 51, 53, 54, 55,
         56, 57, 58, 59, 76, 81

ㅍ

파라바시스   282
파라코에   282
파랍토마   282
파샤아   282
퍼거슨   32
페리코레시스   171, 172, 179, 180
프뉴마   135
플라톤   67, 71, 98, 186, 238
플렘멜레이아   282
피조물   45, 46, 51, 88, 108, 119,
        120, 121, 122, 124, 126,
        127, 128, 132, 133, 134,
        141, 142, 143, 144, 147,
        152, 153, 154, 155, 158,
        162, 174, 175, 176, 178,
        179, 187, 188, 189, 190,
        192, 195, 198, 211, 212,
        213, 215, 216, 242, 243,
        244, 245, 246, 247, 248,
        265, 266, 267, 271, 281,
        283, 309
필립 얀시   232, 235, 241

ㅎ

하나님의 주권   42, 114, 159, 188,
              189, 190, 226
하마르타노   282
하마르티아   282
하와   202, 271, 279, 285, 286,
      288, 289, 293
하워드 마아샬   38
하타   282
헬라 철학   20, 238
헷테마   282
호렙산   54
휘브리스   282
휘태커 챔버스   49
히브리서   13, 43, 65, 102, 231
히스기야   126
히틀러   101, 213, 214, 303, 306
힌두교   16, 17, 112, 301